忠诚还是叛逆
LOYALTY OR REBELLION

越轨创新视角下的家族企业
差序式领导与组织创新绩效

吴梦云　陆　杰
贺　琦　朱俞青 ◎著

上海三联书店

序　一

　　改革开放 40 年来,民营经济一直是中国经济快速发展的见证者、贡献者。中国民营经济的发展史,同时也是一部党和国家鼓励支持引导民营经济、非公有制经济政策不断加强完善的历史。中国民营经济在党的方针政策指引下,从小到大、由弱变强,在稳定增长、促进创新、增加就业、改善民生等方面发挥了重要作用,成为推动经济社会发展的重要力量。可以说,在中国经济创造奇迹的历史进程中,民营经济功不可没,占据了民营经济半壁江山的家族企业更是居功至伟。

　　以史为鉴,可知兴替。家族企业的传承与发展,不仅是财富的传承,更重要的是文化、理念和价值观的赓续。在历史长河中,很多百年家族的领导之道,能给我们带来启发和思考:杜邦家族作为全球知名的十大家族之一,拥有近两个半世纪(248 年)的悠久历史,是美国最古老、最富有、最基业长青的财富家族,也是世界 500 强企业中最长寿的公司。杜邦家族的接班人传承中有一项关键要求:家族成员要成为公司领袖,必须具备被家族认可的高效领导力。

　　尽管作为一种社会影响历程,领导力是举世皆存在的现象,但领导力的内涵、测定及实务却往往会受到不同文化情境的影响。这意味着一种领导方式在某一文化中有效,在另一种文化中未必有效。对于我国家族企业而言,由于受到中国传统文化的影响,领导者行为更易受到"自己人""外人"的心理影响,从而对不同员工采取不同对待方式,学界称为"差序式领导"。尽管近期的个案研究与理论,指出华人差序式领导的特色,然而,目前却仍罕有研究系统性地探索此项华人独特的领导方式,尤其是此类具有强烈偏私色彩的领导风格,直觉上会影响部属

1

的公平知觉,又何以能长期存续于华人企业组织中?其有效作用效果边界能否帮助组织取得创新绩效的同时而又不削减组织管理效率?这一议题引发学界关注。由此,了解中国文化情境下领导者的心理与行为模式、建构"中国人自己的领导观"便成为管理本土化情境下的迫切需要,亦将是一个极其富有现实意义和价值的研究方向。

习近平总书记于 2022 年 4 月在考察中国人民大学时指出:"加快构建中国特色哲学社会科学,归根结底是构建中国自主的知识体系"。构建管理学的中国自主知识体系,是中国管理理论工作者的历史使命,也将是一个需要持续努力的过程。在这个过程中,需要探索管理学宏观与微观层面的概念、结构以及逻辑等基本构件,需要融合马克思主义的理论指导、传统文化的现代启示、本土学者的研究积淀以及现有理论的合理内核等要素,需要分析构建过程中的实践总结、模式归纳、理论抽象以及意义分析等四个阶段的工作重点。吴梦云教授这本书的研究是中国管理学自主知识体系建构的一个有益探索。

吴梦云教授曾在南京大学攻读博士学位,我曾有幸与她合作。她博士论文的选题就是当时尚未被学界广泛重视的家族企业代际传承问题,其学术敏感性以及在研究过程中表现出的学术功底都曾给老师和同学留下深刻印象。十多年来,她在相关领域深耕细作,硕果累累。这本书便是其系列成果之一。相信读者会和我一样,打开此书,便会被其清晰的思路、严谨的逻辑、精致的方法以及细腻的文字所吸引,并会引起许多思想上的共鸣。

陈传明

南京大学教授

"马工程"重点教材《管理学》首席专家

中国企业管理研究会副会长

序二(自序)

2001年《大宅门》开播的时候,我被那份大挥大洒大手笔的磅礴气势吸引一集不落地追剧,剧中白家二奶奶白文氏、白七爷白景琦等人物形象固然丰满生动,但会计专业刚研究生毕业的我,其实更感兴趣的是百草厅(原型同仁堂)这个家族企业屹立百年的奋斗史,为此还特意去查阅了不少有关同仁堂的资料。可以说,《大宅门》就是一粒火种,浅浅燃起我对家族企业延绵至今的兴趣。

倏忽一两年,我赴南京大学攻读博士学位,我的导师陈传明教授博学而儒雅、严谨却温和,学业上对我们严格以求、生活中却又对我们温如春风,当我向导师征询选题方向的时候,他十分开明地说:"只要能找到自己感兴趣的点坚持研究下去,我都支持你。"我虽开心却也忐忑,生怕这个"点"非但不是"亮点"反而成了"难点"甚至"盲点",于是天天窝在鼓楼校区的图书馆里查找资料、苦思冥想,突然有一天,我无意间看到一个新闻,均瑶集团创始人王均瑶先生英年早逝,社会各界对其传承和存续问题众说纷纭忧心忡忡,一瞬间,我又想起《大宅门》里白文氏在百草堂潦倒时接过重任的艰难场景。我从小生长在民营经济发达的苏南地区,耳濡目染身边长辈朋友创业的艰辛和不易,以及他们隐约的忧虑——"辛辛苦苦一辈子的家业,孩子不愿意接班怎么办?"

我一直记得述著颇丰的导师说过的一句话:"管理源于生活"。

于是就有了我的博士论文选题——家族企业代际传承。

博士毕业后,在导师及同门的大力支持帮助下,我很幸运地,果真沿着这个"点"一直坚持研究到了现在。最初,我专注家族企业代际传承这样一个主题，辗转于江浙沪三地，以"为何传""如何传""传承或传成"为研究主线，走访、调研、查资料，整理出了厚厚一沓笔记，在导师的精心指导下，最终顺利完成了博士学位论文的撰写，还有幸获批了国家自然科学青年基金，犹记得当时作为一枚小小"青椒"拿到青基的满腔喜悦之情，既觉得十分侥幸，更觉得多年的专注和辛苦好像在那一瞬间便飞上云端消散殆尽。

2008 年开始渐现端倪的国美"陈黄之争"又给家族企业治理带来了一系列问题：要不要"去家族化"治理？家族企业创始人和职业经理人之间会不会"脱耦"？"脱耦"怎么治理？如何避免出现下一个国美"陈黄之争"？那会儿刚好开始给 MBA 和 MPAcc 学生上课的我，积累了大量的相关报道、论文和资料，在一次又一次和学生的共同讨论中，渐渐厘清思路提出了"家族企业高管团队冲突及其管理"这样一条研究路径。事实上，其后数年，根据麦肯锡调查数据，世界 500 强家族企业中仅有 7% 能吸引业绩尚佳的职业经理人持续留任，中国家族企业引入外部职业经理人的有效留存率同样低迷。从 2014 年带领核心团队进入汇源集团的苏盈福一年后离职宣告汇源"去家族化"遭遇失败，再到 2023 年东方甄选为挽回集团商誉和股价而免去孙东旭 CEO 职务……家族企业与职业经理人出现合作困境乃至发生冲突失调的情况屡见不鲜，业已成为一个历久弥新的研究课题。

从事家族企业相关研究十余年来，从代际传承到冲突演化再到"去家族化"治理的相关研究，一路走来有幸遇到了志同道合兴趣相投的同好们，且同行且探索，且争论且辨析，有在交流寻访中不断给予耐心指导的学术大拿和前辈，有在各种学术会议里相遇相识相熟的学术合作伙伴，更有团队里流水般来来去去但不变的是对家族企业研究热忱的博硕研究生们……在一路向上攀缘的过程中，眼见同行者越来越多、研讨争论声不绝于耳，不知不觉中，荆棘渐渐化成了一路坦途，寂枝缓缓绽放出满树鲜花：从哈佛大学、清华大学、浙江大学等高校纷纷开设企业家高端研究班、家族企业研究中心（院），到第一届创业与家族企业国际研讨会蓬勃发展至 2023 年的第十九届，再到近年来新加坡、中国香港等地为推动经济发展争相打造全球家族办公室枢纽以吸引全球顶尖家族企业进驻……家族企业相关研究正日益成为学界、业界和政界关注的热点。而我国民营经济一路从"0"发展到"56789"（50%以上的税收、60%以上的GDP、70%以上的技术创新成果、80%以上的城镇劳动就业、90%以上的企业数量），成为推动中国式现代化生力军和中坚力量，更是彰显出曾在中国特色市场经济大潮中做出重大贡献的家族企业，一定会以其所特有的发展、治理、传承、转型和升级等诸多维度的熵变，在高质量发展促进共同富裕中发挥重要作用。

感谢一路遇到的风景。

铭记所有得遇的相助。

在此，特别感谢陈传明教授倾情作序，感谢张新民教授、赵曙明教授、杨力教授、权小锋教授、王禄宝董事长向读者推荐本书，感谢陆正飞教授、梅强教授、杜建国教授、龙静教授、刘海建教授等的精心指导和有益建议，感谢陆杰教授为本书撰写所作的大量工作和努力，感谢贺琦、朱俞青、张林荣、郦姝绮、郑菡博士（生），感谢陈艳霞、李雅雯、张斐、杨婷、张旭阁、季佳、任茜茹、刘阳、徐一帆等硕士（生）等的悉心研讨和辛勤付出。

我们深信，所有付出的汗水，都会化作照亮未来路的满天星辰。

我们更期待通过持之以恒的投入、努力、坚持，并借此小小自序，向所有家族企业研究者和企业管理研究者们学习并与共勉。

作　者

于 2024 年春节

目　录

摘　要

　　党的二十大明确提出:"毫不动摇鼓励、支持、引导非公有制经济发展。"据统计,截至 2023 年 6 月 1 日,A 股沪深两市共有 5009 家上市公司,实际控制人为个人的家族上市公司有 3437 家,占比 68.62%,由此可见,民营企业尤其是家族上市公司对我国国民经济的发展起到重大的推动作用(中国民营企业社会责任报告,2022)。与此同时,VUCA 时代,在全球化迅猛发展与信息技术持续优化的环境中,我国经济已进入由要素驱动、投资规模驱动向创新驱动转变的发展阶段,组织能否适应这一时代变革、能否维持竞争优势,创新在其中起到关键作用。面对愈演愈烈的市场竞争环境,越轨创新行为作为一种应对压力或挑战的创新举措在一定程度上也更加频发。在中国传统儒家文化、父权观念的华人文化情景下,家族企业表现尤为突出的差序式领导风格应运而生,作为一种区别对待员工的领导方式,直觉上会影响员工情感与行为,其是否可能预测员工越轨创新行为及影响组织创新绩效? 首先,本研究拟基于"圈内人下属"和"圈外人下属"双重视角剖析家族企业差序式领导对员工越轨创新行为的激发机理,同时探讨心理特权感和相对剥夺感的调节效应。随后,基于"圈内人下属"和"圈外人下属"双重视角探讨员工越轨创新行为对组织创新绩效的影响,并考察工作资源和工作重塑在其间的边界效应。理论推演与实证结果均反映了家族企业差序式领导对组织创新绩效的影响机制,有助于了解员工越轨创新行为的前置动因且为实现组织创新绩效提升提供方向,并为家族企业基业长青乃至民营经济高质量发展提供相关对策借鉴。

　　本书的具体框架安排如下:第一,基于现实与学术背景提出研究问题,继而阐述研究目标和意义,并指出研究思路和方法,阐明本研究创新之处;第二,在信息加工理论、社会交换理论、期望效用理论、社会比较理论等基础上,就研究主题涉及的核心概念进行相关界定;第三,引用搜狗浏览器的研发过程作为解释性案例,剖析员工越轨创新行为的引发过程及其对组织创新绩效产生的影响;第四,依托相关文献和理论解读差序式领导对"圈内人下属"和"圈外人下属"越轨创新行为的影响,以及"圈内人下属"和"圈外人下属"越轨创新行为对组织创新绩效的影响,并据此提出研究框架与理论假设;第五,介绍问卷设计及量表检验,并形成正式调研的问卷;第六,通过正式调研分别回收"圈内人下属"以及"圈外人下属"有效样本,且假设通过数据验证,表明差序式领导通过"圈内人下属"和"圈外人下属"越轨创新行为影响组织创新绩效研究的理论模型成立;第七,通过演化博弈模拟员工心理动态过程和行为选择,验证差序式领导对员工越轨创新行为的作用以及员工越轨创新行为对组织创新绩效的影响,作为对实证研究的有效补充。

经由上述分析,可以得到如下研究结论:第一,本研究构建起差序式领导影响员工越轨创新行为的理论框架,从"圈内人下属"视角揭示了差序式领导对员工越轨创新行为的正向影响以及心理特权感在影响过程中发挥的增强型调节作用;从"圈外人下属"视角揭示了差序式领导对员工越轨创新行为的正向影响以及相对剥夺感在影响过程中发挥的增强型调节作用;第二,本研究构建起员工越轨创新行为影响组织创新绩效的理论框架,从"圈内人下属"视角揭示了员工越轨创新行为对组织创新绩效的正向影响以及工作资源在影响过程中发挥的增强型调节作用;从"圈外人下属"视角揭示了员工越轨创新行为对组织创新绩效的正向影响以及工作重塑在影响过程中发挥的增强型调节作用。研究结论揭示了差序式领导影响"圈内人下属"与"圈外人下属"越轨创新行为进而影响组织创新绩效的作用机制,既拓宽了差序式领导的结果探讨和组织创新绩效的前因探讨,也丰富了员工越轨创新行为的前因后果探索。

由此,本研究得出以下实践启示:第一,有助于在中国大陆家族企业中了解差序式领导的积极作用,为充分发挥差序式领导在提高组织创新绩效过程中的正面效能提供思考与借鉴,引导领导者优化家族企业治理以实现领导效能与组织可持续发展要求有效契合;第二,员工心理特权感和相对剥夺感所蕴含的创新潜力值得进一步重视,要以科学的方式引导"圈内人下属"提升专业素质而不仅是追求短期利益,要为"圈外人下属"提供必要的心理支持和认知激励以帮助他们有效树立信心,应对现实困境;第三,深入了解员工越轨创新行为对整体创新生态系统的影响,有助于优化提升组织创新绩效路径,领导者应在领导方式上进一步注重激发员工的创新潜能,营造支持创新的文化氛围,同时还需要设计切实可行的激励机制,以便员工更积极参与到创造性越轨创新活动中,从而实现创新绩效的提升。本书试图通过揭示员工"忠诚"与"叛逆"的具体展现情境,为领导者厘清越轨创新行为的有效作用效果边界,帮助组织获得革命性技术升级的同时而又不削减组织管理效率提供重要的实践启示,更为民营经济高质量发展提供有效对策借鉴。

关键词:差序式领导;心理特权感;相对剥夺感;越轨创新行为;组织创新绩效

一 绪 论

1.1 家族企业:一个值得深入研究的组织形式

1.1.1 现实背景

党的二十大报告明确指出:"我们要构建高水平社会主义市场经济体制,坚持和完善社会主义基本经济制度,毫不动摇巩固和发展公有制经济,毫不动摇鼓励、支持、引导非公有制经济发展。"改革开放40年来,民营经济一直是中国经济快速发展的见证者、贡献者。中国民营经济在党的方针政策指引下,从小到大、由弱变强,在稳定增长、促进创新、增加就业、改善民生等方面发挥了重要作用,成为推动经济社会发展的重要力量。可以说,在中国经济创造奇迹的历史进程中,民营经济功不可没,占据了民营经济半壁江山的家族企业更是居功至伟。而纵观当前世界经济和社会文明经年累代的积淀,无论是在发达国家还是发展中国家,无论环境抑或市场错综复杂变幻,家族企业都顽强地生存和发展着。家族企业这一组织形式的广泛存在,俨然成为世界经济发展的重要引擎之一(克林·盖尔西克,1998)。无论是国外的宝马、福特汽车还是我国的中信集团、李锦记集团、方太集团等,均是家族企业的出色代表。据统计,截至2023年6月1日,A股沪深两市共有5009家上市公司,实际控制人为个人的家族上市公司有3437家,占比68.62%,家族上市公司对我国经济的发展起到重大推动作用(中国民营企业社会责任报告,2022)。由于家族企业包含"企业"和"家族"的双重属性特征,使得其管理具有相当的特殊性,家族逻辑重视家长权威、亲情和差序格局,考虑安全和信任;企业逻辑重视对利益的追求,着眼于效率和持续创新(代吉林和李新春,2012;王磊,2015;刘小元等,2017;吴梦云等,2018)。在动态复杂的环境中,基于家族逻辑而形成的内外有别的组织领导风格,与企业逻辑要求的组织持续创新之间看似会存在矛盾,实则不但可以与家族企业发展进程中基于家族逻辑所要求的信任安全有效联动,更能与企业逻辑所要求的组织持续创新不谋而合,而如何挖掘其间作用过程、作用机制对于破除家族主义困境、实现家族企业持续成长至关重要,其研究价值不言而喻。

领导风格作为影响组织管理和领导效能的重要因素之一,深受管理学界的关注与重视(Jr等,2021)。在领导理论研究初期,学者们往往以西方领导理论和价值体系为基础。然而,不同的文化情境往往会孕育、塑造不同的领导风格(Farh,2004),这意味着一种领导方式在某一文化中有效,而在另一种文化中未必有效(Hofstede,1980)。受中西方文化背景影响,领导者行为方式和价值理念也各有异同,将西方文化情境中的领导风格套用在华人文化社会中,似乎存在不妥(田在兰和黄培伦,2013)。中国组织根植于特有的华人文化土壤里,领导者行为更易受到独特文化的影响,对员工采取内外有别的对待方式,即中国社会更多的展现出具有独特关系色彩的"差序式领导"风格(Tyler 和 Caine,1981;郑伯埙,1995),此种情境中的差序式领导可能更加契合本土独特的文化情景,开展相关研究对华人领导理论的本土化发展极有裨益。与此同时,对于重视亲情、家长权威以及亲疏有别的中国家族企业而言,更易存在极具偏私主义的差序式领导风格,因此,以中国家族企业为背景来探讨我国企业领导者的差序式领导风格具有重要的理论价值和现实意义。

随着全球化的迅速发展与信息技术的叠加升级,我国经济已进入由要素驱动、投资规模驱动向创新驱动转变的发展阶段。从《国家创新驱动发展战略纲要》提出科技创新是提高社会生产力和综合国力的战略支撑,到二十大报告提出必须坚持"创新是第一动力",再到 2023 年《政府工作报告》中强调深入实施创新驱动发展战略⋯⋯"创新"这一概念屡被提及,备受国家重视。面对愈演愈烈的市场环境,组织能否适应这一时代变革、能否维持竞争优势、能否基业长青,创新在其中起到关键作用,故而组织如何维持创新的竞争优势成为近年来的重要议题。企业是创新主体,但组织创新的根本源泉和最终实践者却在员工(Amabile,1996;Akman et al.,2008;Zhou & Hoever,2014;朱桂龙等,2021),员工作为组织创新的基本构成单元,其创新意愿、创新行为集成转化而成组织创新绩效。而家族企业通过什么样的领导方式,营造什么样的组织文化和氛围来有效激发员工及组织层面的创新韧性,增进员工乃至组织的可持续创新行为及创新绩效(Innovative Performance)更是成为近年来组织创新实践领域的热点话题。正如《爱丽丝漫游仙境》中红皇后曾告诉爱丽丝:“你只有拼命奔跑,才可能待在原地。”要解决家族企业目前的发展困境,亟须创新、亟须摆脱路径依赖。组织创新绩效一般被认为是企业各种创新成果的综合反映,是企业从创新想法的产生并采取创新性措施将其应用到实际的生产经营活动中、从而给企业带来的整体作用和影响结果,其本身即一个多层次概念(Drucker,1993;Jassen,2001;Torre et al.,2020)。与此同时,在现代组织中,领导被认为是决定员工及组织是否积极创新的关键性情境因素,领导者风格对组织突破文化桎梏、积极从事创新活动有着很深的影响(汪林和储小平,2010;陈凌和王昊,2013;陈艳艳等,2019)。家族企业长短期导向同时并存可能会使其呈现出风险厌恶与风险意愿共存的矛盾异象,故而较难准确推断出家族企业的创新抉择,且原有技术或产品已经无法成为组织有效区别自身的异质性资源,创造新产品、提供新服务或增加已有产品的价值成为企业迫切应对环境变化的重要手段。由此,在家族企业这样一种相对特殊的现代组织中,在新冠疫情蔓延叠加贸易保护主义、中美贸易摩擦等外部不确定冲击双重影响的VUCA背景下,有鉴于家族领导的相对特殊性以及诸多文献对领导风格及情境差异所带来不同影响的认同,家族领导对企业创新的影响可能较为复杂,并最终影响到其长期可持续发展。在瞬息万变的市场环境中,中国家族企业如何适时调整应对策略对组织生存和发展的重要性不言而喻(Zhou & Hoever,2014)。

虽然差序式领导风格和组织创新绩效之间拥有共同的文化根源,但二者间的关系并非是简单明了的,企业和员工的行为均会使二者之间的关系发生不同程度的变化。越轨创新行为作为一种创新应对压力或挑战的举措(Song et al.，2020)，既展现出"刚柔并济"的灵活，又具备"别具一格"的巧妙，而恰恰前者与公司治理、后者与组织创新绩效的语境高度重合。一方面，差序式领导关注"圈内人下属"和"圈外人下属"的角色划分并进行差别对待，势必会影响组织内员工的心理感知和行为方式，影响不同圈子内员工创新自主性和能动性，进而促使"圈内人下属"与"圈外人下属"做出违背管理指令与企业制度规范但可能改变自我现状与解决问题的越轨创新行为(Ng 等，2019)。另一方面，越轨创新行为看似会引发管理效率低下和资源消耗，实则与组织持续创新的目标不谋而合。随着越来越多的员工注重平等、漠视权威、加强创新观念的传递与发展，个体自发、手段非正式且容易帮助组织在冷门领域取得"拓荒式"创新成果的员工越轨创新现象频发，搜狗浏览器的问世、3M 透明胶带的诞生、惠普新型监控器的研发等，皆发轫于员工越轨创新，并对企业产生颠覆性影响。

综上，尽管作为一种社会影响历程，领导是举世皆存在的现象，但中西方社会文化情景差异导致本土化领导理念不断兴起并推陈出新。在差序格局的社会结构土壤里，领导者所展现出的差序式领导风格正逐渐引起学者们的关注。差序式领导作为一种对"圈内人下属"和"圈外人下属"区别对待的偏私领导方式，直觉上会影响部属公平知觉及创新行为，又何以能长期存续于中国家族企业？又会对员工越轨创新行为及组织创新绩效产生何种影响？其有效作用效果边界能否帮助组织取得创新绩效的同时又不削减组织管理效率？值得深入思考。与此同时，创新驱动发展战略背景下了解"中国人自己的领导观"，亦成为管理本土化情境下的迫切需要。

1.1.2 学术背景

为什么不同组织创新绩效有较大差异？这是企业管理和组织行为学研究的一个兼具理论和现实意义的重点问题。既有研究从个体层面和组织层面出发探究影响组织创新绩效的前置动因，其中学者们注意到领导风格作为组织管理的重要因素对组织创新绩效的影响。近年来,基于西方文化情景和社会结构发展出的领导理论不断推陈出新,涌现出变革式领导、仆人式领导以及"领导—成员"交换等领导风格。国内研究亦多借用这些领导风格或稍加修改来解释中国领导现象(Farh和 Cheng,2000),例如,变革型领导在个性关怀、精神激励等方面表现出建设性,由此促进组织创新绩效(陈晓红等,2012)。但近年来的研究大多显示,文化背景的差异会使个体与组织做出不同的行为,直接将西方领导理论应用在华人社会中似乎并不适用。华人企业中的领导者会表现出何种领导风格?又会如何差异化对待员工?基于费孝通(1948)所提出的"差序格局"社会结构,郑伯埙(1995)提出了差序式领导风格。差序式领导体现为领导者根据与员工的关系(亲)、对自己的忠诚(忠)以及员工才能(才)来区分"圈内人下属"和"圈外人下属",并进而对"圈内人下属"在精神给予上和资源分配上的偏私对待(favorable treat-ment)和对圈外人下属的偏恶对待(malice treatment)(徐玮伶等,2002;姜定宇和张菀真,2010;Jiang 等,2014;王磊,2015;Boer 等,2016)。然而,虽然中国"差序格局"的理念根深蒂固,但关于差序式领导的研究却处于初步探索阶段,正如前美国《管理学期刊》主编 Thanas Lee教授的感叹:"虽然华人组织与管理的议题攸关全球五分之一人口的生活福祉,但差序式领导相关研究尚处于前典范阶段,亟待探险拓荒。"

与此同时,由于家族企业领导风格相关研究是家族企业研究和团队理论发展的重中之重,更由于家族企业领导者在企业中独有的核心决策地位以及家族企业独特的反馈和扩散机制,需要了解何种领导风格对家族企业的创新与持续发展更为有利(李新春,2009;Mo 等,2019)。鉴于领导者是组织中正式权力的持有者,其能够自主决定资源配置,因此在很大程度上会影响团队效能(Shin 和 Zhou,2003;Zhang & Bartol,2010;陈璐等,2013;代同亮等,2019)。通常情况下,企业发展阶段决定了领导者采用何种领导风格(吴春波等,2009),在成长阶段的家族企业由于企业制度并不健全,领导者领导风格往往更具人治化特征。尤其是在中国传统家文化的影响下,领导者更易展现出差序式领导风格。当前,既有研究更偏重探讨差序式领导对员工创新行为、创造力的影响。如袁凌等(2016)通过实证检验证明了差序式领导能够通过提升工作投入正向影响员工创新行为,刘扬和李强(2021)发现差序式领导对员工实施的提升奖励、宽容犯错、照料沟通措施有利于提升团队的创新能力,王磊(2015)和吴士健等(2021)分别从理论和实证角度分析了差序式领导对员工创造力的积极影响。而关于差序式领导及组织创新绩效的研究则较为罕见,且尚未对中国本土家族企业差序式领导风格如何影响组织创新绩效给出明确回答。因此,在中国式背景和特定文化情景中,开展关于差序式领导对组织创新绩效的影响研究对发展本土化领导理论和促进家族企业高质量发展显得尤为重要。

如前所述,差序式领导的研究还处于垦荒阶段,差序式领导与组织创新绩效之间作用机制的相关研究更是匮乏,为打开差序式领导与组织创新绩效之间的"黑箱",需要"认知情感"等演变系统进行传导(Liu et al.,2016)。在具有关系结构特点的中国社会中,领导与员工的关系能够解释多数组织现象(李方君等,2021)。在组织中,差序式领导营造了领导与员工之间的复杂关系,一方面,差序式领导者会以"亲""忠""才"为标准把员工动态归类为"圈内人下属"与"圈外人下属"并加以区别对待,另一方面,员工也会基于关系结构主观感知到自己的角色承担并做出行为反应(姜定宇和郑伯埙,2014)。但既有研究大都把员工看成同质的,并未解读不同角色承担的员工心理感知及行为演变。作为创新应对压力和挑战的方式,越轨创新反映了员工的心理感知和行为反馈。"圈内人下属"由于受到领导者的偏爱,往往拥有更多的资源和特权,他们怀有报恩、保护与自信心理(Laird 等,2015;崔智淞,2021),在实际工作中会更容易做出越轨创新行为。而"圈外人下属"在与"圈内人下属"比较的过程中会产生需求、权力以及资源被剥夺的感知(邓超,2020),出现不满和耗竭情绪,进而也可能会做出越轨创新行为以实现自我价值并改变现有格局。因此,本研究立足于中国文化情境,推断家族企业差序式领导的区别对待会引发员工不同的角色定位和心理感知,并据此做出行为反应,进而对组织创新绩效形成影响。于是,我们引入中介变量——越轨创新行为,以便揭示差序式领导通过引发"圈内人下属"和"圈外人下属"越轨创新行为进而影响组织创新绩效的内在机理。与此同时,考虑到差序式领导对员工心理感知的不同影响和越轨创新对员工不同心理感知的反映,我们进一步尝试探讨心理特权感和相对剥夺感在差序式领导和员工越轨创新行为之间关系的调节作用,以及工作资源和工作重塑在员工越轨创新行为和组织创新绩效之间关系的调节作用,从而深化对基于中国本土经验的领导理论和员工越轨创新行为,以及员工越轨创新行为与组织创新绩效之间关系的理论认识。

1.2 提出的问题

创新绩效状况是家族企业战略决策的关键参考点,决定了组织实施何种管理模式、如何创新以及能否实现可持续发展。因此,本研究基于中国特有的文化情景和"差序格局"的社会结构背景,从差序式领导出发,分析影响我国家族企业创新绩效的前端因素。根据上文论述的现实背景与学术背景,本研究提出将要探讨并解决的核心问题:家族企业领导者的差序式领导风格影响组织创新绩效的程度和机制如何? 与此同时,受中国特色文化情景与创新引领发展时代背景的影响,研究家族企业创新绩效必须要考虑员工越轨创新行为的作用。因此,员工越轨创新行为在家族企业差序式领导和组织创新绩效之间的中介作用机制如何? 考虑到差序式领导对员工心理感知的不同影响和越轨创新对员工不同心理感知的行为反映,更具体地说,家族企业差序式领导区别对待员工的举措会如何影响"圈内人下属"和"圈外人下属"的心理感知呢? 继而是否会引发越轨创新行为乃至提升组织创新绩效呢? 其调节作用机制如何? 这也是本研究试图想要回答的问题。

1.3 研究目标和意义

1.3.1 研究目标

鉴于家族企业业已成为我国社会经济发展和转型升级的重要力量,因此检验家族企业领导方式对家族企业组织创新绩效以及高质量发展影响的有效性意义重大。尽管"差序格局"的社会现实早已根深蒂固,在此基础上提出的差序式领导风格在华人社会和组织普遍存在,但对差序式领导的相关研究却处于垦荒阶段。目前,学术界对于家族企业差序式领导对组织创新绩效影响的效果和其间作用机制仍未有明确回答,特别是在差序式领导与组织创新绩效之间作用机制的研究方面,仍存在理论和现实背景的研究空隙。由此,研究家族企业的特点和运作方式对于了解和促进这一领域的发展具有重要意义。本研究的关键点包括:探讨家族企业差序式领导对组织创新绩效的影响、分析家族企业差序式领导对"圈内人下属"与"圈外人下属"行为的不同作用机制、借助演化博弈的方法探寻家族企业差序式领导对"圈内人下属"与"圈外人下属"行为的影响。因此,本研究目标如下:

(1)探讨家族企业差序式领导风格对组织创新绩效的影响,拓延差序式领导本土化和组织创新绩效前置动因的相关研究。目前为止,学者们大都致力于西方文化情景发展出的领导风格在中国的有效性研究,基于中国文化情境下差序式领导与组织创新绩效关系的研究则相对较少,两者之间作用机制的探讨更是阙如。因此,本研究以中国家族企业为研究对象,理论与实践相结合,构建一个理论框架来探讨家族企业中差序式领导对组织创新绩效的影响以及相关的作用机制。在这个研究框架中,将深入探讨家族企业中领导风格对组织创新绩效的具体影响,并尝试解析其影响的机制和原因,尤其关注异质性员工越轨创新行为的中介作用。

(2)从"圈内人下属"和"圈外人下属"视角探讨差序式领导对员工越轨创新行为的影响,并挖掘其间的调节机制。一般而言,情景对行为的影响并非仅仅是简单直接的,它也是复杂间接的。心理特权感作为主要受社会经济地位影响的心理资本,更可能影响差序式领导与"圈内人下属"越轨创新行为之间的直接关系。因此,通过探讨心理特权感的调节作用,旨在揭示这一领导风格和员工行为之间的机制,有助于打破对差序式领导与"圈内人下属"越轨创新行为之间关系的理解上的不透明性。与此同时,从"圈外人下属"的角度出发,深入探讨相对剥夺感这种反映不公平感知的情况,以了解它在差序式领导与"圈外人下属"越轨创新行为之间可能存在的调节作用也是我们的研究目标之一。

（3）分析"圈内人下属"和"圈外人下属"越轨创新行为对组织创新绩效的影响效果,探寻组织创新绩效的优化提升机制。鉴于"圈内人下属"在差序式领导的情境下具有的资源优势,其进行的越轨创新行为会更可能转化在企业的经济绩效上。研究不仅关注越轨创新行为对组织创新绩效的总体影响,还深入研究工作资源在这一影响过程中的调节效应,以更全面地理解这些因素之间的关联。这种研究有助于揭示工作资源如何在"圈内人下属"越轨创新行为和组织创新绩效之间发挥调节作用。与此同时,我们也探讨"圈外人下属"越轨创新行为对组织创新绩效的影响,鉴于工作重塑作为一种积极主动的工作设计方式,我们进一步研究工作重塑的调节作用以更好地把握"圈外人下属"越轨创新行为作用效果的边界条件。

（4）优化家族企业差序式领导方式,为提升组织创新绩效提供相关对策借鉴。研究立足家族企业差序式领导方式,贯彻落实《国家创新驱动发展战略纲要》中的"人才为本"战略,有效应对建设高素质创新人才队伍面临的"阿喀琉斯之踵",探讨员工越轨创新行为及其治理对策,为管理者有效治理员工越轨创新行为,为中国家族企业如何有效实现现代化转型提供一个微观视角的思考。在此基础上,为促进企业价值的提升,并最终为促进我国家族企业的高质量发展提供相应理论依据和实证支持。

1.3.2　研究意义

1.3.2.1　理论意义

差序式领导作为一种管理模式和运行机制,在家族企业中根植于传统文化背景,与企业的文化价值和行为逻辑相一致。这种领导风格被视为推动家族企业实现创新转型和可持续发展的关键动力。鉴于此,本书在"差序格局"的文化基础上,从"圈内人下属"和"圈外人下属"两个不同的角度,探讨在员工越轨创新行为这一中介变量下,差序式领导对组织创新绩效产生的影响,深入认识并发掘出中国本土化的激励因子,从而揭示差序式领导作用于个体的内在机理,并在实践上丰富和完善我国家族企业的管理理论。

第一,转型经济条件和特定文化情境中,开展家族企业组织创新绩效的相关研究有着重要的意义。自组织创新绩效被提出以来一直备受关注,加上组织创新绩效衡量标准难以确定与时间上的滞后性,本研究通过过程视角来考量组织创新绩效,试图厘清差序式领导影响"圈内人下属"和"圈外人下属"越轨创新行为进而影响组织创新绩效的作用路径与内在逻辑,为提升家族企业组织创新绩效提供新的研究视角。

第二,弥补差序式领导情境下家族企业员工越轨创新行为研究的缺失。越轨和创新这两个相互矛盾的行为在企业中呈现出了相互渗透的倾向,并在此基础上持续地促进了企业员工的越轨创新行为。截至目前,国内外学者已对这种影响结果持有了足够的关注,但对于其成因的研究相对延宕并有所滞后,且其价值判断也较复杂。因此,为明确它们的内外关系与运行逻辑,深入剖析差序式领导对员工越轨创新行为影响的边界条件:本研究一方面以社会交换和期望效用两大理论为依据,从"圈内人下属"的角度,解析差序式领导、心理特权感和员工越轨创新行为之间的关系;另一方面依据社会比较理论与成就动机理论,从"圈外人下属"的角度,研究差序式领导、相对剥夺感和员工越轨创新行为的关系。

第三,家族企业差序式领导与组织创新绩效关系的理论与实践研究在我国几乎还是一个全新的话题,亟须开展研究和探索。本研究引入员工越轨创新行为这一中介变量,考虑员工的异质性,探讨"圈内人下属"越轨创新行为和组织创新绩效的机制与边界条件;同时探讨"圈外人下属"越轨创新行为和组织创新绩效的机制与边界条件。试图发挥工作资源和工作重塑两个调节效应,超越以往对越轨创新行为对组织创新绩效影响的较为宽泛的观点,寻找更多元、更详细的作用路径,为以往研究争议提供答案,并且对后续实证检验准备理论前提。

1.3.2.2 实践意义

由于差序式领导方式对中国人的心理与行为产生重要作用,因此基于中国社会背景,探讨差序式领导方式的影响力与有效性,是一个非常有价值的话题。本研究将深入理解中国企业领导者的思想、心理及其影响过程，并结合中国的管理实际，为中国的管理理论提供新的视角，同时也为促进中国家族企业的绩效提升与高质量发展提供有益的启示。

第一，有助于优化领导风格。领导风格是影响越轨创新行为进而对组织创新绩效产生影响的重要因素。差序式领导方式下，员工对于"偏私对待"与"偏恶对待"的感受不同会导致他们产生不同的心理动机，从而进行越轨创新行为的意愿与效果是截然相反的。本研究通过对差序式领导及其有效性进行深入研究，为组织实践提供了有关如何合理调整领导方法以提高管理效率的思考和借鉴。与此同时，试图利用差序式领导的特性，协调"圈内人下属"与"圈外人下属"的行为，从而提升整体的组织创新绩效。

第二，有助于揭示越轨创新行为的形成规律。随着"创新"的到来，企业中的资源受限与员工的创新资源需求缺口、组织规范与员工的自主性等因素将会持续产生矛盾，从而导致越轨创新行为的频繁发生，这从大局上看是有利的，但也可能导致组织混乱、漠视领导威严等等。通过研究差序式领导对员工越轨创新行为的影响，有利于管理者对企业中的越轨创新行为进行有效的辨识，从而做到对越轨创新行为的本质把握、准确识别和精确度量，最终对其进行有效管控与引导。

第三，有助于提升组织创新绩效。本研究从"圈内人下属"和"圈外人下属"两个视角，探讨"差序式领导—员工越轨创新行为—组织创新绩效"这一框架的作用机制，有助于家族企业领导对差序式领导的作用路径有一个更加深入的理解。尽可能克服区别对待偏私领导方式对员工越轨创新行为的影响，尊重员工、了解员工个性心理和激发员工创新心理，利用好心理资本规律，塑造支持创新的文化氛围，创建员工激励机制，最大程度上发挥差序式领导对越轨创新行为的积极作用，促使员工自发自愿地参与到越轨创新行为尤其是创造性越轨创新行为中，继而促进组织创新绩效的提升。

1.4 研究思路和方法

1.4.1 研究思路

本研究围绕中国家族企业情景命题"差序式领导影响员工越轨创新行为进而影响组织创新绩效"来构建整体研究框架,通过整合社会学、组织行为学、心理学等学科领域的理论,结合差序式领导和心理感知等相关理论和实际逻辑,旨在建立一个框架,从"圈内人下属"和"圈外人下属"两种角度来探讨家族企业中差序式领导方式如何影响员工的越轨创新行为、员工越轨创新行为如何影响组织创新绩效的新的研究方法和研究范式。首先,本研究选择搜狗公司作为典型案例,以差序式领导方式的偏私对待为切入点,确定差序式领导的双因素模式与区辨效度,厘清员工越轨创新行为构面,冀望于相关分析结论可以给家族企业相关研究提供实践参考。其次,根据心理特权感和相对剥夺感的相关概念分析家族企业差序式领导情境下"圈内人下属"和"圈外人下属"的不同心理感知,从两个不同视角验证差序式领导影响员工越轨创新行为的调节机制以补充并深化既有研究成果。再次,探讨"圈内人下属"和"圈外人下属"越轨创新行为对组织创新绩效的影响效果。一方面,基于"圈内人下属"视角,引入工作资源作为调节变量,分析"圈内人下属"越轨创新行为影响组织创新绩效的边界条件。另一方面,基于"圈外人下属"视角,引入工作重塑这一概念,揭示"圈外人下属"越轨创新行为影响组织创新绩效的调节机制。此外,在理论模型和实证分析的基础上,考虑"圈内人下属"不想变为"圈外人下属"、"圈外人下属"想要实现地位流动的动机以及"圈内人下属"和"圈外人下属"群体边界的可渗透性,构建演化博弈模型,以模拟差序式领导情境下员工越轨创新行为的心理过程和行为历程,从而强化我们对不同情境下员工越轨创新行为的理解。最后,基于上述研究,为优化家族企业差序式领导、正向引导员工心理感知及提升组织创新绩效提出建议对策,以期为家族企业可持续发展管理实践提供治理建议和有效措施。

1.4.2 研究方法

（1）文献研究法

本研究借助知网、维普和 Web of Science 等一系列中外文数据库，通过整合信息加工理论、社会交换理论、期望效用理论、社会比较理论、成就动机理论和资源保存理论等核心理论的相关文献，并对差序式领导、越轨创新行为、组织创新绩效、心理特权感、相对剥夺感、工作资源和工作重塑等核心概念的相关文献进行搜集、鉴别与梳理总结，对基本问题、理论基础与研究视角进行精确把握，得到具有可研究性与可操作性的论点和论据，继而构建出本研究的理论模型。

（2）问卷调查法

问卷调查法是一种被广泛采纳的研究方法，它是通过向被调查者提出一系列问题来获取关于某个特定主题的信息。在使用此方法时，我们需要保证问题的设计能够反映被研究主题的核心内容，同时需要在一定程度上保证调查对象的代表性。首先，我们在研究过程中选用得到实证验证的成熟量表，统计分析差序式领导、越轨创新行为、组织创新绩效、心理特权感、相对剥夺感、工作资源、工作重塑等指标，以便更好地理解数据所呈现出的趋势和规律。其次，研究按照 Brislin（1980）的方法对英文量表进行翻译，然后进行回译与修正，最终形成了适用于中文环境的量表。在这个过程中，要特别注重提高量表的表面效度和内容效度，以确保量表在真实性和准确性上都能有效地衡量所研究的概念。接下来，为了避免观点选择过于中性或模糊，研究采用了LIKERT-5 点统一计分方法，将所选量表的题项转换为数值，以便在后续的数据验证阶段进行分析和解释。

（3）结构方程模型

结构方程模型是一种用于建立、估计和验证因果关系模型，以清晰地分析各个变量对整体的影响以及彼此之间关系的方法。该方法有助于深入理解各项指标之间的复杂关联，使研究者能够更系统地探究变量之间的潜在结构和相互影响。本研究采用结构方程模型方法，使用SPSS 26.0 和 AMOS 21.0 等软件对数据进行控制变量虚拟化、描述性统计、相关分析、信效度检验和回归分析等，紧接着进行因子分析，以确定数据中存在的潜在因素。即一方面，对差序式领导对"圈内人下属"和"圈外人下属"越轨创新行为影响的量表的信度、效度、共同方法变异问题进行检验，然后对其总体模型进行检验。另一方面，对"圈内人下属"和"圈外人下属"越轨创新行为对组织创新绩效影响的量表的信度、效度、共同方法变异问题进行检验，然后对其总体模型进行检验。

（4）演化博弈模型

演化博弈论的关键点是将人的行为模型化并通过试错方法达到均衡，该理论认为人类的行为决策与生物进化原理具有共性，制度等因素以及均衡过程的细节都会对博弈的多重均衡选择产生影响。它把博弈理论分析和动态演化过程分析结合起来，强调动态均衡而不仅仅是静态均衡。这一理论的应用领域包括经济学、社会学和生物学等，通过分析博弈的动态过程，我们能够更好地理解和解释人们的行为模式，以及社会和生物系统的演化过程。本研究以员工越轨创新作为博弈分析对象，运用"圈内人下属"和"圈外人下属"两种不同的视角，通过被调节的中介效应模型，验证差序式领导对员工越轨创新行为的影响以及员工越轨创新行为对组织创新绩效的影响。综合社会交换理论、社会比较理论、期望效用理论和成就动机理论等，以体现心理特权感与相对剥夺感的调节机制以及工作资源与工作重塑的调节机制。基于前文的实证分析，我们采用演化博弈方法，以推理员工在不同情境下实施越轨创新行为所获得的感知收益，并运用 MATLAB 统计分析软件进行仿真模拟，进一步扩展实证研究的结论，为员工的心理过程和行为反应提供更直观的参考。

1.5　研究创新之处

对于家族企业而言，差序式领导对员工的区别对待会影响员工心理感知，促使员工出于不同目的而实施越轨创新行为。适度调整员工越轨创新行为到均衡合理水平，实现动态平衡、相互促进，建立一支高创造力、高效能的员工队伍,可以有效提升组织创新绩效乃至家族企业可持续发展,并对促进我国家族企业理论和实践具有重要意义。因此,本研究的主要创新点如下:

(1) 以家族企业根植于中国式文化情境以及"差序格局"的社会结构为背景,探究差序式领导与组织创新绩效的关系,研究成果既拓延差序式领导理论范畴,同时为组织创新绩效的优化提供支持。既有关于差序式领导的研究大多聚焦概念测量和整体评价角度,整合"圈内人下属"和"圈外人下属"的角色感知及行为构建理论分析的研究方法相对罕见;虽然较多研究探讨了影响组织创新绩效的前端因素,但考虑到华人文化情景下差序式领导的研究思路仍有待拓展。因此,本研究回应本土领导风格的理论空隙并顺应华人组织领导风格的演化,为准确阐析差序式领导与组织创新绩效之间的直接关系和间接作用机制做出回应。

(2) 相关研究成果弥补了中国社会背景和特定文化情境下家族企业员工越轨创新行为研究的缺失。从国内外研究来看,把越轨创新行为看作作用结果探讨差序式领导激发员工何种行为得到较多关注,但以其为内在理论架构的研究相对罕见、亟待深化,更遑论在家族企业这一特定组织范畴内。在此基础上,"圈内人下属"和"圈外人下属"的角色感知能否激发越轨创新行为及越轨创新行为是否在差序式领导与组织创新绩效间起到中介作用依然有待探索。综上所述,本研究结合中国文化情景对其进行分析和深层次探讨,从越轨创新视角建立家族企业"差序式领导→越轨创新行为→组织创新绩效"这一影响框架,弥补并优化越轨创新行为相关研究的理论运作与实证外延,为中国特定组织情境下提高组织创新绩效、为家族企业提升凝聚力提供沿循方向。

(3) 探讨差序式领导融合心理资本对员工行为以及行为结果的研究相对罕见,本研究试作有益尝试。研究基于差序式领导区别对待员工,探究"圈内人下属"心理特权感与"圈外人下属"相对剥夺感的不同心理状态在差序式领导与员工越轨创新行为之间发挥的调节作用,以探明员工做出行为的逻辑根源。与此同时,鉴于行为的发生必然引发经济后果的变化,本研究进而探究"圈内人下属"的工作资源在越轨创新行为与组织创新绩效之间发挥的调节作用,探究"圈外人下属"的工作重塑在越轨创新行为与组织创新绩效之间发挥的边界作用,为组织经济后果的变化提供解释。本研究从"圈内人下属"和"圈外人下属"这一辩证统一的角度推演了"情景→感知→行为→结果"的完整理论逻辑。

(4) 转型经济条件和特定文化情境中,基于案例嵌入与博弈视角开展家族企业差序式领导的动态演化研究在我国几乎还是一个全新探索。本研究尝试以家族企业具体案例为视角,分析差序式领导与越轨创新行为实践应用,探明家族企业差序式领导和员工越轨创新行为特性、构成与过程,并指出越轨创新行为对组织创新绩效的实际影响效果。与此同时,本研究采用动态博弈的方法,构建以领导者为中心并向外延伸的差序式组织结构,通过员工心理资本和感知收益的变化直观揭示员工的行为反应和行为结果。其理论分析的关键在于,差序式领导者所赋予的员工地位划分是动态流动的,即"圈内人下属"会为了能一直享有偏私对待而努力,"圈外人下属"会为了成为"圈内人下属"而努力,进而博弈互动以作用于组织创新绩效。在其中,家族企业差序式领导方式和员工越轨创新行为特征有哪些? 差序式领导方式及员工越轨创新行为之间如何实现多重博弈和动态演化? 员工越轨创新行为与组织创新绩效之间如何实现多重博弈和动态演化? 以上种种,值得深入研究。

二　理论回顾

2.1　理论基础

2.1.1　信息加工理论

信息加工理论始于 20 世纪 50 年代中期，自此便迅速兴起，在较短时间内取得大量研究成果。信息加工理论通过与社会心理学相结合，重点关注的是人受到社会环境刺激后，对于社会信息的加工过程以及加工后的转向问题。简言之，信息加工理论的核心内容即周围社会环境在很大程度上影响个体的态度和行为，该理论揭示了个体所处环境的重要作用。Dodge(1994)基于社会适应理论，提出了一种全面的、可行的社交信息处理模式。这一模式把处理过程划分为六个步骤：(1)线索编码；(2)线索解读与表达；(3)目标澄清与选择；(4)新反应建构；(5)行为反应评估与判断；(6)行为反应启动。这六个阶段构成了一个信息加工的循环，将个体所处社会情境作为重要的信息来源。通过处理社会信息线索，个体对工作环境产生了解，不断调整工作中的行为与态度。由于个体在认知结构、经验背景和价值观念等方面的差异性，不同个体对于相同环境信息也会产生不同的解读，进而在决策过程中产生迥异的偏好和选择。在接收社会信息的过程中，每个个体都能够获取并用一定手段处理社会环境的信息线索(Srinivasan et al.，2015)。具体来说，个体并非对所有周遭信息给予同等程度的关注，而倾向于针对那些与自身密切相关的信息进行特别解读，进而得出组织可接受的工作行为和态度的相关判断。

17

依照信息加工理论所述,外界的社会环境以及工作环境为员工提供场域内的信息,进而影响他们的行为(李根强等,2022)。随着外部环境的不断变化,员工们需要展现出较高的信息敏感度,从多元的渠道中搜集有效信息,并进行系统化的存储和处理。员工的情感认知、工作行为和态度均源于这一信息加工过程。随着科技的飞速发展,员工们可以利用人工智能、大数据平台等工具从海量的数据中提炼有用的资讯,并将它们转换为有助于个人发展的有效指标。他们会筛选出与自身发展相关的信息进行加工解读,并结合企业的文化、技术和经验,制定相应的行动策略,从而实现个人的职业生涯规划(杜鹏程等,2022)。与此同时,企业的高层也非常看重团队的凝聚力和合作精神,并希望能够通过建立良好的沟通和合作来实现共赢。在领导者主导的工作氛围中,员工可以通过观察来了解彼此的心理状态,从而评估彼此之间的情绪联结,进而影响他们的行动,最终形成有效的反馈循环以适应周围环境。具体地,员工会积极向上级汇报自己的情况,以便得到更好的指示。领导的回复不仅带给员工信息方面的指引,更会给予他们信任和激励,员工从中获得精神鼓舞,会不断提高自身适应能力,以更积极的面貌完成工作、迎接挑战。因此,将社会信息加工理论引入差序式领导、越轨创新行为与组织创新绩效的研究中,能够从员工与环境互动产生的自我认知角度,探讨越轨创新行为在差序式领导影响组织创新绩效过程中的作用机制,对于企业践行伦理管理和提高创新水平,合理有效地发挥差序式领导对员工创新行为的积极作用等方面也有较好的实践价值。

2.1.2 社会交换理论

社会交换理论是员工与组织关系研究领域的重要理论之一,为剖析许多组织行为学与社会学交织的现象奠定了理论依据。社会交换理论研究的集大成者便是 Homans(1958)和 Blau(1964)。Homans(1958)基于行为主义心理学,提出了"物质交换"和"非物质交换",强调交换行为作为现代人类行为的核心,旨在满足个体需求,同时确保这一过程的公平性和公正性。但是 Homans(1958)着眼于个体行为层面的交换,而忽视了复杂社会网络中的个体联结。Blau(1964)对社会交换理论的研究从微观层面扩展到宏观层面,提出了结构交换论,着重解读了交换过程对宏观社会结构发展的影响,以便于更好地分析非制度化人际互动和制度化结构之间的关系,进而将社会交换应用于更加复杂的社会情境中。尽管众学者对社会交换这一概念的解释不尽相同,但是Blau(1964)关于社会交换的定义得到了大多数学者的认同,即社会交换是指双方之间发生的一系列连续的、互惠的行为。

员工与组织之间以及员工与上级领导者之间的交换便是员工在组织中的两种主要的社会交换关系。其中后一种交换关系,即领导—下属交换(Leader-Member Exchange,LMX),受到越来越多学者的关注,且已成为东西方学者研究的热点(Cropanzano et al.,2005;吴继红和陈维政,2010)。随着本土心理学的发展,学者们对中国组织情境中的领导与下属之间的关系进行了更深入的探索。鉴于以儒家思想为典型的文化独特性,中国上下属之间有着重人情的人际关系纽带,展现出有别于西方上下属关系的特质(张林荣,2019)。此时,领导—下属交换所遵循的互惠法则是"公平"抑或"人情",成为了客位构念"领导—下属交换"跟主位构念"上下属关系(Supervisor-Subordinate Guanxi,SSG)"之间的核心分歧。从领导者角度出发,许多学者发现"公平"与"人情"两种法则同时得到了采用(Young et al.,2012)。当领导给予下属回报时,他们会根据其所带来的工具性或情感性回报的不同,采取不同的处理方式。如果是奖金、晋升等工具性回报,他们会同时考虑"公平"和"人情"两种原则;如果是鼓励、支持等情感性回报,他们会优先考虑"人情"原则。而从员工角度出发,当下属遭遇上司所给予的非等价的工具性或情感性回报时,针对上下属之间的关系遵循"人情"原则,可能会持有"有总归胜过无"的看法(凌文辁等,2019)。综上所述,本研究认为员工越轨创新行为是员工基于"公平"和"人情"法则下产生的一种创新行为。这为明确差序式领导对员工"圈内人""圈外人"身份认知的边界条件,探究差序式领导、越轨创新行为与组织创新绩效的作用机制提供了理论依据和有益启示。

2.1.3　期望效用理论

　　期望效用理论是探讨决策者于面临风险不确定时行为的经典理论,在实践中具有广泛的应用价值。期望效用理论的基本原理包括三个部分:期望值、效用函数和边际效用理论。期望值是指人们对某个决策的每种可能结果的加权平均值,它考虑了每个选项的概率;效用函数是指人们对每个选项的偏好程度,它反映了人们对不同结果的喜好程度;边际效用理论则认为,随着人们获得越来越多的某项物品或服务,他们从中获得的额外效益会逐渐减少。因此,这一理论强调了个人应当预测各种可能的结果,并计算出预期收益,以此作为决策的依据(Holmes et al.,2011;姚海祥等,2014)。

　　期望效用理论旨在于对现实中投资者的决策行为做出更好的模型预测,因此在模拟投资者行为决策的模型中,为了应对异常情况的发生,学者们对模型进行了效用函数的表现形式以及对信息的评价两方面的改进,使模型中对应的偏好关系与实际相符。由期望效用理论改进所衍生出的各种理论的不同之处在于如何给出事件的决策权重。依据现实,事件的决策权重与投资者的情绪息息相关,而投资者的态度分为悲观和乐观。在悲观态度下,投资者赋予事件凸权重;持乐观态度时,投资者赋予事件凹权重。由于决策者的情绪随不确定信息产生变化,因此决策过程恰能反映其不同的态度。在对原有模型加以改进的基础上,充分考虑到了投资者的心理因素,提出了基于非可加测度的期望效用理论,由此产生的公理体系与建模的理论目的、实证目的和标准性目的更加契合。

　　依据期望效用理论,员工越轨创新行为作为一种具有高风险和不确定的多属性决策问题,特别需要发挥工作自主性心理的支撑作用(Young et al.,2012)。在越轨思维推动科学创新革命的背景下,员工的工作自主心理需要能够反映更广泛问题,与工作的结果有更紧密的关系,且不同的工作自主性心理的员工风险承担意愿和风险管理能力有显著区别(顾江洪等,2018),继而产生差异明显的反应倾向。由此,本研究讨论并验证了两种工作自主性心理,即"圈内人下属"的心理特权感与"圈外人下属"的相对剥夺感能够有效地影响差序化的管理和员工的创造力,从而促进家族企业高质量发展。

2.1.4　社会比较理论

在日常生活中,人们往往会根据与他人的相似性来评价自己的能力、智力等社会特征,但这种评价并不总是基于一个完全客观的标准。Festinger(1954)把这种现象称为社会比较(Social Comparison)。他指出,在社会比较中,个体存在两种不同的反应,一种是通过与他人比较,个体感受到了驱使人向上拼搏的动力,所谓"见贤思齐焉",也正是这样一种积极正面的心理在推动着整个人类社会的进步;另一种较为负面的情绪则是"非社会抑制"(Non-social Restraints),个体认识到自己和别人之间的差距,但"心有余而力不足",自身无法实现改变。社会比较的维度其实十分宽泛,Salancik(1978)在原有的社会比较内容中加入了人的情绪。他指出凡是关于人的因素都可以纳人社会比较的范畴,例如身体状况、事业成就、外貌特征等等。简而言之,社会比较指的是将自身的处境及地位同他人作比较的这个过程。此过程涵盖了认知、情感以及行为等各类不同的要素,对于人类而言具备基础性的进化价值(邢淑芬和俞国良,2005)。

经由国内外学者的广泛研究,社会比较的类型存在诸多不同的模型与理论假设。按照一般公认的假说,社会比较的类型可以分为平行比较、上行比较、下行比较三种。平行比较是指和与己相近者比较,其可比性较强,也能为自身提供更为准确的参照信息和预测信息;上行比较是指和优于己者比较,当一个人有强烈的自我提升动机时,他会倾向于上行比较(徐本华等,2021),并找到与优秀者之间的差距,付诸行动提升自我。当发现通过努力可以达到比较对象的水平时,会产生同化作用(Vadera et al.,2013);下行比较,是指和不及己者比较。下行比较具有基本原则和辅助原则,其基本原则是人们通过与境况不佳的人比较以增加他们的主观幸福感。辅助原则分为目标原则和矛盾原则,一方面人们为了获得某种具体的心理或实际利益而有意识地选择与不如自己的人进行比较,另一方面又可能会对这种比较产生道德或心理上的疑虑(Zemojtel et al.,2016)。综合上述论点,在中国传统价值逻辑与管理实践体系中,员工间社会比较的类型有着明显差异,这会影响个体对工作环境中存在的机会和威胁的评估、激发或调整自身行为以及对周围整体环境的判断。员工与"圈外人下属"进行下行比较或与"圈内人下属"进行上行比较,都会产生不同的认知结果。通过对"上行比较""下行比较"以及"圈内""圈外"的社会比较分析,本研究试图深入探讨企业内部不同层级的"圈内"与"圈外"员工的情绪变化。

2.1.5 成就动机理论

成就动机理论是一种心理学理论,其涉及社会心理学、教育心理学、组织行为学等多种学科。根据这种理论,人们对于某项事业的期望是通过实现自己的目标来实现的,这些目标包括获得满足感、获得能够提供帮助的机会以及获得尊严。满足个体的不同渴望,大致可分为两种:一种是获得成就的渴望,即渴望超出常规;另一种则是获得尊重的渴望,即渴望获得社会认可。此外,还有一种渴望,即渴望拥有一种能够让其他人服从的特殊能量。这三种渴望又称为成就需求(Need For Achievement)、权力需求(Need For Power)以及亲和需求(Need For Affiliation)(Wigfield et al.,2000)。在组织行为学研究中,学者们通过大量实证经验得出,成就动机可以作为预测员工绩效的一项有效指标。以个人所能承担的最大负荷为限,员工的生产力和成就动机呈正相关关系,且具有高成就动机的员工通常会为自身设定更高的目标,更倾向于在工作中接受更多的挑战(Locke et al.,1987)。

与西方高度个人主义思维不同,在集体主义倾向较为显著的国家(诸如东亚国家,包括中国),对于"成就动机"需要有新的阐释。余安邦(2010)曾经提到,西方环境下的"成就动机"本质上是一种"个我取向成就动机",建立在西方白人社会(尤其是欧美白人中产阶级)的文化价值观之上。从传统儒家文化思想以及当代中国社会价值的视角来剖析,中国人的成就动机能够划分为"个我取向成就动机"与"社会取向成就动机"两类。"个我取向成就动机"主要是从个体的层面出发,致力于达成个人设定的成就目标和成功标准。"社会取向成就动机"则主张个体努力实现的成就目标与优秀标准源自家庭、家族或者其他所属的群体（如公司、学校等）的需求。不过，中国人传统上所认同的"个我取向成就动机"，均与家庭或家族的利益、荣耀和兴盛紧密相连，其背后的成就价值都暗含着家族取向（高峰等，2021）。换言之，传统中国人追求成就背后的主要动力来源于对集体性利益与成就的追求。因此，从中国传统价值逻辑与管理实践角度出发，正确认识中国员工心中对成就动机的认知，对解读差序式领导对员工公平氛围与成就意愿的感知，以及激发员工创新能动性和自主性具有重要作用。

2.1.6 资源保存理论

Hobfoll（1989）对临床应激障碍予以观察和思考，逐步将一个压力—反应模型发展成了具有广泛外延的理论架构——资源保存理论（Conservation of Resources Theory，COR）。该理论是以个体资源存量及其动态变化解释行为动因的动机理论，其基本内容是"一设五则三论"。其中，"一设"为一条假设，也是资源保存理论的核心要点，表示个体倾向于获取、保持、培育及珍视资源。由于获得和利用资源的过程极为不易，人们特别关注如何保护和合理利用这些宝贵的资源。"五则"提出的五项基本准则是：第一，损失优先（Primacy of Loss）——资源损失对个体所造成的创伤情绪，相比资源获取所带来的喜悦情绪拥有更显著的影响力；第二，资源投资（Resource Investment）——为避免资源损耗、填补已损失的资源以及获得更多资源，个体将会不断进行资源投资；第三，获取悖论（Gain Paradox）——当个体出现资源损失的情况，对资源的补充显得尤为关键；第四，资源绝境（Resource Despration）——当个人资源即将耗尽时，自我防御机制会诱导个人产生非理性的攻击性行为；第五，资源车队（Resource Caravans）——个体或者组织资源并非独自存在，而是处于客观环境因素的限制当中交融碰撞、相互融合。"三论"提出了三条观点：第一，初始资源效应（Initial Resource Effect）——在初始资源充裕的情况下，资源受损的风险较低，并且资源获取的能力较强；第二，资源损失螺旋（Resource Loss Spirals）——初始资源的损耗会引发连锁式的资源损耗，其消极影响会形成一种"滚雪球效应",且严重性日益凸显;第三,资源获得螺旋(Resource Gain Spirals)——初始资源有利于吸引更多资源的聚集,但是后续资源聚集的速度会渐趋平缓。

在讲究偏私对待与偏恶对待并存的华人组织中存在多种形式的资源增值螺旋:一方面,"差序格局"下领导者通过管理机制促进了"圈内人下属"积极的心理特权感和强烈的资源占有欲,通过积极的资源内部交易与流动,员工可以得到资源获得与增长的机会,这便为员工私自践行越轨创新行为以及保持行为隐蔽性保驾护航;另一方面,当领导者给予"圈内人下属"适当照顾会对"圈外人下属"造成强烈的相对剥夺感,进而造成严重的挑战性压力源(Lanivich et al.,2015)与阻碍性压力源(Kiazad et al,2014),"圈外人下属"可能采取的策略就是资源投入而非保存(如工作重塑),以积极建设有益资源的方式来减轻压力源的损害,进而阻断压力进程,有效地抵消资源损耗,并带来新的资源增值螺旋,从而愿意驱动越轨路径以广泛开发创新机会。综上所述,在差序式领导中,资源的差异化效应以及个体越轨创新渠道的策略选择的明显区别,在组织情境中个体资源保存与投入活动的策略性上得以凸显。资源保护理论和组织行为学理论的结合为家族企业提供了一种有效的管理方式,以便更好地调适员工的不当行为,从而满足家族企业持续发展和价值提升的需求,并实现民营经济高质量发展。

2.2 概念界定

2.2.1 差序式领导

根据文化适应性假设,当一种现象或行为能够在某种文化下长期存在,就表明这种现象或行为可能具有很好的文化适应性优势(杨国枢,1993)。人们的行为深深受到其所处的社会文化的影响,一个地区的领导方式也与其文化脉络密切相关(Hofstede,2001)。大量研究表明差序式领导普遍存在于华人企业组织中,并且被认为是极具华人文化人治主义色彩的重要领导方式(郑伯埙等,2004;姜定宇和张菀真,

2010)。这一模式的存在与发展,无疑是对其所处文化情境的一种深刻适应和回应。因此,想要了解华人企业中的领导方式,就必须立足差序式领导相关文化脉络的发展。

(1) 差序格局

华人社会由于受儒家传统文化的影响,人际关系格局与西方有所不同,人与人之间的互动关系会依据亲疏远近有着不同的对待方式,呈现"差序"的特征,强调关系的社会取向。"差序格局"的概念最早由费孝通(1948)经过长达十多年的中国乡村田野调查提出,他认为,传统的中国社会格局是一种以自我为中心的、向外扩散波纹的同心圆结构,同心圆波纹的中心就是自己,与别人的关系就是同心圆的波纹,一圈圈地向外扩散出去,愈接近同心圆的中心表示关系越亲近,愈远离同心圆的中心表示关系愈淡薄,形成一种"差序",这种"差序"正是中国几千年来儒家思想里的"伦"。众所周知,华人社会中人际关系的互动并非一视同仁,而是依据内外有别、亲疏远近的法则进行,因此,费孝通在半个多世纪前提出的差序格局理论对中国社会和人际关系具有很强的解释力,是理解中国社会人际关系格局的核心构念。虽然相较于传统乡土社会,当代中国社会已发生重大变迁,但作为一种深刻影响人们思维和行为的模式,差序格局具有了深厚的文化根基(郑伯埙,1995;樊景立,1995;侯玉波,2002),无论是在传统中国社会还是当代中国社会,这种人际关系格局的差序性都具有一定合理性。

(2) 人情与面子模式

黄光国(1985)延伸了差序格局的观点,根据社会交换理论,提出华人社会的人情与面子模式来说明儒家思想如何影响华人社会的人际互动,深入论述华人社会的差序格局现象和人际互动原则,说明华人社会人际关系互动特别重视两种原则:需求法则和人情法则,人与人之间的关系主要考虑两种因素:情感性因素和工具性因素,并依据这两种因素的多寡划分不同的互动方式。情感性因素具有比较稳定坚固的情感基础,不会随时间轻易改变,在互动时以需求法则进行,形成情感性关系,就像处于差序格局同心圆中心地带的父母、亲人等。工具性因素多以利益为导向,为获取某些资源与陌生人建立关系,但这种关系相对短暂且不稳定,在互动时以公平法则进行,形成工具性关系,就像处于差序格局同心圆外圈的陌生人。而既考虑情感性因素又考虑工具性因素,与家庭外成员建立一种既非陌生又亲近的关系,并且会预期这种关系会持续很久,在互动时以人情法则进行,形成混合性关系,就像处于差序格局同心圆内圈外与外圈内的成员。

其后,杨国枢(1993)提出关系决定论,深化了黄光国的人情与面子模式。他认为华人社会的人际关系会依据亲疏远近分为三类:家人关系、熟人关系和生人关系。不同的关系有不同的互动规范,家人关系以责任原则为互动规范,熟人关系以人情原则为互动规范,生人关系以利害原则为互动规范。关系决定论表明人际互动是以社会身份来界定自己与他人的互动规范。

(3)信任格局

继差序格局这一理论提出后,刘贞好(2003)以台湾中小企业为样本,经过持续多年的走访和调查提出了信任格局的概念。差序格局同心圆内圈的个体间具有较为熟悉和亲近的关系,因此就很容易衍生出对对方的信任,这种人际间的信任并不受客观条件限制,而是要看对方是谁而定。由亲而信,是由个人主观情感认定的,这里所谓的亲并不仅仅指血缘、姻缘,其可以扩大范围至组织成员之间的关系,例如领导与下属之间的关系、员工与员工之间的关系等。

(4)员工归类模式

郑伯埙(1995)针对差序格局、人情与面子模式和信任格局进行研究评述,发现以上三个概念皆强调人际之间的关系都受关系格局的影响,也就是个人会根据他人与自己关系的亲疏远近产生不同的互动方式,但相对忽略企业组织中的实际情况,差序格局视角下的人际关系构成研究呈现出静态特征。郑伯埙(2005)通过观察研究发现差序格局的文化价值观虽然对华人企业中的领导行为有深远的影响,但是企业经营有其特定的目标,企业的第一要义还是要创造利润、维持其竞争优势。因此,传统静态的差序格局理论不能完整说明华人企业中的领导行为,并在此基础上提出了员工归类模式理论,认为领导者会以亲(关系格局)、忠(忠诚格局)、才(才能格局)为标准,将直属下属归类为"圈内人下属"与"圈外人下属"两类。领导者会依据部属的亲、忠、才的高低对员工有所偏好,并且对不同的员工给予差别对待,初步提出差序式领导(Differential Leadership)的概念。这种员工归类模式描绘了在华人企业组织中领导者对员工差别对待和分类的依据。郑伯埙(2005)首次将差序式领导进行定义:领导者按照亲、忠、才标准,将部属归类为"圈内人下属"与"圈外人下属",进而对"圈内人下属"与"圈外人下属"产生有差别对待的领导行为。基于这一分类,相对于"圈外人下属",领导者会在资源分配和管理方式上给予"圈内人下属"较多的偏私对待。

(5)差序式领导的进一步发展

差序式领导是一种深受中国传统儒家与法家伦理观念影响的领导风格,不同于西方文化情景下产生的领导风格,其反映了华人文化中独有的价值观和行为模式,更好地诠释了华人企业组织中员工的心理需求和行为特点(来宪伟,2018)。

"差序"一词源于费孝通(1948)提出的"差序格局",即传统的中国社会结构中,人们依据血缘关系、地缘关系等因素来判断他人在自己的社会网络中的亲疏远近,从而形成有差等次序的社会格局。黄光国(1985)对"差序格局"中涉及血缘关系等判断亲疏远近的因素展开了深入探讨,提出了"人情与面子"模式,意指在个体开展社会交换过程中,会将关系(情感性关系、工具性关系、混合型关系)的属性与强度作为交往与资源分配的基础与原则。基于以上观点,郑伯埙(1995)进一步指出,现代企业领导者在区分"圈内人下属"与"圈外人下属"时呈现出差序格局,这一区分主要考虑关系深度(血缘或类似血缘的伦理关系)、忠诚度(员工对领导者的真诚忠诚和无条件的服从承诺)以及才能(员工在完成组织或领导者指定的目标时所表现出的胜任能力和动机)。这三个角度勾勒的差序格局下领导者在团队管理中所展现的领导风格便称为差序式领导,具体表现为:给予"圈内人下属"较多参与决策、提拔奖励和宽容犯错的机会,同时有较高标准的期许和要求,而对"圈外人下属"给予较多的冷漠和防范(姜定宇和张菀真,2010)。综上所述,本研究认为差序式领导是一种带有人治主义特点的领导风格。在差序式领导中,领导者根据员工的上下级关系、忠诚度、才能,将其划分为"圈内人下属"和"圈外人下属",并在沟通照顾、宽容信任和提拔奖励等方面给予"圈内人下属"偏私对待。这种在中国文化情境下产生的领导风格相较于学术中已总结出的其他类型领导风格而言是特殊的,突出了中国企业组织领导与下属之间独特的互动关系。除此以外,差序式领导不仅借鉴了现有的西方领导理论,还结合了中国企业的实际情况,因此,差序式领导值得深入研究,并进行本土化的探索。

早前徐玮伶和郑伯埙(2002)、Cheng et al.(2003)对差序式领导的研究均聚焦在员工归类模式上,故采取的多为定性研究方法。直到姜定宇和张菀真(2010)设计了由14个条目组成的差序式领导量表,分为提拔奖励、照顾沟通以及宽容信任等三个维度,差序式领导的定量研究才正式拉开了帷幕。在此三维量表的基础上,Jiang et al.(2014)进行了更为详尽细致的研究,最终确定了包含8个维度的差序式领导量表。该量表考虑了对"圈内人下属"的偏私对待以及对"圈外人下属"的偏恶对待,但是由于其尚未将大陆企业和员工纳入研究范畴,这一量表的适用性未得到广大学者的认可。因此,本研究选择姜定宇和张菀真(2010)开发的量表进行测量,该三维量表共包含14个题项,整体信度系数超过0.9,在大陆企业的研究应用中也具有较高的信度和效度。

(6)差序式领导与领导—成员交换(LMX)的异同

西方文化情境下发展出来的领导—成员交换(Leader-Member Exchange,LMX)与差序式领导虽然表面上看起来有些相似,但其实存在很多差异,因此有必要对领导—成员交换与差序式领导的差异进行说明。领导—成员交换认为领导会依据与员工社会交换品质的不同,从而形成内团体和外团体,那些与领导具有良好交换品质的内团体员工与领导的关系更亲密、彼此相互信任,领导者亦会给其较多的资源;而那些与领导具有较差交换品质的外团体员工与领导的关系就仅仅是工作契约确定的双方关系,领导者不会对其展现额外支持、仅仅承担角色内责任。而差序式领导也是将员工分为"圈内人下属"与"圈外人下属",并且给予"圈内人下属"更多的偏私对待。可以看出,领导—成员交换与差序式领导两者都强调不一视同仁地对待员工、都是领导对不同员工展现差异对待的领导方式,两者表面看起来像两个近义概念,但是其实本质上有很大的差异，不能混为一谈。本研究将两者之间的不同点归纳如下表 1.1 所示。

表 1.1　差序式领导(DL)与领导成员交换(LMX)的区别与不同

维度	不同点		文献援引来源
文化背景	差序式领导(DL)	权力距离较大、人治主义、领导者与员工上尊下卑的关系	郑伯埙,1995;姜定宇和张菀真,2010
	领导成员交换(LMX)	权力距离较小、法制、人与人之间的关系平等	张林荣,2019
理论基础	差序式领导(DL)	信息加工、社会交换、社会比较、员工分类理论	姜定宇和郑伯埙,2014
	领导成员交换(LMX)	角色形塑理论	倪旭东等,2022
归类标准	差序式领导(DL)	员工与自己关系的亲疏远近、对自己的忠诚度以及员工的能力(亲、忠、才)	姜定宇和张菀真,2010
	领导成员交换(LMX)	员工的能力、工作互动和价值观取向	郭晓薇,2011
差别对待的表现	差序式领导(DL)	不仅仅局限于工作关系的照顾、同时也会表现出对自己人员工情感上的亲密、照顾和信任,并且私下与自己人员工更多的交流和互动	樊景立,1995;Weng, 2014
	领导成员交换(LMX)	更多表现在工作关系上的信任和支持	杨晓等,2015;来宪伟等,2018
提高效能方式	差序式领导(DL)	对自己人的偏私对待交换自己人良好的员工效能,但是对于外人效能的提高是通过对自己人的偏私对待激励外人想成为自己人而进行的努力	高良谋和王磊,2013;Zhou et al.,2016;苏涛等,2022
	领导成员交换(LMX)	领导者通过与内团体员工建立良好的交换品质,从而提高员工效能	李爱梅等,2012

注:本研究根据相关文献资料梳理而得。

因此,西方文化背景下的领导成员交换理论与华人文化背景下的差序式领导在本质上是不同的,在探讨华人企业组织中的差别对待领导方式时,差序式领导更具有文化适应性。

2.2.2 越轨创新行为:忠诚还是叛逆?

创新行为是指员工将有益的创新构思予以形成、导入以及应用于实践的创造性过程,通过不断更新技术和方法获得资源增值,最终形成具有实际应用价值的创新成果。越轨行为是指员工在工作场所中主动、自愿地违背组织中领导者的命令,这种行为往往会给组织带来严重的后果。在传统的理论研究中,对这二者都分别开展过较为丰富的研究,但是鲜有人去探索二者之间的联系,似乎大家默认了它们是并无相关联的独立名词,就好似是"叛逆"与"忠诚"二者之间的关系一样。然而,越轨创新行为(Deviant Innovation Behavior)作为破除创新瓶颈的一个新词,是将"越轨"及"创新"二者巧妙结合起来、摆脱"创新者窘境"的有效手段,是新时代创新的重要途径。值得关注的是,越轨创新行为并非"越轨""创新"这两种行为的简单相加,其目的的合理性和行为的偏离性,使越轨创新行为同时兼具"忠诚"和"叛逆"色彩,从而是一种以创新为目的、以越轨为手段的特殊创新行为。

越轨创新行为的研究可以追溯到 20 世纪 60 年代,在此时期,员工越轨创新行为引起了学术界的先驱者如 Knight(1967)等的注意。之后,越轨创新的实践场景也为 Salancik(1978)、Freeman(1991)等学者关注,并展开了深入的研究与探讨。学界大都认为,越轨创新行为是一种违抗上级命令、私自践行创新想法的行为,即个体避免或无视上级否决,坚信自己的创意会给企业创造价值,并通过非正式途径继续深耕的行为(Augsdorfer,2005; Mainemelis,2010;黄玮等,2017;江依,2018;杨晓等,2024)。组织通过鼓励员工表达新想法以促进创新,但受有限创新资源、企业决策过程以及风险因素的限制,有些创意不会被组织接受(Augsdorfer,2005)。当员工无法通过正式途径实现自身的创新目标时,可能会转而通过非正式途径,即采用越轨的方式进行创新(Mainemelis,2010)。目的的"合理性"使越轨创新行为具有建设性(Constructive),行为的"偏离性"使其具有破坏性(Destructive)。调查显示,超过 80% 的企业报告在组织内部曾经出现过越轨创新行为(Augsdorfer,2005)。可见,越轨创新行为在组织中经常发生,因此该行为不可避免,尤其在创新时代,将会愈发地涌现和突显(陈威豪,2006;黄玮等,2017;王涛等,2024)。

21世纪以来,对于越轨创新的内涵界定逐渐形成了两个主要的研究学派,其中一个侧重于强调越轨创新的隐蔽性,而另一个则凸显越轨创新的对抗性。虽然两个研究学派的研究成果各异,但它们均以科学严谨的研究方法探讨了越轨创新的影响因素和心理过程等议题。国内外众多学者对越轨创新行为的特征进行了更为深入的研究,这一研究进展在前期的学术基础上进行了巩固与扩展(王弘钰等,2019;邹纯龙,2020;万鹏宇,2021;曹元坤等,2023):首先,越轨创新表现出行为的二重性,即其复杂的双重性质。越轨作为达成创新目的的手段,员工通过逾越规范和权责边界,积极参与创新活动,以提升组织的创新绩效,同时又违反组织规范,对组织管理绩效带来潜在损害,引发内部冲突和不稳定。其次,越轨创新表现为个体的隐蔽性,这一特征指向员工自发进行越轨创新活动,而不将这些活动公之于众。隐蔽性可能源于员工对组织审查和监管的担忧,或对创新独立性的追求。最后,越轨创新行为具备非正式性这一特点,即在组织正式渠道的资源和时间限制的情况下,员工只能通过非正式的资源和手段进行创新。在华人文化情境下,本研究对上述观点进行整合,提出越轨创新的定义为:"当创新构想受到抑制时,员工进行的违反重要群体规范的创新活动"。在这一定义中,抑制创新构想的原因有两个,具体可以分为创新初期的"暗度陈仓"和构想提出后的"君命不受"。同时,强调"越轨"并非一味追求离经叛道,而是在遵循基本原则的前提下,勇于挑战既定的角色规范、人际规范或是管理规范。

回顾越轨创新行为的研究文献发现,研究者们从多个定义角度对这一概念的测量方式提出了观点,大致可分为两派:首先,以Augsdorfer(2005)和Criscuolo et al.(2014)等学者为代表的一派,他们着眼于越轨创新行为的角色外隐蔽性,认为该特征主要由主体的主动性、行为的隐瞒性、组织支持的非正式性以及对组织有益的主观性等四个要素构成,并以此为基础构建了一个包括6个题项的越轨创新行为量表。另一派由Lin et al.(2016)等学者作为代表性人物,他们注重强调越轨创新行为的对抗性和偏理性特征,并设计了一个包含九个题项的越轨创新量表。这两种量表目前都在越轨创新研究领域被广泛使用,但是其开发和完善主要建立在西方管理理论及实践基础上。因此,本研究从中国企业现实视角出发,以 Criscuolo et al.(2014)开发的越轨创新行为 6 题项量表为基础,结合实施研究的实体场域,并参考黄玮等(2017)的测量方法对 Criscuolo et al.(2014)量表表述内容进行简化调整,以实现越轨创新行为在中国组织文化情境下的有效性测量。

2.2.3　组织创新绩效

创新最初是在熊彼特(1934)的《经济发展理论》中出现的,被认为是技术与经济结合后产生的一种会使企业产生收益的新的函数,该函数中引入了整个生产活动中所有生产要素与生产条件的"新组合"。熊彼特鼓励企业追求创新并以此来保持竞争优势,进而促进经济体系发展。熊彼特对创新概念的具体化引起了学界关注,随后越来越多的学者针对组织创新理论展开了研究。学界对组织创新绩效(Organizational Innovative Performance)及其内涵的讨论主要存在三种观点:第一种观点基于过程视角,认为组织创新绩效是为了保持竞争优势所做出的持续不断的学习和创新行为(刘超等,2013;林海芬和苏敬勤,2014;朱晓红等,2019)。第二种观点从结果视角出发,将组织创新绩效定义为创新行为的成果输出,通过与同行业的新产品数量、新产品成功率、专利数量等指标的比较来衡量组织的创新绩效(洪银兴,2012;贾丹和方阳春,2017)。第三种观点则基于结果+过程视角,认为组织创新绩效既关注企业的创新活动是否按计划实施、实施了多少,又注重创新活动产出的成果是否达到预期(王珺,2002;Tolmacz et al.,2011;谢永平等,2017)。综上所述,本研究拟基于过程视角来看待组织创新绩效,将组织创新绩效理解为组织创新行为改善与创新能力提高,为分析差序式领导对"圈外人下属"与"圈内人下属"的组织创新绩效和越轨创新行为的影响机制与影响路径,以及家族企业优化团队成员管理、提升组织创新绩效水平等提供新思路。

创新绩效的研究一开始主要聚焦其内涵,但随后的发展使得研究逐渐转向对创新绩效的测量和评价方法。一些学者特别强调创新绩效与创新成果之间的紧密联系,他们主张在定义和衡量创新绩效时,应以产品、专利等创新成果为主要指标(Kim et al.,2017)。与此同时,除了采用单一指标来评估创新绩效外,许多学者更倾向于使用多指标构建评价体系。例如,对于创新绩效的评价可以使用由企业研发投入、专利和新产品等指标组合而成的框架完成(Hagedoorn & Cloodt,2003)。无独有偶,朱瑜等(2015)在衡量企业创新绩效时,引入了研发支出、专利数量和新产品数量等指标组合而成的体系。当然,并非所有学者都认同单一衡量创新绩效的方法。有学者认为,仅通过创新成果来评估创新绩效过于狭隘,因为创新过程同样具有重要价值,反映了创新活动中组织内部的管理水平和将新想法进行识别、收集、选择和实施的能力。因此,应该在创新绩效评价指标体系中引入一系列与创新过程和成果相关的指标,比如开发成功率、开发时长、项目投入与产出比等,以全面衡量创新活动的效果和组织创新能力。这样的综合评价体系更全面考量创新活动的多维角度,为更精准的绩效评估提供了更为全面的依据。根据上述分析,本研究选取 Akman & Yilmaz(2008)提出的量表,采用个人创新能力与企业创新能力等绩效指标衡量企业创新绩效水平,有利于实现个人、组织、网络等多方面因素的结合,最终建构起相对完整的研究框架。

2.2.4　心理特权感

心理特权感(Psychological Privilege)最初并不是一个独立的心理概念。学者们在研究权力感的分类与自恋行为的表现时,才将心理特权感当作独立的概念创造出来,在此之前,她一直被看作自恋的特征之一,是自恋的附属概念。最初,精神分析学家将权力感分为正常、夸大和抑制三类(Tolmacz & Mikulincer,2011)。其中,夸大的权力感是指个体有着超出自身实际与合理范围的期待,总认为自己应该获得比他人更多的好处,这与目前学术界对于心理特权感的定义相一致。心理特权感被定义为一种稳定而普遍的主观信念或感知,即个体有权获得特殊待遇及豁免社会责任(Allen et al.,2003;Sen & Prakas,2013)。

近年来，随着对心理特权感研究的深入，学者们的关注焦点逐渐扩展到特定领域的心理特权，并提出了学业特权感、消费者特权感、职场特权感等。职场特权感（Workplace Entitlement）是个体在雇佣关系中产生的薪酬期望，强调个体产生的期望是基于契约而非实际绩效（Naumann et al.，2003；Alvesson et al.，2008），本研究中所提及的心理特权感指的正是这种发生在工作领域内的职场特权感。在以关系为主的组织里，受到领导偏私优待的"圈内人下属"在组织中的地位越高，也就更容易产生较强的心理特权水平（Zitek et al.，2010），因而将心理特权感认定为"圈内人下属"的特殊心理状态。

自恋人格量表（Narcissistic Personality Inventory，NPI）中的权利感知量表（NPI-Entitlement subscale）、心理特权量表（Psychological Entitlement Scale，PES）、自我—他人量表（Me Versus Other Scale）以及一些其他具体领域的测量量表是目前学术界中关于心理特权感的主要测量工具。最初，心理特权感被视为自恋的特征之一，没有专门的测量工具，相关的实证研究都是与自恋研究相关，自恋人格量表中的权利感知量表也正是当时的主要研究工具。然而，该量表存在一些潜在问题，其中包括表面效度和信度较低，以及测量题目相对较少等情况。鉴于这些不足，Charalampos（2010）开发了一种可视化的心理特权量表，经过证实，该量表的信度和效度均良好，可以准确地反映所要测量的概念，同时具有内部一致性和跨时间的稳定性，不会受到时间和内外部环境的影响。Yam et al.（2017）却在其实证研究中指出，该量表也存在针对西方文化情境的狭隘以及社会称许效应泛化等缺陷，并提出了一个经标准的翻译与回译处理的心理特权感量表。因此，本研究选用经Yam et al.（2017）依据中国文化背景以及语言表达习惯改编后的4条目自测量表，解决部分条目具有的特定文化适应性倾向问题。

2.2.5 相对剥夺感

剥夺不仅是一种社会现象，还是一种广泛存在的社会心理。它既指剥夺行为本身，也指被剥夺的状态，这种状态可以分成相对剥夺和绝对剥夺。绝对剥夺是指一个人或群体被剥夺资源而无法满足自身基本需求的状态。而相对剥夺不同于绝对剥夺,它是个体基于社会比较而产生的一种不满或者不公平的主观感受。相对剥夺感(Relative Deprivation)最早是由美国学者 Stouffer(1949)提出的,他发现军队中一些升迁较快的士兵仍然会心怀不满,原因是他们将军中更高级的将领作为参照对象,发现自己仍处在劣势地位,所以产生了剥夺感。但是Stouffer(1949)并未对此进行明确的定义。自此以后,心理学、社会学、政治学乃至经济学等领域的学者们都对此展开了重点研究,并日渐成为当前各国频发的群体性事件和集群行为产生的核心动力机制之一。目前,相对剥夺感已经逐渐形成了完备的体系和明确的定义,主要分为下文所述的两类,横向相对剥夺感与纵向相对剥夺感:(1)横向相对剥夺感。Runciman(1966)认为个体产生相对剥夺感通常有以下条件:个人没有某物而他人拥有,个体期望拥有某物且这种期望合理可行,其中能力、物品或收入等任何事物都可能使个体产生相对剥夺感。Wright和 Tropp(2001)认为,相对剥夺是一种相对于参照群体而言具有劣势的主观感受。这种劣势感并不是来自绝对的劣势,而是来自与参考群体的比较。参考群体可以是个人,也可以是团体。马皑(2012)则就相对剥夺感进行了系统阐述,他强调相对剥夺感具有强烈的主观性和相对性,即个体的感知和体验受到他们选择的比较对象的影响,而和自己实际的利得与损失没有直接关系;(2)纵向相对剥夺感。Gurr(1970)主张个人的价值期待和价值能力不一致会导致相对剥夺感的产生。在这一理论框架中,个体的价值期待指的是个体对于某些对象、条件或事件的期待,即他们认为应当拥有或达到的理想状态,反映了对于自我的价值评估或是渴望获得的价值地位;价值能力则表示个体实际上能够达到的状态或水平。当个体实际获得的生活条件和机会没有达到自己预期的生活条件和机会时,就会产生相对剥夺感。综上可知,相对剥夺感包含参照对象的选择和横向或纵向的社会比较两个产生条件(Cheng et al.,2008;Bolino et al.,2009;Zhang et al.,2017),以及个人在社会比较过程中对自己遭遇的不利地位的认知和不利的比较结果引发愤怒、怨恨等情感反应。据此,基于上述文献分析,本研究对于相对剥夺感进行了如下定义:相对剥夺感是一种主观认知和情绪体验,涵盖了个体对于社会比较中自身与他人或群体之间横向或纵向资源差异的感知,以及由此产生的不满、不公平等情感反应。

对于相对剥夺感的内容结构,目前并未达成共识,但根据现有文献,主要有两种结构模式:(1)二维垂直模型,在这个模型中,多数学者一致认为相对剥夺感可划分为个体与群体、认知与情感两个垂直维度。因此,形成了个体—群体剥夺与认知—情感剥夺的二维垂直关系结构模型。Koomen & Frnkel(2010)针对荷兰少数民族苏里南人进行相对剥夺感研究时采用了此二维结构模型,编制了包含 20 个题项的量表。Osborne 和 Sibley(2013)研究新西兰成年人的相对剥夺感时也尝试了此模型。然而研究未展示相关信度数据,有待后续研究进一步检验;(2)三维模型,相对剥夺感是一种由认知、情感和行为三个维度组成的心理倾向。相对剥夺感是人们对自己的相对状况所表现出来的态度,也应根据这三个维度进行分类。该模型虽然受到一些学者的认同(Cropanzano & Randall,1995),但相关研究和量表编制仍有待加强。鉴于相对剥夺感的结构较为复杂,且目前尚未有能够直接适用于中国样本对象的合适测评工具,故而本研究主要采用了马皑(2012)的相对剥夺感单维量表,该量表以我国的文化背景为基础并且遵循了科学规划,是在多阶段抽样的基础上利用文献分析和访谈方式自主编制而成的,往往用来测量个体在与参照对象进行对比时产生的主观感受,以及研究相对剥夺感和社会适应方式之间的关系。

2.2.6　工作资源

工作资源(Work Resources)是指在职业生涯中,员工在工作环境中能够利用和支配的,有助于员工更好地应对工作任务、提高绩效、增强工作动力,并促进个体职业发展的各种资源,这些资源涵盖了但不限于物质、心理、社会和组织等方面(Crick et al.,1994;Brewer et al.,2007;Mclaughlin et al.,2012)。工作资源是一种既具备内在动机又包含外部动机的要素,它不仅为员工提供学习和个人发展的机会(内在动机),同时也为员工提供工具或具体信息(外部动机)。此外,工作资源对个体产生三个方面的积极影响:第一,工作资源能够为员工提供必要的支持,帮助他们有效地完成工作任务和实现工作目标;第二,工作资源有助于降低员工面临的工作要求和损耗,使工作更为可管理和可承受;第三,工作资源不仅提供了完成工作所需的工具和信息,还激发个体的学习欲望、促使个体不断成长和发展。因此,工作资源其实并不仅仅可以满足工作要求的需要,更重要的是可以促进个体长期积极的发展。因为工作资源的概念比较宏观,学者们在进行研究时往往会依据研究的对象与目的,选取工作资源的不同视角诸如工作资源的内容或结构等进行研究。例如 Howell & Higgins(1990)在进行研究时选取了工作资源的内容视角,他将工作资源分为内部资源和外部资源两大部分。内部资源涵盖了自主性、职业发展和工作反馈等方面,而外部资源则包括社会支持、管理者辅导和经济回报等元素。这种详尽分类方式不仅使工作资源的多层次作用得以揭示,也为进一步研究提供了明确的结构框架。此外,部分学者在研究时选取了结构视角,例如在研究工作资源对绩效输出的影响时,工作资源被 Bakker et al.(2004)划分为三个维度,分别是来自同事和管理者的情感和信息、工作上的社会支持以及员工在工作中所拥有的工作任务、工作决策以及工作安排等的自主性和提供的培训学习以及职业发展的机会等。在对个人自愿、工作资源以及工作投入的关系展开研究时,古睿(2021)提出了对工作资源的独特维度划分,工作资源涵盖了领导和组织的支持、同事工作以及情感的支持、员工对于工作中的决策和掌控程度以及员工在工作中拥有的自主权等关键要素。综合以上论述,本研究在自身研究需要的基础上结合以往研究的划分标准,把工作资源划分为职业发展机会和社会支持两部分,主要评估以下四个方面:心理要求、身体要求、工作不安全、决策范围。其中,社会支持量表参考了 Vadera et al.(2013)所使用的量表,职业发展机会量表参考了 Arregle et al.(2013)所使用的职业发展变量的问卷,上述量表在以不同性别、不同国家以及不同职业为样本的研究中都证明其有着很好的信效度。

2.2.7 工作重塑

积极心理学的发展与延伸促成了工作重塑理论的产生,除此以外,该理论的产生也离不开功能工作设计理论的发展。基于传统工作设计理论,工作重塑(Reshaping Work)是指个体主动、自下而上地对自己的工作任务、关系和意义进行有意识的调整和改变的行为,这种行为不一定是在组织的要求或授权下形成的,更可能是自发的(Dutton,2001)。本研究认为工作重塑是将关注点转向自下而上式、员工主导式的工作设计上,强调员工的主动性行为,具有自我导向性(旨在使员工自身受益,不考虑组织受益与否)、意志性(对工作有意识的改变行为)、显著性(重塑后工作与原工作具有显著的偏差)、永久性(对工作进行永久或半永久的改变,而不是一次性或临时的改变)等特点(Mac et al.,1985;Bruning et al.,2018),是对经典的自上而下工作设计的有力补充。基于上述理论视角,家族企业中差序式领导的等级秩序与区别对待特征,反映"圈外人下属"在资源分配与实质交际方面遭遇不公,可以通过激发"圈外人下属"主动行为动机和打破工作资源—工作要求之间的平衡来激发员工产生工作重塑。同时,"圈外人下属"无法在组织环境中获得充足的信任与支持,适度不满和耗竭情绪而引发的相对剥夺感能够在员工间互动时进一步触发员工的工作重塑动机,为其提供更多、正向的机会主义创新趋势,从而对"圈外人下属"越轨创新行为与组织创新绩效产生积极正面调节效应(刘博等,2019;刘柳等,2022;琪琪,2023)。因此本研究将工作重塑作为员工越轨创新影响组织创新绩效的行为机制。

工作重塑的结构划分在研究中不断完善,形成了相对成熟的测量量表。工作重塑的具体形式也在研究发展中得到了明确:工作重塑包括任务重塑、关系重塑和认知重塑等具体方式(Wigfield & Eccles,2001)。为了测量这一理论构想,Slemp & Vella-Brodrick(2013)首次开发了包含15个题项的测量量表,全面展现了工作重塑的多个方面。Berg et al.(2016)将其分为改变任务(增加任务、强调任务和重设任务)、改变关系(建立关系、重构关系和适应关系)、改变认知(扩展认知、聚焦认知和认知关联)等。根据研究需要,本研究采用 Slemp & Vella-Brodrick(2013)开发的量表,因该量表工作重塑概念的结构和测量更加全面统一且效度较好,被学者广泛用于分析工作重塑与工作绩效等变量之间的影响关系。

2.3　本章小结

本章主要回顾了相关理论基础,并对研究涉及的核心变量进行了概念界定,以配合后续"圈内人下属"与"圈外人下属"视角下平行模型的假设探讨。

首先,在理论基础部分,本章系统地介绍了信息加工理论、社会交换理论、期望效用理论、社会比较理论、成就动机理论以及资源保存理论等,这些理论的综合运用不仅为深入理解差序式领导及其影响提供了分析框架,还延伸了领导与员工之间互动模式的认知。其次,在概念界定部分,本章对差序式领导、越轨创新行为、组织创新绩效、心理特权感、相对剥夺感、工作资源以及工作重塑等核心概念进行了详细阐释。对这些概念的深入挖掘和界定,可以对本研究领域的核心变量有更清晰的认识,并为后续实证分析和理论探讨提供重要的基础。

差序式领导是一种深受儒家文化影响的领导方式,领导者会根据员工的关系亲疏、忠诚度和能力等因素,将其划分为"圈内人下属"和"圈外人下属",并给予"圈内人下属"更多的资源和支持,这种区别对待会引发员工的心理特权感和相对剥夺感等心理效应,进而影响员工的越轨创新行为和企业的组织创新绩效。越轨创新行为是指员工为了实现创新目标,私下违反组织规范的行为,它既具有建设性,也具有破坏性,组织创新绩效则是组织采取创新活动后的结果。

本章通过对这些概念的详细阐释,为后续研究提供了清晰的理论框架,为进一步探讨差序式领导对员工越轨创新和组织创新绩效的影响机制奠定了基础。

三 家族企业员工越轨
创新行为案例及特征分析

习近平总书记在党的十九大报告中指出中国特色社会主义进入了新时代。在全党全国各族人民迈上全面建设社会主义现代化国家新征程、向第二个百年奋斗目标进军的关键时刻召开的党的二十大，更是吹响了奋进新征程的时代号角。在这种新时代背景下，激发员工的创新活力是提升企业核心竞争力、实现可持续发展的关键。然而，企业在创新实践过程中受资源的限制无法采纳全部创新想法，只会保留领导者认为最实用的新想法，那些未被上级采纳的创意可能会给企业创造巨大的价值，搜狗浏览器的诞生就是一个典型的例子。2006年，时任搜狐副总裁的王小川提出开发搜狗浏览器，但却遭到了老板张朝阳的强烈反对，并因此被打入"冷宫"。虽然跌入谷底，王小川却没有放弃，找一些志同道合的同事私下进行开发研究。2009年，搜狗浏览器成功问世，2017年，市值达到了50亿美元。上述例子再次说明，即使创意未得到领导认可或支持，但若是员工坚持，结果也很可能为企业创造出巨大的收益，甚至推动时代的发展。目的的合理性和行为的偏离性使越轨创新行为成为"忠诚"与"叛逆"的结合产物，看似"叛逆"实为"忠诚"。

本研究在梳理相关文献的过程中发现，越轨创新行为大都源起国外组织情境的建构，缺乏针对中国本土情境的案例研究，因此，在前述相关理论以及核心概念的基础上，我们深入探究中国家族企业情境下员工越轨创新行为与差序式领导之间的动态关系，并将所提出的理论模型在现实情境中予以诠释。本部分将引用搜狗浏览器的研发过程作为解释性案例,剖析员工的越轨创新行为是如何被引发并对企业创新绩效产生影响。通过对该典型案例的研究,不仅能够将越轨创新行为这一概念具象化,还能为后续章节的实证研究提供现实依据,增强研究的说服力和解释力。

3.1　案例简介——搜狗公司

北京搜狗科技发展有限公司(以下简称"搜狗公司")是一家专注科技文化的公司,核心业务为搜狗输入法、搜狗搜索以及搜狗浏览器等。搜狗公司最初是搜狐公司的研发中心,于 2010 年才开始独立运营。在此之后,搜狗不断拓展业务范围,逐渐崭露头角,成为中国增长最迅速的互联网公司之一。在这令人瞩目的成绩背后,有一位不得不提的人物,他就是曾担任搜狗 CEO、前搜狐高级副总裁兼 CTO 的王小川。2003 年,王小川凭借出众的才干被搜狐公司的领导人张朝阳发现,并受邀加入搜狐,成为研发中心核心成员,于 2004 年推出搜狗搜索引擎。2006 年,王小川带领团队推出中国首个自主研发的中文输入法——"搜狗输入法",为搜狐公司带来了全新的竞争优势。

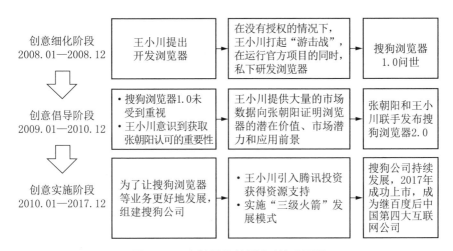

图 3.1　王小川越轨创新活动演变历程

在推出搜狗输入法后,王小川意识到浏览器会成为未来的行业风口,并决定向浏览器领域进军,但这一想法没有得到张朝阳的认可。微软公司在 IE 市场曾占主导地位,但 Bing 浏览器并未成功,这一失败让许多公司对浏览器开发犹豫不决。因此,张朝阳强烈反对浏览器开发,甚至解雇了主张此事的王小川。王小川在如此强烈的反对下,却以越轨创新方式秘密组织了一个团队进行浏览器研发(如图 3.1),并在 2008 年底成功推出了国内首款双核浏览器。在谷歌宣布退出中国市场后,搜狗浏览器迎来了自身发展的新契机,进一步扩大了中国移动互联网市场的份额。2010 年,张朝阳决定将搜狗公司的核心业务,包括搜狗浏览器、搜索和输入法,独立出来,并成立独立的搜狗公司,他任命王小川担任首席执行官,对其寄予厚望,希望搜狗浏览器能够在独立发展的道路上大放异彩。在 2013 年正值搜索合并潮的契机下,王小川凭借一己之力斡旋于多家公司间,拿下腾讯公司 4.48 亿美元投资。经过四年的不懈努力,王小川及其团队于 2017 年成功将搜狗公司引入美国纽交所上市,其时公司市值接近 400 亿元人民币。当前,搜狗公司依旧在不断迭代创新、整合资源来适应市场需求的变化,将业务领域逐渐扩展到地图、语音等方面。搜狗公司积极与腾讯等多家战略合作伙伴展开紧密的合作,这些合作不仅体现了搜狗在现有业务领域的坚定决心,更彰显了其在人工智能领域的宏大愿景。本案例所有信息数据来源如表 3.1所示:

表 3.1　信息数据来源

序号	来源	作者/访谈对象	文章题目	发布日期
1	东方企业家	刘长江	王小川惊蛰搜狗:挫折是良药亦敌亦友周鸿祎	2012-03-19
2	央视网	王小川	《星光耀东方》访谈实录	2012-12-08
3	腾讯科技	范晓东	马化腾、张朝阳和王小川发布会现场采访	2013-09-16
4	创业邦年会	王小川	创业者的战略抉择	2013-11-27
5	新浪科技	崔西	王小川:挂掉那天,才是终点	2014

序号	来源	作者/访谈对象	文章题目	发布日期
6	凤凰财经	周挺	《王小川的大佬江湖》访谈实录	2014-07
7	人才50人论坛	王小川	搜狗创始人王小川：敢于独闯商业模式，不遗余力地创新	2016-08-15
8	中国企业家	王小川	搜狗为什么能坐上三级火箭	2017年第1期
9	董事会	向坤	忍者潜行	2017年第1期
10	现代企业文化	王小川	搜狗就是我老婆	2017年第1期
11	搜狐网	金刚智	王小川：搜狗在成为Google的路上	2017-07-18
12	第一财经	田东	搜狗IPO倒计时：王小川如何用"三级火箭"杀出重围？	2017-08-01
13	创事记	互娱资本论	跨过四道坎走过山路十八弯，王小川终于扛到搜狗上市	2017-08-02
14	DoNews	费倩文	王小川和搜狗13年的成长史	2017-08-02
15	秦朔访问	秦朔	王小川：像生命一样的公司是最能驾驭复杂性的	2017-11
16	中国商人	王小川	是什么让搜狗活到今天	2018年第1期
17	中国经营报	王小川	张朝阳的下半场和王小川的十四年	2018-04-14
18	腾讯新闻	王小川	《十三邀》许知远对话王小川	2018-03-08
19	央视网	王小川	《遇见大咖》访谈实录	2018-11-11
20	南方都市报	侯婧婧，蔡辉	"孙行者"王小川的人生40年，曾带搜狗"特种部队"研发产品	2018-07-13
21	灼见	王小川	俞敏洪对话王小川	2021-01-21
22	腾讯视频	王小川	王小川与张朝阳险生隔阂：被冷落18个月堪称至暗时刻	2021-02-02
23	搜狗内部邮件	王小川	搜狗与腾讯正式交接致辞	2021-10-15
24	界面新闻	王小川	王小川：被命运选中的人，中年重新出发	2021-10-16
25	虎嗅网	王小川	王小川：在搜狗的20年，与离开的那天	2021-10-27

序号	来源	作者/ 访谈对象	文章题目	发布日期
26	澎湃新闻	王小川	对话王小川:我们已经进入通用人工智能时代	2023-04-14
27	腾讯网	王小川	搜狗王小川:年底做出中国最好的大语言模型	2023-04-14
28	搜狐网	王小川	王小川卷土重来,打造中国版OpenAI	2024-02-21

资料来源:本研究整理所得。

3.2 案例特征及其原因分析

3.2.1 特征分析

越轨创新可划分为两种类型:一种是"私下创新",指在管理者知道之前进行想法的萌芽;另一种是"违命创新",指在管理者知道之后努力将想法公之于众。王小川研发搜狗浏览器的过程可视为后者,在创意披露阶段,这样异常的创新行为表现出对抗的特点,员工必须承受一定的心理压力才能进行创新。其特征可归纳为以下三方面:

第一,隐蔽性。越轨创新行为通常是在未经官方许可的情况下进行的,因此个体往往需要占用自己的工作时间和精力。此外,通过正规渠道获取组织资源对他们来说较为困难。本案例中,王小川在未经老板同意的情况下,巧妙地将浏览器研发员工配额用于搜狗输入法的研发。他通过裂变薪水为兼职补助的方式,用相同成本同时推动两个项目,他招募了清华最顶尖的计算机专业学生,组建了一支"特种部队",在秘密环境下仅用十一个月就成功研发了搜狗浏览器1.0。

第二,自下而上性。越轨创新往往是在没有得到上级许可的情况下,个人自发的、自下而上的创新行为。在本案例中,王小川通过周鸿祎成功在桌面客户端开发360安全卫士中得到启示,并向自己的老板张朝阳提出了对于浏览器的开发提议但是遭到了极力反对,于是王小川在未得到老板的授权情况下自主带领团队开展了对搜狗浏览器的研发。

第三,双重性。越轨创新兼具行为偏差和目的正当性。行为偏差指创新活动超越组织规定,未经授权;而目的正当性强调这些创新不符合传统规范,但是符合组织长远利益。"越轨行为"与"创新行为"的双重性决定了其既有相似又有区别,它的行为逻辑表现为以创新为目的,以偏离为手段,是二者相结合的研究范畴。所以,越轨创新也被称作是"忠诚与叛逆的综合体"(王弘钰等,2019;刘伟鹏等,2024)。在本案例中从"秘密"研发到推出,王小川一直保持隐蔽,面对搜狐上下流传出的各种自己要离职的传闻,以及不少超级大佬以优厚条件递来橄榄枝,王小川坚守忠心,最终完成了搜狗浏览器的研发,为公司带来了巨大的利益。

根据以上对越轨创新行为特征的分析,本研究将越轨创新行为与其他相似行为进行对比,结果如下表 3.2 所示:

表 3.2 越轨创新与其他相似行为的对比

比较区别	越轨创新与建设性越轨	越轨创新与前瞻性行为	越轨创新与亲社会违规行为
相同之处	利组织性、违背组织规范、主动行为	主动性、以改造目前环境为目的	主动性、目的利他性
不同之处	越轨创新以实现创新为目的;建设性越轨包含除创新外的建言行为、揭发行为等	越轨创新违背组织规范,是遇到问题后的行为;前瞻性行为不一定违背组织规范,会预估未来环境	越轨创新为了组织利益,可能不与组织制度正面对抗;亲社会违规行为是为了利益相关者,明确违反组织规范

3.2.2 原因分析

本研究将从事件的创新性、颠覆性及关键性这三个方面作为切入口对王小川越轨创新事件的原因进行分析:

第一,事件创新性。案例表明,王小川最初向老板张朝阳建议做浏览器时,张朝阳对此表示怀疑,因为作为老板他更注重媒介,其重心都放在搜索引擎上,从来没有想过要开发浏览器,所以他对浏览器与公司战略之间的关系表示质疑。王小川的越轨创新具有一种"新奇性",越新奇的越轨创新,意味着越有风险,越有可能产生有价值的创新结果,并对组织的发展起到促进作用。从搜狗的发展来看,当搜狐最初的搜索表现不佳时,搜狗这个以"另类"为核心的产品却是突飞猛进。随着时间推移,公司的后续发展进一步证实了王小川提出的"三级火箭"(输入法+浏览器+搜索)发展模式的有效性。这一模式不仅为公司创造了卓越的市场和财务业绩,而且为其在行业中确立了坚实的地位。总体来说,越是具有新颖性的越轨创新,就越有可能带来卓越的创新绩效,从而为企业创造更为高质量的业绩。这一理念在实践中得到了有力的验证,为企业的未来发展奠定了坚实的基础。

第二,事件颠覆性。越轨创新行为的执行者往往向上司隐瞒其工作内容,使得创新行为与组织内的监督机制脱节。这种不服从上级指令,改变企业正常工作过程的做法,可能会使企业发生颠覆式的创新。案例中王小川并没有因为张朝阳的拒绝而否定自己,他决定用自己的成绩来说服自己的上司,暗中将自己的团队编入搜狗输入法运营团队中。可以看出,越轨创新事件相对于正常的创新行为而言,是一种颠覆,这样的颠覆性事件,没有得到管理层的正式承认,常常要花更多精力去维护和推动创新活动。王小川曾直言不讳,浏览器研发过程在获得内部资源方面比较困难,并且要花更多的精力来维护其利益,推进其发展。即便是搜狗浏览器,也不被管理层放在眼里,必须要拿出足够的证据,才能让张朝阳认可其合法身份。由此可以看出,越轨创新事件所具有的颠覆性,使得创新项目很难得到管理者的认可,这就要求创建者为之努力。

第三,事件关键性。越轨创新现象是由于个体的信念所导致,越轨创新对于企业的生存和发展至关重要。从案例中可以看出,张朝阳在2008年给搜狐定下了一个战略目标:"必须把搜索引擎做好。"在这一年,王小川想到将浏览器当成一个流量入口,以此来推动搜索引擎的发展,进而实现公司的战略目标。当创新想法与组织已有策略、资源相匹配时,个人更容易对其进行高价值、高重要性的评价。当发生较大的越轨创新事件时,个体对其所创造的思想具有较高的自信心与动力,且这种正向的态度会使其产生较大的执行意愿。但在实施搜索引擎捆绑输入法和浏览器的多元化发展战略初期,由于浏览器对搜索业务的助力作用并不明显,因而也并不被看好。王小川在当时不被老板理解的情况下,仍然坚信浏览器对于公司的价值,投入大量精力使搜狗的浏览器业务版本快速更迭并进一步融入市场,帮助搜狗突破了停滞不前的市场占有率瓶颈。

3.3　差序式领导对员工越轨创新行为的影响:基于案例研究的启示

3.3.1　基于生命周期的家族企业差序式领导特性

差序式领导风格下的员工归类导致员工异质性,具体而言指的是由于被划分到不同类别,员工在资源配置方面产生一定程度差异。这类领导风格往往根据领导与员工的关系、员工忠诚度以及才能等因素,将员工分为"圈内人下属"和"圈外人下属"两种类型,并据此对"圈内人下属"进行情感和工作两种资源的偏私分配。其中,关系主要涉及领导人和员工之间的亲密程度,如是否拥有亲属关系或是来自同一地区、同学等类血缘关系,如果员工具备这样的条件,那么说明领导人跟他的关系更紧密;员工对于领导人的忠诚度,即员工对领导展现服从、保持尊重的行为,同时还表现在全心投入地协助领导者解决问题;员工的才能亦即员工能否完成职责,当员工具有较强的工作胜任能力,能很好地履行职责,那就意味着他在某些方面的能力和技能较高。领导人会对员工以上三方面的表现做出评估,评级较高的员工更有可能被视作为"圈内人下属",相反会被认定为"圈外人下属"。

这一归类并非自发产生,而是领导者在与员工交往过程中依据某些准则人为划分而来。在团队中,员工根据领导的行为模式、资源配置等因素来评估他们在领导心中的相对重要程度,并根据其在领导心目中的重要性进行评价，从而导致"圈内人下属"和"圈外人下属"之间具有异质化。张朝阳曾坦言："与模式相比，更重要的创新来自组织的创新，这个组织如何用聪明、有判断能力的人，同时给这些人足够的激励机制。"一直以来，张朝阳运用差序式领导风格对待员工，王小川正是凭借自身卓越的技术才能，得老板赏识并获得其偏私对待。差序式领导方式下搜狗发展概况如图3.2所示：

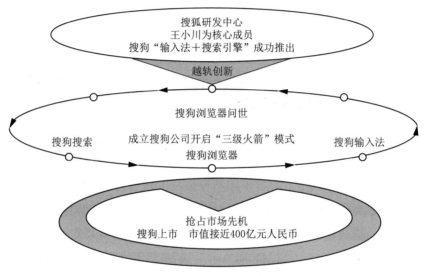

图3.2 差序式领导下搜狗发展概况

（1）初创期：从清华园到搜狐

搜狐公司是中国的新媒体、通信及移动增值服务公司、互联网企业，创始人兼首席执行官为张朝阳。搜狐网于1998年正式成立。1999年，中国的互联网行业逐渐兴起，清华在校生陈一舟、周云帆、杨宁成立了人人网的前身——ChinaRen网站。当时，陈一舟开出了8000元一个月的兼职工资，聘任王小川做ChinaRen的技术总监，以兼职身份管着7个员工。2000年7月，搜狐在美国纳斯达克证券市场上市。2000年9月，ChinaRen被搜狐收购，兼职ChinaRen技术总监的王小川也因此被张朝阳盯上，张朝阳视其为必须要笼络到手的人才，并亲自拍板兼职的位置继续为他保留，薪水待遇包括股权和职位都可以等他研究生毕业之后再兑现。2003年,王小川刚刚硕士毕业,张朝阳就催他入职,据说张朝阳打了近一个小时的电话,才把王小川请回搜狐。可以说,王小川的入职恰逢搜狐初创期,也是搜狐亟需破除创新瓶颈,摆脱"创新者窘境"的关键期。

（2）成长期:搜狗"输入法＋搜索引擎"成功推出

此后的6年里,王小川开启了人生的第二个"开挂"阶段,陆续晋升为技术总监、高级技术总监、副总裁、高级副总裁,直到2009年以31岁的年纪担任搜狐的CTO。但在这期间,王小川却并非顺风顺水。2003年的中文搜索领域,百度已经显示出一家独大的局面,而百度通过把控搜索流量入口的涨价行为让张朝阳十分不满,于是张朝阳喊来王小川对他说:"给你6个人头,干掉百度。"2003年的搜狐对上2003年的百度,也算是势均力敌,那个时候的百度远没有后来巅峰时期那么强大,而刚刚靠SP增值服务赚到第一桶金的搜狐也是底气十足。为了补充战斗力,王小川盯上了清华计算机奥赛集训队的学弟,他用6个人的人力成本,拉来了12个兼职程序员,耗时11个月,在2004年8月3日正式推出了搜狐的搜索引擎——搜狗。在王小川的要求下,搜狐通过收购图行天下为搜狗引入了丰富的地图数据,在国内率先推出了地图搜索功能,占得搜索领域的一线先机。2004年,搜狗搜索正式上线——此举让搜狐真正具备了技术实力,拥有了与巨头一战的资格。然而,2005年百度上市,并在中国搜索市场一家独大,导致张朝阳对搜索兴趣骤降,而由于搜狗搜索没被市场重视,王小川又拉着团队做起了搜狗输入法,没想到大受欢迎,到了2008年已经有了40％的市场占有率。

（3）成熟期:不被看好的浏览器研发

2006年,年仅27岁的王小川被提拔为搜狐副总裁,这时候他有了一个新想法:做浏览器!因为他意识到,浏览器的市场占有率将直接决定搜索市场的归属。然而,彼时在微软IE一家独大的情况下,张朝阳并不看好国内的浏览器市场,对王小川的几番建议都熟视无睹。王小川的一意孤行,仿佛触动了张朝阳的逆鳞,于是,就有了2008年的那场危机。因为公然违抗禁止做浏览器的命令,王小川被暴怒的张朝阳解除实权，并将搜狗业务转交其下属负责。一度张朝阳都做好了王小川离开的准备，甚至搜狐市场部都拟好了消除负面影响的新闻通稿，但王小川硬是苦熬了 18 个月，于 2009 年出任搜狐 CTO，并等来搜狗拆分独立运营的机会。

这 18 个月，成为王小川人生中最大的一个挫折。事后回忆中，王小川将其称为"至暗时刻"。相比程维、王兴、宿华、张旭豪等一众创业者，王小川是外界公认的巨头间合纵连横玩得最好的，没有控制权，没有资源，王小川唯有打起了"游击战"，一边做着公司需要的项目，一边从各个项目划人做浏览器，在熬了无数通宵后，终于做出了搜狗浏览器。浏览器推出后，搜索量跟着上涨，两年内帮搜狐拿下了 10% 的份额。2010 年，搜狗从搜狐独立运营，32 岁的王小川担任搜狗公司的CEO，张朝阳担任董事。

有关王小川和搜狗这"一人一狗"故事的最后结局是：2021 年 10 月15 日，搜狗正式并入腾讯，王小川宣布卸任搜狗 CEO 并表示："搜狗融入腾讯大家庭，向新而行，共赴山海。"

且不论故事里的筚路蓝缕、栉风沐雨，从领导—下属关系角度来看，从最开始起，王小川凭借优秀于其他员工的才能就得到了老板张朝阳的偏私对待，同样地，在张朝阳提供的优势资源下，王小川这样的卓越人才在无数业界巨头的橄榄枝下仍然选择留在搜狐施展宏图，并且一待就是 18 年。在新的故事掀开下一章节之前，"晚泊孤舟古祠下，满川风雨看潮生"，这个"五道口的守门员"终可小憩，观山海远阔，品人间烟火。

3.3.2 家族企业差序式领导构成与过程

差序式领导会根据员工异质特征对不同类型的下属采取差异化对待策略，进而获得差异化的领导效能，这个过程就构成了领导的影响过程。差序式领导是一种复杂理论体系，它包括了多个层级。本部分结合差序式领导的已有研究成果，以搜狐案例为切入点，对个体层次、团队层次以及跨层次的差序式领导过程进行探讨（如图 3.3）。

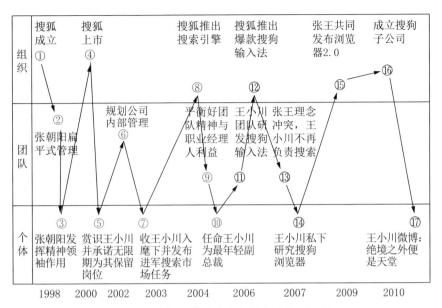

图3.3　张朝阳的差序式领导方式发展过程

3.3.2.1　个体层次的差序式领导过程

员工对于领导者的差别对待的感知及反应可能会因为"圈内人下属"和"圈外人下属"归类不同而产生变化。相关研究表明,认知与情感机制在领导过程中起着关键作用(Fischer,et al.,2017)。认知涉及员工如何理解并构建关于领导的相关信息,情感揭示了员工在面对领导时产生的各种情绪。进一步来说,差序式领导能够影响员工在公平感知、自我感知、沟通互动等维度上的感知,并最终影响其工作绩效和角色外行为。

第一,公平感知。在差序格局的社会中,所有的价值标准都不能脱离差序的人伦关系而存在(费孝通,1947)。中国人的公平遵循"合情合理"的法则,是中国人所特有的社会关系与人情义务。因此,"圈内人下属"和"圈外人下属"在面对差序式领导表现出的偏私行为时,不一定会感知到不公平,这一情况的关键在于"圈外人下属"能否认同这种偏私行为的合理性。此外,领导者对员工归类标准和偏私对待程度差异会影响员工对差序式领导的态度。搜狐成立之初,老板张朝阳采取扁平式管理模式,减少管理层次,通过拉近与员工的距离来提升管理效率;

当公司步入正轨之后则规范公司内部治理,通过等级划分使公司结构有序以此来实现"无为而治"。当张朝阳选择以才能对员工进行归类,对王小川的偏私并没有让其他群体有不公平感,甚至愿意加入王小川团队一同进行创新探索。

第二,自我认知。张朝阳在搜狐的发展中起着精神领袖的作用,即使为寻找商业伙伴和管理人才常在世界各地,但当某个部门工作缺乏进展时,他会尽量多出现在公司向员工传达"我与你们同在"的信号。这使得包括王小川在内的员工在与张朝阳起冲突时,不是选择一走了之,而是为了寻求"偶像"的认可默默努力。个体的自我认知是关键性驱动力来源,而领导行为对个体自我认知有着深远影响,"圈内人下属"需要努力达到领导者的期望,展现服从和依赖的态度,这有助于塑造对领导的认同感,进而影响员工自我的构建(Sluss & Ashforth,2007)。与此同时,领导常常被看作是组织代表,那些靠近权力中心且受到领导偏私对待的"圈内人下属"更容易产生一种感觉:认为自己在组织中有重要性和价值,这就是所谓的基于组织的自尊。这表明,员工的自我构建很大程度上是由领导者或组织与他们的关系决定的。从中国文化背景来看,"自我"是一种互依性的、关系性的自我构建,因此差序式领导与员工的领导认同和组织自尊的关系可能受到个体自我构建与集体主义的调节。

第三,员工与领导及组织关系的认知。差序式领导的文化根源可以追溯到"亲亲"法则,它表明如果领导对"圈内人下属"和"圈外人下属"的态度有所差异,员工会将此信息作为衡量他们与领导间亲密程度的关键因素。在华人组织情境中,领导者与"圈内人下属"关系通常具有复杂性和多样性且遵循一种基于"回报"的原则。这种人情交换与社会交换不同,因为人情不仅被看作是一种交换的手段,也是社交活动的准则,而且人们普遍认为人情难以精确度量,其最优期望是相互回馈(翟学伟,2011)。在担任组织代表的角色时,领导者对待员工的方式将被视为组织的一种行为,而这种行为又会直接塑造员工对自身与组织关系的看法。特别是在差序式领导模式下,领导者对待"圈内人下属"的偏袒与包容,很可能使得这些员工对组织的认同感上升(刘重阳,

2016)。王小川通过在 ChinaRen 的卓越技术才能受到张朝阳赏识,在学业深造和加入搜狐之间犹豫时,张朝阳果断让王小川继续学业并为其保留岗位,这样的偏私行为让王小川更加肯定了选择张朝阳的正确性,并在未来大展自身技术才能为搜狐发展立下汗马功劳。

3.3.2.2 团队层次的差序式领导过程

王小川在初入搜狐时,就被张朝阳赋予充足权力和资源让其带领团队专攻搜索引擎,不到一年时间,搜狐搜索引擎正式上线。这样对团队或群体内"圈内人下属"和"圈外人下属"的差别对待即差序式领导,该方式会导致团体内部领导者与成员之间关系分层现象的发生(Wang,et al.,2015;陈禹汐,2020;Jr et al.,2021)。根据团队"投入—过程—产出"的研究框架,团队层次的差序式领导作为关键投入因素,会影响到整个团队过程并最终决定团队效能,而这一过程主要包含两个方面:一个为团队进程,另一个则是涌现状态,前者指的是团队成员利用言语交流、思想观念和行为活动将投入转化为产出的相互依赖的行为,后者阐明了团队的思想观念、动机与情感状态。最后衡量整体效率的标准就是团队效能,通常包括团队绩效和成员态度等情感反应两个方面。

从角色理论与权变奖励角度来看,差序式领导借由员工归类而实施差别对待,可以为有能力的"圈内人下属"和能力较弱的"圈外人下属"提供不同的任务分配,促进团队成员合作,降低团队成员间的地位竞争,以达到提升效率的目的。并且差序式领导可以通过设定不同的奖惩标准来识别"圈内人下属"和"圈外人下属",这不仅可以对"圈内人下属"给予肯定并提供动力,也可以激发"圈外人下属"通过模仿性学习表现出领导期望的积极行为,最终转化为领导心中的"自己人"。此外,差序式领导还有助于减缓团队成员的社会惰化现象,鼓励个体更加勤奋地投入工作中去。

3.3.2.3 跨层次差序式领导影响过程

对员工而言,他们的感知受到来自包括团队内部领导差别对待的程度、"圈内人下属"和"圈外人下属"的分布等情境因素的影响,进而可能导致他们对差序式领导的解读与反应发生变化。基于社会比较理论,人们通常依赖于情境因素去解析模糊不清的信息,尤其是在自我评估的过程中会以那些有类似特质的人的行为作参照标准。团队成员由于经常一起工作,共享相同的社会环境并且面临着统一的管理层级,因此同事们的行为成为衡量团队成员自己在团体内的地位和价值的关键信息源。例如,如果大部分团队成员被视为领导心中的"圈内人下属",那么个体感受到的不公平待遇可能会减少,角色分化的效果也可能不会明显表现出来(郑伯埙,2014;Laird et al.,2015)。然而,若团队中圈内人和圈外人各占一半,又或是仅有一小部分人是领导认可的"圈内人下属",这种情境则为团队成员提供了一个明确的有关地位和角色差异的信号,这也将会影响到他们对"差序式领导"与下属心理状态之间的关系的认知。搜狐在成立初期,圈内人比例明显较高,张朝阳设立扁平式管理和流动结构来提升管理效率,而当企业进一步发展后,则需要增加圈外人比例来提供明确的角色差异信号,而这同样是为了管理效率的提升。

3.3.3 家族企业差序式领导对员工越轨创新行为的影响

在中国"人治主义"的背景下,差序式领导是破解员工越轨创新行为的重要途径。组织中的"圈内人下属"可以获得领导的偏私对待,普遍拥有较高的心理特权水平,容易开展越轨创新行为。当任务冲突发生时,管理者和员工之间的关系可能会变得紧张,这可能导致那些拥有高心理特权的"圈内人下属"感到不满并出现"反抗"的心态,从而引发违反命令的行为创新。

2007年,当时已经是搜狐高级副总裁的王小川注意到了互联网浏览器市场的巨大商机,可老板张朝阳却认为百度、Google 和雅虎都在争夺搜索引擎市场,剩余空间有限。王小川跟张朝阳爆发了第一次重大的冲突,双方情绪都较为激烈,最终王小川失去实权。但忠诚让王小川注定不会轻易离开张朝阳,当后来众多搜狐高管出走并各自开门立户时,王小川成了留守时间最长的那个。用他的话说:"为偶像打工是可以拼命的,能挣多少钱,能分得多少股权,其实都不需要太在意。"从 2008 年至 2009 年期间,尽管遭遇了一些挫折与挑战,但坚韧且不屈不挠的王小川选择默默投入于搜狗浏览器的研发工作。测试版本有条不紊地更迭改进,王小川精心布局的三级火箭——"搜索＋输入法＋浏览器"齐头并进,重新得到张朝阳的大力支持,两人在 2009 年合力推出搜狗浏览器 2.0 并大获成功。此案例进一步证明,即使未获得领导的支持与认同,只要员工坚定信念、持续努力,他们可能就能开发出具有革命性的产品,引导产业走向新的方向,甚至影响时代的进步。

王小川任职搜狐事件成为差序式领导对"圈内人下属"影响的典型,在获得老板张朝阳额外的时间资源、技术资源、权力赋予后,王小川产生了报恩心理,火速研发出搜狗输入法,反映了自身价值。差序式领导风格通常使领导对"圈内人下属"更加关爱和重视,向该类员工提供大量的资源、权利与奖赏等等,这实际上反映了他们对该类员工的信赖程度。因此,"圈内人下属"可能会产生一种"报恩"心态,从而激励他们在工作中的表现更为优异,以此作为回馈给领导的方式。简而言之,这一心理状态就是激励员工进行越轨创新的动因。同时,根据"资源交换"及"互利"原则,领导对组织内部创新资源的分配具有主导作用,并且常常倾向于优先满足"圈内人下属"的需求。为了保持获得高质量资源的地位,"圈内人下属"必须履行一些有益于领导的行为来证明他们的价值,如超额完成任务或展示其他非本职工作的能力,这样既可以让领导感受到自己对组织的忠诚,又可以巩固自己"圈内人下属"的位置。在这种激励的作用下,员工为了提升组织的效率,会自觉进行越轨创新。

此外,"圈内人下属"在差序式领导氛围下更可能具备实施越轨创新行为的资源条件,并且由于其越轨性质,他们的处罚可能会相对减轻。在是否进入浏览器市场的决策上,尽管王小川与张朝阳之间爆发了冲突,但仍不可否认的是王小川因为被赋予较多资源和较大宽容度而有实力和信心产生越轨创新行为。越轨创新作为一种超越组织规范的创新行为,需要常规创新所需的资源,但因未经过官方许可,无法从组织的资源库中获得支持。在此种情境下,当领导对"圈内人下属"表示出足够的信赖并表现出偏袒,那么该人员就更有机会获得更多的权限、资金和人力等资源支持,从而为其执行越轨创新提供必要的物质保证。此外,"圈内人下属"也因为得到了较大的宽容度,所以他们认为犯错成本较低,于是敢于冒险尝试新的方法,甚至去实践那些看似有益却违反了组织规定的行为,同时也愿意承受这类行动带来的后果和失败的可能性,相信自己能够应对任何挑战与风险。

值得注意的是,"圈外人下属"在"礼"和"忍"文化的影响下,认同组织内权力体系的同时可能会积极寻求加入这个团体以便获得同等的工作福利。"圈内人下属"对于自身状况的感知很大程度上取决于领导对他们的偏爱程度,领导越偏袒,"圈内人下属"的危机感就越显著。在差序格局的背景下,为了争取同等的工作条件和工作机会,"圈外人下属"可能会采取越轨行为以谋求改善。

综上所述,在差序式领导模式中,由于对领导的信任,"圈内人下属"往往能够享受到更多的偏私关照、资源支持以及宽容,从而培养了一种"回报"的心理动机,进一步为企业的创造性资源供给提供多样性保障,同时,他们也做好了心理准备去承担越轨创新行为曝光和失败的风险。而对于"圈外人下属"来说,出于没有享受到与"圈内人下属"同等待遇的原因,产生了相对剥夺感,激发了他们想要融入该圈子的心理动机。另外,资源的稀缺性使得"圈外人下属"意识到或者实际体验到了自己的创意可能被拒绝的可能性增加,这就给他们提供了一个尝试越轨创新的基本条件。

3.4 员工越轨创新行为对组织创新绩效的影响:基于案例研究的启示

3.4.1 家族企业员工越轨创新行为特性

越轨创新是个人自发在组织中产生且未获组织许可而偷偷展开的、由员工进行的期望有益于组织绩效的创新行为(Mainemelis, 2010)。结合诸多学者对越轨创新的研究以及搜狗公司的案例,我们可以总结出越轨创新的三个特点:

第一,越轨创新是员工的自发行为,这意味着它并非由组织进行主动规划或部署,而是员工个体基于自身动机展开的。这些动机可能源于员工对组织现状的不满、个人的创新意识或对新机遇的敏锐洞察和追求。这种自发行为彰显了员工的主动性和创新精神,是越轨创新的鲜明特征之一。在搜狗的发展历程中,尽管输入法产品取得了显著成功并占据了高市场份额,但是搜索引擎业务却迟迟未有起色。王小川作为搜狗的主要负责人,深刻意识到按照既有模式推进搜索引擎业务的前景堪忧。他观察到,在 PC 时代,用户的信息检索行为主要发生在浏览器内,大家打开 IE、首页 hao123,或者其他浏览器都是百度的搜索框,而搜狗在此领域并无明显优势。基于个人的创新洞察力,王小川创造性地提出了"三级火箭"理论,即在输入法产品取得成功的基础上,通过输入法推动浏览器的发展,最终依赖浏览器带动搜索业务的增长。在深刻认识到浏览器在搜索引擎业务中的关键作用和巨大潜力后,也出于对新机遇的迫切追求,王小川并未等待上级领导张朝阳的明确指示,便自主地提出了浏览器的研发计划。

第二,越轨创新行为通常未获得组织的明确许可或支持,也就是说员工在展开越轨创新时,往往不会得到组织领导或相关部门的正式授权或支持,而是在一定程度上绕过组织的正规程序进行创新活动。在王小川意识到浏览器的市场占有率对搜索市场归属具有决定性影响时,浏览器市场已然处于一个相对稳定但也充满竞争的阶段,微软旗下的 IE 浏览器占据市场主导地位,Mozilla Firefox、Opera 等虽然份额较小,但是也在特定的用户群体中占有一席之地。在这样的市场环境下,将浏览器做成无疑是一项艰巨的任务。同时,张朝阳对于王小川的"三级火箭"理论存在质疑:"微软的 IE 市场那么大,都没有把 Bing 做起来,凭什么浏览器做成搜狗搜索就可以?"张朝阳的质疑合情合理,而且彼时他的中心放在视频网站,所以对于王小川这个看似虚无缥缈的提案并不感兴趣。后来王小川一次次的坚持惹怒了张朝阳,甚至导致了他被解除实权,搜狗业务也被转交其下属负责。但王小川并未选择放弃,而是打起了"游击战",即在完成公司既定项目的同时,从各个项目中调配人员,秘密进行浏览器的开发工作。

第三,越轨创新的目的并非单纯在于提升个体工作绩效,而更侧重于增强组织的整体绩效及其市场地位。此类创新的主要动机在于推动组织的进步与创新,通过采纳新颖的理念、技术或方法来增强组织的市场竞争力和行业影响力,从而实现宏观层面的绩效增长。与一些个体创新行为相比,越轨创新更注重对组织整体的影响和价值,强调团队协作和组织发展的重要性。以王小川为例,在其被解除职务后,搜狗搜索面对百度竞争的连续挑战,并未呈现预期的进步,反而呈现退步趋势。在这种局势下,王小川顶着巨大的压力,基于对"三级火箭"战略的坚定信念,成功研发出搜狗浏览器。随着搜狗浏览器的上线,搜狗搜索的访问量也跟着迅速上涨,在两年内实现了 10% 的市场份额增长,并在三年内为搜索业务带来了 60% 的流量增长。事实证明,搜狗浏览器的成功不仅为企业带来了发展的新机遇,而且搜狗公司也继承了王小川的创新精神,逐渐形成了具有公司特色的创新文化。

3.4.2 家族企业员工越轨创新行为构成与过程

现有研究对越轨创新影响因素的研究主要集中在个体特质、领导因素以及组织环境这三个维度(王永伟等,2023)。越轨创新具有边缘性、超前性和高难度性(Criscuolo et al.,2014),因此并非组织中所有员工都能进行越轨创新。通常情况下,只有少部分具有高创新能力、高自我效能感以及高工作自主性的员工,才能坚持自己的创意并付诸行动。员工的越轨创新行为不仅受其个人特质的影响,还会受到其所在组织的领导风格以及环境氛围的影响。领导风格可能鼓励或抑制员工的越轨创新行为,而组织环境中的资源支持、战略规划和目标等要素也是影响员工越轨创新的关键因素。因此,本部分将深入研究家族企业员工越轨创新行为的构成与过程,主要从个体特质、领导因素以及组织环境这三个层面展开分析。

第一,个体特质。具体而言,个体的创新能力、自我效能感以及工作自主性等因素都会影响员工越轨创新行为的产生。首先,创新能力是个体在应对复杂问题和挑战时所表现出的独特创造力与创新思维。

具有高创新能力的员工能够更好地识别和利用潜在的机会,提出新颖且具有实际意义的想法和解决方案。在家族企业中,这类员工能够在传统的家族文化中找到突破口,推动企业实现创新发展。其次,自我效能感反映了个体对自身完成任务的信心程度。在面临创新挑战时,拥有较高自我效能感的员工往往能够保持积极的心态,坚定自己的创新信念,即使在遭遇困难和挫折时,也能够坚持不懈地推进创新项目。这种积极的心理态度,对于员工越轨创新行为的成功实施具有重要意义。最后,工作自主性指员工在工作中具有一定的自主权和决策权。拥有高工作自主性的员工更容易在组织内部寻求支持,并采取自主、隐蔽的方式开展越轨创新活动。

以王小川为例,在输入法获取卓越成绩而搜索引擎发展停滞不前时,他发现了浏览器市场的潜力,试图以此作为输入法与搜索引擎之间的桥梁,创造性地发起了浏览器项目并提出了"三级火箭"战略。然而,其创新方案初期并未得到组织领导的认可。在面对方案被驳回、个人被解除职务的困境时,他展现出来超高的自我效能感,他始终坚信开发出的浏览器会在浏览器市场占据份额,并且带动搜索引擎的成功。在未获得组织内资源支持的情况下,王小川凭借较高的工作自主性与个人能力,灵活地向组织内其他员工寻求帮助。他通过自主决策和隐蔽行动的方式,成功地归拢了所需的资源,推动了浏览器项目的实施,实现了其战略设想,最终使得搜狗成长为一个可以独立运营的公司。综上所述,高创造力的员工们能够敏锐地察觉到潜在的机会时,并且更容易采取自主、隐蔽的方式来归拢所需要的资源,进而在某些研发空白领域占据优势,从而转化为个体和组织的高创新绩效表现(黄玮等,2017;叶存军等,2023)。

第二,领导因素。员工的越轨创新行为并非只受到个体特质影响,还与组织内领导风格有关。领导者在组织中扮演着关键角色,他们不但掌握着员工创新方案以及组织资源配置的决定权,而且其对员工关系的紧密程度能决定对该员工资源和权力的倾斜程度。当两者之间的联系更为紧密时,领导者能够调动的资源也相应增加,下级就越有可能做出超越自己角色的行为。另一方面,与其他员工相比,那些在情感上获得领导者更多宽容和理解的下属更有可能参与越轨创新行为,这是因为他们犯错后的心理成本更低,换言之他们相对而言更可以承担创新失败或领导层禁止创新行为等结果的风险。

张朝阳与王小川的相识,是一段基于共同理想和相互赏识的佳话。两人的缘分始于对 ChinaRen 的收购,当时王小川在 ChinaRen 兼职,而张朝阳则看到了他身上的潜力和才华,向他伸出了橄榄枝。尽管王小川当时还在清华大学读本科,并已被保送读研,但张朝阳的诚意和承诺,让王小川决定在毕业后加入搜狐。张朝阳对王小川的赏识并非空口无凭,而是有着实实在在的行动支持。他不仅对王小川说:"你上学多久我可以等你,搜狐的位置给你留着,等你回来时,你要多少钱我给你开。"而且在王小川硕士毕业后,又立刻邀请他加入搜狐,并委以重任。这种信任和承诺,让王小川在搜狐得到了充分的成长空间和机会。在搜狐,王小川的晋升速度堪称奇迹。他先是被任命为高级技术经理,短短五年后便晋升为高级副总裁,一年后更是晋升为首席技术官。这样的晋升速度在搜狐是绝无仅有的,足以证明张朝阳对王小川的高度认可和信任。张朝阳对王小川的信任不仅体现在职务晋升上,更体现在公司运营方面的授权,他放心地将公司交给王小川打理,自己则专注于跑步、瑜伽和登山等个人兴趣。这种信任和放权,让王小川得以在搜狐大展拳脚,实现自己的职业抱负。正是在张朝阳这样的充分认可和资源倾斜下,王小川对组织产生了强烈的归属感和回馈感,于是在自行承担创新失败的风险的前提下,毅然投身浏览器的研发工作。

第三,组织环境。社会认知理论认为,个体会根据自身所解读的社会环境信息而调整其外在行为,而个体对环境的解读受到对情境线索关注程度的制约,因此组织环境极大地影响着组织内员工的行为。Mainemelis(2010)指出,缺乏组织资源是越轨创新行为发生的充分条件,组织可以进行的研发创新是有限的,无法无条件接纳所有员工的创新想法,个体往往选择采取非正规手段来推进这些想法。此外,组织的战略规划和目标也会影响员工的越轨创新行为。如果组织的战略规划和目标与员工的创新想法不符合,员工可能会选择采取非正规手段来推进这些想法。在搜狗公司的案例中,搜狐集团一直是输入法业务和搜索业务两驾马车,当时输入法业务已经小有成色,根据基于业务总体战略的规划,集团希望搜狗专注于搜索业务本身,基于成本效益原则,减少对其他方面业务的尝试,这就迫使王小川研发浏览器成为越轨创新行为。

王小川越轨创新行为的产生将以上三个因素展现得淋漓尽致,他曾说:"我深信,有一种热情是超出日常工作的。只有真正的热爱,才能让我们战胜一切挑战。"这种坚定的信念也使得王小川能够激励更多的志同道合的伙伴加入他的行列,并最终得到老板张朝阳的支持。

3.4.3　家族企业员工越轨创新行为对组织创新绩效的影响

一个引人深思的问题是:员工越轨创新行为会对家族企业组织创新绩效带来怎样的影响呢?一方面,越轨创新行为必定会对现行的管理规范与领导权威形成冲击且会占用有限的创新资源(韩雪亮等,2015;万鹏宇,2021;于桂兰等,2022);另一方面,企业可以通过干预或调整个体特质、组织环境以及领导风格,促成员工越轨创新行为向企业组织创新绩效的正向转化。

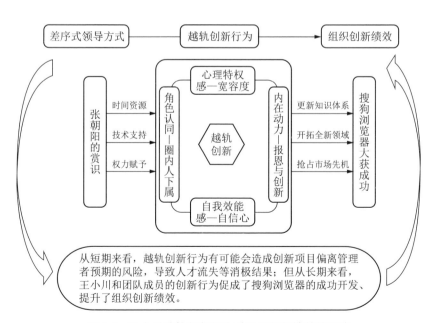

图 3.4　王小川越轨创新行为对组织创新绩效的影响

本案例中王小川越轨创新活动从整体来看对组织创新绩效有显著的提升效应。一方面,员工的越轨创新行为对他们的职业发展有益,有助于更新知识体系、开拓新领域并转化成更高创新成果;另一方面,越轨创新行为具有独特探索性优势,可以推动技术发展并对创新绩效产生影响。在王小川的研发工作中,他需要在规避领导张朝阳监督的同时,利用他在公司和社会中的地位和资源来吸引和获取相关的人才,对于开发浏览器的相关知识,王小川强调了从组织外部获取的知识,这些知识与现有的知识框架存在显著的不同,也就是我们所说的创新所必需的多样性知识来源。搜狗一边致力于夯实发展着自己的浏览器业务,一边寻找着资本注入。王小川通过加入张朝阳的登山队等开展“曲线救国”,认识了许多资本大佬,并借此机会与以张朝阳为首的母公司管理层做了更充分和良性的沟通。结果表明,在搜狗浏览器进阶版 2.0 阶段,根据艾媒咨询 2009 年的搜索引擎用户使用率统计,在网页访问量上,搜狗浏览器排名第 3 位,而在移动平台市场中搜狗输入法位居首位。搜狗成长的强劲势头让以张朝阳为首的搜狐母公司管理班子对搜狗输入法的市场开拓工作重新审视,更加肯定了搜狗创新推出的由搜狗输入法、搜狗搜索和搜狗浏览器并驾齐驱、数据共享、流量连通的“三级火箭”商业模式为核心的进阶版多元化 2.0 战略。也正是由于这一阶段多元化 2.0 战略的成功落地,随后王小川于 2009 年被搜狐集团任命为 CTO,重新回到管理核心圈。2017 年 11 月 9 日,经过多年奋斗后,搜狗在美国纽交所上市,以发行价计算,搜狗上市当天市值突破 50 亿美元。

不可否认,越轨创新行为在一定程度上也可能会对组织创新绩效产生消极影响,因为越轨创新行为往往会引发与组织规章制度的冲突,从而对个人和组织产生负面效应(Robinson & Bennett,1995)。如果高级管理层容许员工在实施过程中出现偏差,那么这可能会导致创新项目的失控,从而造成资源的无谓消耗以及绩效的下降(Staw & Boettger,1990),因为这会影响组织雇员对规范执行底线的判断,从而使研发创新过程偏离管理者预期,并影响其他组织内部成员对工作目标的判断。王小川的独特创新策略虽然推动了搜狗的研发进程,但也致使大量员工的离职,引发了公司内部的人才流失现象。部分团队成员自发的越轨创新行为对研发小组的其他成员带来了显著的工作压力,离职便为这些压力的具象化表现。

凡是过往,皆为序章。2021 年 9 月 4 日,搜狗宣布与腾讯完成合并,10 月初搜狗完成私有化并从纽交所退市,2021 年 10 月 15 日,搜狗 CEO 王小川发布内部邮件,称从今天开始,搜狗融入腾讯大家庭,他也正式卸任,转身投入生命科学行业。但"对搜狗爱过,而且无怨无悔"的王小川,曾在搜狗分立出来成为一家独立运营公司的 2010 年 8 月 8 日夜间在个人微博上写下的感情色彩浓郁的这段话——"绝境之外,便是天堂。面朝大海,春暖花开……"以及那样一种不竭创新精神,会一直被大众所铭记。

3.5 本章小结

本章以中国本土情境下搜狗浏览器的研发过程为案例,深入剖析了员工的越轨创新行为与差序式领导间的动态关系,以及进一步对企业创新绩效产生的影响。老板张朝阳的差序式领导激发"圈内人下属"王小川的创新活力,促成搜狗浏览器研发与子公司搜狗创立,进而提升组织创新绩效。张朝阳的领导风格为王小川提供了创新空间与资源,而其心理优势、高创造力及与老板的认知差异,成为越轨创新的关键因素。此案例对家族企业领导者具有深刻启示:差序式领导风格下,员工的越轨创新行为不仅可能得到激发,而且有可能成为推动组织创新、实现战略目标的重要动力,家族企业领导者在实践中应更加关注领导风格的塑造,以及员工创新行为的引导与激励,以期在激烈的市场竞争中获得持续的竞争优势,同时也为后续实证研究提供了现实依据,增强研究的说服力和解释力。

四 差序式领导对员工
越轨创新行为的影响研究

4.1 差序式领导对员工越轨创新行为影响的理论推演

4.1.1 差序式领导与员工越轨创新行为

组织是由成员之间进行人际互动交往所组成的社会关系网络。Tekleab 等（2005）指出，个体的主观感受主要是由与领导者有关的因素所决定的。根据领导力理论，领导者在与员工之间的等级关系中起到了不可或缺的作用，鉴于正式权力的不均衡分布，领导者拥有高效分配资源的权力，导致在上级和下级之间形成功利目标和印象整饰的等级关系导向（Zhang 等，2017）。在组织的网络结构中，领导者起到了核心作用，他们有能力运用自己的核心权力来操控决策、奖励和评价，并能直接或间接地对员工产生影响，因此，在组织内部拥有绝对的主导权。相反，员工是组织中被动地接收信息的成员，领导者的用人制度对其在职场上的态度和行为表现具有显著影响。因此，为了满足领导者对员工角色的期待，员工需要融入组织环境并且持续地成长演变。在职场人际交往中，员工需要对与领导的关系进行评估，隐藏并压抑对人格平等的追求并完全遵守领导的命令（Cheng 等，2003）。员工需要恪尽职守、与高层领导者合作，满足他们的需求，并努力追求微观层面的利益以确保自身的需求得到满足。

从领导层面来看，管理者对越轨创新的态度可预测后续的越轨创新行为。越轨创新行为是一种在创新过程中主动选择脱离管理者控制的行为,客观上它挑战了管理者的权威(陈伍洋等,2017)。面对这种情况,不同管理者会作出不同的反应——宽容、奖励、惩罚、无视、操纵(Lin et al.,2016)。而管理者对待越轨创新行为的态度又反过来会影响越轨创新行为的结果以及以后该行为的发生频率。现有研究表明,管理者对越轨创新的奖励可以激发组织内部的越轨创新行为,而领导对越轨创新行为的抵触态度会负向影响越轨创新行为(Lin et al.,2016)。从组织层面来看,组织创新氛围会影响越轨创新行为。创新常常是在不确定性中孕育的活动,所以以创新为核心目标的环境往往更推崇工作的自由度和灵活性,个体不必严格遵守组织规范,可以充分发挥自身的潜能,这时越轨创新行为会更容易发生并最终成功地被纳入组织正式创新活动中(Criscuolo et al.,2014)。但重视规范的组织会更强调流程的正当性和对组织的服从性,因此也会对越轨创新行为进行更严厉的惩罚;这样的环境下,员工会选择常规的工作方式以避免风险,越轨创新行为很难出现,即使出现也易因个体无法承受巨大的心理压力而"半路流产"(Mainemelis,2010;Masoudnia & Szwejczewski,2012)。

在华人组织中人治主义氛围普遍存在,导致领导者与员工在权利和义务方面不平等(张书维等,2012;Arregle等,2013),员工通常需要在态度和行为表现上承担更多义务,并在一定程度给予领导者尊重。华人团体高度重视差序格局的管理理念(刘善仕等,2015),领导者通常会采用不同的管理方法,并根据员工的实际情况进行动态分类和差别对待,致使不同员工之间界限明确并处于角色担当对立面。由家族纽带所形成的特定等级权威,强调了在组织中领导的中心角色和员工的辅助角色,儒家的伦理标准和权力与义务的不平衡明确地揭示了员工的资格取向不仅基于互惠互利的原则(Farh等,2004),还因领导者拥有的职位权力而具有强制性特征。在上下级关系网中,领导者处于强势地位而员工往往处于弱势地位,二者共同默契维护差序格局的合法性,从而确保组织能够正常运作并保持长期的稳定性(杨国枢,2005)。

差序式的领导方式是源于中国传统思想中独特的差序格局的文明基础和运转手段,强调利用立体结构的核心逻辑来确定组织内部的"纵向等级"和"横向关系"原则,并且擅长通过区分"圈内人下属"和"圈外人下属"来实现对组织成员的角色层次划分。在家族企业强调人情关系的大环境下,差序式领导风格普遍存在(徐玮伶等,2003),员工会基于他们的角色认知来建立各种阶层命题和依赖关系,并按照预设的差等秩序来采取行动。以往关于差序式领导的实证研究大多数都是倾向于支持这种领导模式在华人组织中的有效性(Cheng 等,2003),虽然这种领导模式看似与传统的公平观念存在冲突,但在中国的文化环境中,她确实可以在不同的层面上对员工和整个组织产生正面的效果。以差序式领导为核心的网络结构揭示了组织内权力与有限资源的分布模式,领导者基于差别对待与动态转换的过程要求员工履行不同岗位职责并从事不同建设任务,这一过程有助于领导者缓解对复杂问题的认知压力,从而提高领导效率、增强团队整体效能并巩固其权威地位(徐玮伶,2002)。因此,上述的演化过程为验证差序式领导的实效性提供了宝贵的证据支持。

4.1.2 差序式领导与"圈内人下属"及"圈外人下属"越轨创新行为

差序式领导的一个显著特点是偏爱"圈内人下属"和偏恶"圈外人下属"。根据权变领导理论,差序式领导作为一种特殊的领导方式,更有可能赢得华人员工的广泛认同并激励他们改善工作态度和行为反应,从而对提升员工的工作绩效产生积极影响(高良谋等,2013)。在探讨差序式领导的内涵时,我们不能只从角色关系进行分析,要意识到领导者在员工职务分配和职业成长中的主导地位,因而应当考虑如何拉近二者之间的距离。当领导者在资源分配和奖惩上展现出明显的差序式领导风格时,员工会因希望获得领导者的偏爱而主动调整自身的行为,以表明自己愿意配合领导者的偏好标准(Sherony 等,2002)。当然,差序式领导方式不仅可以激发员工采取积极行动的意愿,也能够激发员工的外在效能,呈现出对个体创新心理历程的微妙作用(姜定宇等,2014)。即便是在"圈外人下属"中,也可能出现降低惰性和提高工作表现的情况,从而进一步增强了组织的内部凝聚力。虽然在差序式领导意涵兼顾员工归类并维系共同主题的互动方式,但其中蕴含的理论原理和内外部机制显著不同。在家族企业的背景下,差序式领导能够发挥作用的关键在于明确区分"圈内人下属"和"圈外人下属",并给予其明显的区别对待和合理分化。在一个融合了儒家伦理与差序格局的组织结构里,员工对于领导角色的认知和对权力的认定,都是建立在双方的互动过程中,员工感知到领导者对下属进行分类,并对领导者的诚信度和可信赖度产生不同的心理反应,从而衍生不同的行为趋向。差序式领导将员工区分为"圈内人下属"和"圈外人下属",而员工从组织环境中传递出的信息出发对其与领导的关系做出判断,进而根据自身与领导者的关系并从"圈内人下属"、"圈外人下属"角色定位出发引发角色延伸具体化。这样的角色扩展有助于指导员工同化相符的工作动力,并为组织做出有意义的贡献,因而可以被视为识别个体创新行为的先决条件(景保峰,2015)。因此,本研究拟从"圈内人下属"和"圈外人下属"两个维度深入探讨差序式领导产生的不同作用逻辑。

为了深入理解差序式领导的未来价值并展现其推广潜力,研究领导者与"圈内人下属"和"圈外人下属"的动态交互历程显得尤为关键(郑伯埙,2004),整理角色种类造就的差序格局分析可以看出"圈内人下属"与"圈外人下属"对偶角度的上下级关系是一个相对独立的路径单元,从而完整勾勒出差序式领导发挥作用的全过程。本项研究基于对"圈内人下属"的偏私态度和对"圈外人下属"的偏恶态度,目的是探讨差序式领导与员工越轨创新行为的展开关系,重点考察中国的传统领导方式如何影响组织效能。差序式领导通过不断地调整其圈子的规模来设定员工的分类准则,利用动态的分类流程来确定"圈内人下属"和"圈外人下属"名单的变动情况。员工们在潜意识中已经对差序式领导的特点有所了解,并且对自己在工作中的定位和角色有各自不同的理解,因此,他们更有动力和意愿去创造和维护一个和谐、高效的工作环境(姜定宇,2009)。对于"圈内人下属"而言,领导者的偏爱和偏护能够提升工作效率和绩效质量(徐玮伶,2002);对于"圈外人下属"而言,领导者的偏见实际上是一种激励,他们会积极努力地改变自己的不利地位,追求身份的转变,并展现出积极的工作态度。因此,在差序式的领导模式中,每一位员工都会严格遵循规定、更加主动地采用多样化的方法来寻求创新性的解决策略,以便维持自己在角色中的优越地位或改善自己所处的不利地位。

4.2 差序式领导对"圈内人下属"越轨创新行为的影响研究假设

4.2.1 差序式领导与"圈内人下属"越轨创新行为

首先,领导者的特殊偏爱为"圈内人下属"辅助决策活动提供了有利的外部环境,这使得"圈内人下属"可以通过非正式主导优势和声誉渠道获得外部支持,让他们在进行越轨创新活动时,即便没有得到组织的正式授权,也能利用非传统的手段来获取必要的资源(Burgelman,1983)。当然,领导者不仅与员工进行物质传递和信息沟通,也进行情感交流与互动反馈(Lin等,2015),领导者采用的差异化管理策略让"圈内人下属"感受到了组织的关心和资源的激励,这也让他们产生对领导者的感激之情,使他们愿意将领导者的价值观内化,并从组织的视角来思考问题,激励员工调整工作动机、优化反馈机制,并致力于以创新的方式去寻找和尝试解决组织当前面临的各种问题的可能解决方案。

其次,在上下级互动中,领导层会对"圈内人下属"的职业能力和发展给予充分的重视。特别是在工作参与和角色代入方面,他们会优先考虑对"圈内人下属"委以重任,并根据约定给予他们相应的奖励或激励措施。陶厚永等(2016)指出,这种强化的互惠原则将有助于员工感知自己在权力结构中所占据的有利地位。受到差序式领导特殊偏爱的"圈内人下属",为了维护自己的利益并寻找晋升的机会,会持续优化他们的态度和工作表现,从而激发他们不断改进工作方式和提升工作绩效的积极性(Cheng等,2008)。更具体地说,当差序式领导对"圈内人下属"表现出一定的偏私态度时,这可能会激发他们对领导的欣赏和感激之情。这种情感可能导致员工在工作中承担超出其职责范围的责任和义务,提出改进工作流程和技术创新的有益建议以报答领导者的栽培,甚至为了提高工作效率和达到更好的绩效而敢于展示出具有偏离性的逾矩意识,从而加强他们进行越轨创新的意愿。

最后,在进行差序式领导的赋权授权时,面向"圈内人下属"领导者更多地扮演了一个协助而不是控制的角色(Jaiswal等,2014)。高度自由化的工作模式清晰地展现了领导对员工的深厚信赖并降低了对员工的外部监督,成为员工实施越轨创新行为的关键前提。当"圈内人下属"新想法和组织规定发生冲突时,差序式领导对"圈内人下属"的偏爱会扩放工作自主性所带来的自由选择机会,同时打消他们对陷入惩罚的顾虑。这种情况下,他们可能更敢于承担越轨创新行为的负面影响(周浩等,2012)。

综上,本研究以社会交换理论为基础,探讨差序式领导与"圈内人下属"越轨创新行为之间基于互惠法则的依存机理。偏私对待激励"圈内人下属"产生报答领导栽培的感激之情,进而驱使他们将维持与领导关系的需求转变为实际行动(Frieder等,2017)。在中国传统文化背景下,伴随差序式领导发挥效力以及核心圈子凝聚力强化,"圈内人下属"会按照人际交往的回报方式不断运作以回应领导者传达的优势信号(翟学伟,2013)。总体而言,差序式领导展示差异化风格,他们通过与"圈内人下属"建立交互式换取原则,激发了员工展示促进效能产出的创造性行为,甚至为了凸显自身并非单方面依附组织内部保障有可能会超出其工作职责和组织制度的规定,在实际操作中展示越轨创新行为(史青等,2022;刘伟鹏等,2024)。综合考虑上述因素,我们在本研究中提出了如下假设:

假设1:差序式领导正向作用于"圈内人下属"越轨创新行为,即差序式领导对"圈内人下属"的偏私对待将积极影响其越轨创新行为。

4.2.2　差序式领导、心理特权感与"圈内人下属"越轨创新行为

4.2.2.1　差序式领导与心理特权感

差序式领导处理交往关系的价值取向即接纳关系亲近的员工并予以适当偏私,这能够增强员工对雇佣关系的情感依赖,并使员工建立起

团队合作的人际交往原则(Rothman,2012)。彼此之间的角色定位远超过西方组织情景中依靠职场约束氛围建立的上下级关系,还进一步考虑到了工作之外的情感因素(刘军等,2008)。员工对自我意义的构建与员工和领导或组织所建立的价值观有着紧密的联系。领导者通过不同的管理方式传达出的偏好,使得"圈内人下属"开始意识到自身所处的工作环境看中人情关系,因此,他们更倾向于与领导者建立紧密的私交关系。换而言之,他们坚信:建立亲密的组织成员关系能够使自己在组织内享受更高的威望、获得更多的益处、实现更大的价值。这种观点也催生了他们对特权的高度重视。差序格局下领导者归类员工过程的显著特点即内外有别,并依据分类标准将不同员工归属于特定类别,而员工会根据自身与领导者的关系等因素来判断自己是否属于"圈内人下属"范畴,表明差序式领导表现出来的偏私对待作风能够正向预测"圈内人下属"对于自身的身份感知。然而,严重高估的自我判定会导致员工对自己的能力产生过度的乐观和自信,因此在物质资源的分配和权力的决策过程中常常表现出强烈的优越感,过分强调个人价值,并且过分关注个人利益(Harvey 等,2009)。

在组织内部,领导者多会采取恩威并济的管理方式,但差序式领导往往会偏私对待自己喜爱的"圈内人下属",从而营造了一个非控制型的和谐环境(陶厚永等,2016)。一方面,来自差序式领导的信任倾斜可以削减员工对于上下级关系之间距离的敏感体验与差错畏惧,满足了员工的自我认同需求;另一方面,偏私对待也缓解了"圈内人下属"在工作当中的负向情绪,由于获得情感与心理上的安全满足,员工自我效能感也随之得到提升(Furby,2003;杨皖苏等,2018)。以上两点表明差序式领导会使个体对于自身具备的魅力和能力更加自信,进而导致强烈的主观规范评定,并认为自己值得比其他人拥有更多特权。

社会经济地位是影响心理特权感的主要因素,高级个体往往更自恋,并更关注自身利益和满足度,这使得他们更容易产生高水平的心理特权感。相反,那些社会经济地位相对较低的员工更倾向于关注他们之间频繁的互动和依赖关系(Piff,2013),并倡导平等的理念。在华人组织网络中,差别公正就是关系道德导向(燕良轼等,2013)。

在中国特有的组织文化环境中,组织的领导者被视为中心角色,他们对待员工的方式可能会因其个人喜好而产生变化(徐玮伶等,2003;苏涛等,2022)。在这样的背景下,与高层领导关系紧密的"圈内人下属"往往会逐步获得与权力中心更为接近的职务,从而逐步达到他们的理想地位。根据前面的分析,差序式领导会使"圈内人下属"投射一定程度的自恋心态,从而使其心理特权水平更高(Kraus等,2012;凌文辁等,2019)。

4.2.2.2 心理特权感与"圈内人下属"越轨创新行为

组织管理领域的研究发现,心理特权感能够促使个体产生自己在组织当中的重要性知觉,并认为自己的特质能够与引领组织的愿景相结合,进一步拥有积极的自我认知和强烈的资源占有欲。这类心理现象往往促使个体更加倾向于追求个人利益,以满足内在需求和实现个人价值,从而加强以自我为中心的前景意识,激励员工持续在组织网络中追求更高的地位,并努力达到更高的目标(Chung et al.,2011)。出于渴望得到组织持续重视和认可而诱发的情境需求,高心理特权感个体亦需要不断对自我概念进行肯定与增强以维持和提升膨胀的自我认知概念,故会更主动工作并展现额外努力以宣示自我价值确认(Vadera et al.,2013)。但此过程他们承担着巨大压力,常寻求激进方式达成目标以提升地位(白宝玉等,2017;杨皖苏等,2018)。受利己主义驱使,高心理特权感个体通常会重塑自我情感状态,认为自己值得被赋予更好对待并期望谋取更多资源,同时忽视限制和禁令,倾向于挑战规则和领导者以实现个人目的,这成为越轨创新的动力来源(Lessard et al.,2011;邹纯龙,2020)。

高心理特权感的员工渴望在组织内部的归属需要得到充分满足(王野,2014),因此易与领导者建立情感纽带并愿意提供帮助。一旦员工与领导者价值观一致,个人利益与组织目标可能趋同,进而激发员工亲组织行为(Olkkonen et al.,2006)。视组织发展为自身发展的关键途径可激发员工采取越轨创新行为,推动组织利益的实现(尹俊等,2012),此过程中员工可能从不同角度就工作相关活动、决策执行方法以及组织目标实现发表独特性观点和竞争性意见并引发任务冲突。心理特权感从员工角度暗示组织对"圈内人下属"的重视,激发其回报组织的道德意识,愿意承担义务推动组织发展(Chung et al.,2011)。持有改进组织现状信念的员工,可能打破不合理规范,越轨创新以谋求更好业绩,并坚持将其视为为组织分忧解虑的合乎情理的实用举动(Umphress et al.,2010;李爱梅等,2012;吴颖宣等,2018)。

总体而言,高心理特权感致使员工强烈的自我价值意识不断高涨,尤其是极端的自尊信念会让员工出现以自我为中心的自信甚至傲慢情绪,进而不愿被组织规章制度约束(Vadera et al.,2013)。这种敢于向权威挑战的性格不断地激发了建设性的思考和反叛精神,为进行越轨创新行为提供了必要的前提和内在的动力,这使得员工更倾向于不听从领导的指令,而是通过非正式的方式直接进行创新活动。此外,由于"圈内人下属"因感受到组织重用与人际认同而形成了心理特权感(Locke,1987),基于稳定的关系契约提高承诺水平,并将个人利益追求与组织效益目标相结合,主动发起努力以保障组织绩效有效提升。然而,长期的情感义务将会通过道德许可过程降低对创新实施方式的阻抑阈限。同时,减轻对组织制裁的过分担忧有利于促进越轨创新行为。特别是当拥有高心理特权感的员工提出不成熟的创新方案且在层级评审中可能遭受拒绝时,他们出于对自己的信任更坚持自己的想法,更有可能选择突破现有的威慑机制,采用非常规手段执行自己认为正确的创新计划(Lin et al.,2016;董雅楠等,2022;李成彦等,2024)。

4.2.2.3 心理特权感的调节效应

在探索组织管理模式和员工行为的关联过程中,人们普遍认为个体的感知状况是调节这两者关系的一个重要变量(贾良定等,2017)。实证研究表明,"圈内人下属"对于公平交换的感知与差序式领导及领导者预期的行为反应之间有着明显的正向联系。差序式领导针对"圈内人下属"的偏私对待能够通过员工心理归属在认知和情感上引起其对领导者的角色认同以及对工作的积极评价(王磊,2013;来宪伟等,2018),这种互惠互利的关系,进一步激发了员工的组织公民行为,减少了反生产行为(吴华萍,2011;姜鹤等,2023),因而在工作绩效方面表现得非常出色,展示了差序式领导的组织影响力。谢晓非等(2013)、李晓玉等(2019)在研究中指出,不同水平的心理特权感可以影响领导者行为对个体的态度和行为模式的作用。差序式领导方式更倾向于为"圈内人下属"提供丰富的资源和情感支持,减少对他们的控制,更加宽容地对待他们的行为,从而使"圈内人下属"感知到认可和尊重。这种认同的经历让员工深切地感受到了领导和组织对他们的重视,帮助他们提升对于自我价值和自尊水平的评价,对自身整体表现和能力意义产生超出实际状况的深刻信念,即基于差序式领导对"圈内人下属"的偏私对待产生心理特权感。同时,"圈内人下属"为了塑造积极的个人形象并施行强化的主体意识,会重新审视解决问题的方法,并进行认知过滤,推动一系列有意义的工作成果。"圈内人下属"的价值观与组织的核心理念高度一致,因此,在享受更多特权的基础上,他们更有可能主动地向领导层给予回馈。员工内心深处的特权感也表明了他们觉得自己获得了某种形式的特权豁免,使得他们能够得到上级的庇护和通融,间接地促使员工在没有得到上级领导认可的情况下,积极地参与到创新活动的拓展中。

本研究旨在探讨差序式领导、心理特权感与"圈内人下属"的越轨创新行为之间的联系。基于社会交换理论,差序式领导对"圈内人下属"的偏私态度会导致他们展现出越轨的创新行为,而心理特权感则会进一步加强这种积极的影响。高心理特权感的"圈内人员工"能从差序式领导偏私对待中清晰领会到领导给予的独特偏爱,作为对领导的回馈,他们会以不同形式实现其超越常规的创新能力,甚至在差序自信的推动下,可能会忽视领导者的指示,直接通过非正式的方式进行创新,低心理特权感的员工却难以做到这点。因此,本研究在社会交换理论的媒介指导下厘清了差序式领导、心理特权感与"圈内人下属"越轨创新行为之间的运行逻辑,即当"圈内人下属"感受到差序式领导的偏私待遇时,高心理特权感会增强他们的回报心态,并对这种类似或扩散的创新活力做出积极回应。因此,综前所述,我们提出了如下假设:

假设 2:心理特权感在差序式领导对"圈内人下属"越轨创新行为的

影响过程中发挥增强型调节作用,即差序式领导对"圈内人下属"越轨创新行为的正向影响在高心理特权感条件下得到增强。

4.3 差序式领导对"圈外人下属"越轨创新行为的影响研究假设

4.3.1 差序式领导与"圈外人下属"越轨创新行为

在华人企业中,员工高度重视上下级之间的垂直关系,这使得差序式领导的等级秩序与区别对待特征在这样的背景下更为突出(刘贞妤,2003)。由于对领导的绝对依赖,即使员工面临资源分配的不平等,也通常倾向于自我调整以确保长期的职业利益得到维护。中国传统文化强调尊卑有序、亲疏有别,儒家伦理对不同角色定位并非展露出平行的正义标准(高良谋等,2013),在这样的文化环境中,差异化的对待被认为是理所当然的,且其内涵还可以引导"圈外人下属"自觉产生激励预见性。他们有可能通过与"圈内人下属"的比较分析,意识到自己在资源分配上的不足,并希望能获得与"圈内人下属"相同的待遇。因此,对于那些被划分为"圈外人下属"的人,差序式领导的区别对待可能会激励他们提升自身的能力和工作绩效,以满足领导者的期望进而转变为领导者的"圈内人下属"。这种特定的领导风格为员工在其正常角色之外的创新活动提供了更多的动力和支持(Chughtai 等,2011),员工甚至可能为了追求越轨创新成果,敢于暂时忽略或挑战现有的规则。

差序式领导归类模式的动态性表明差序格局导致的角色关系并非静止不变,根据 Liao 等(2010)的研究结果显示,领导者对下属的区别对待会激励"圈外人下属"采取积极的行为,以将自己转变为"圈内人下属"。从权变奖励的视角来解释,角色评价和任务责任可以激励"圈外人下属"去模仿"圈内人下属",从而促使他们展现出自我提升和积极转变的趋势。依据社会比较理论,"圈外人下属"会将自己所遭遇的实际状况与"圈内人下属"进行比较,并对个人可能面临的不利因素进行深入的反思(Santor 等,2006)。因此,他们会积极地调整自己,以适应组织中的隐性规则,努力提高自己的行为表现、满足领导的期望,并希望能够成为组织内备受宠爱的"圈内人下属"。然而,对"圈外人下属"的偏恶对待可能会使员工产生恶性心理感知,但"圈外人下属"更愿意暂时服从领导者的权威,以期逐步改善当前局势(马跃如等,2014)。尤其重要的是,"圈外人下属"设定了以未来为导向提升创新效能和工作绩效的目标,意图追求自我变革和获得地位提升的机会。因此,他们愿意驱动越轨行为探索新的创新机会(Kraiczy 等,2015;蒋瑞等,2020;金辉等,2023)。

差序式领导对"圈外人下属"的偏恶对待和对"圈内人下属"的偏私对待,导致"圈外人下属"产生挫折感并萌生感性互信偏见的现实情形认知。对于"圈外人下属",能够体会到领导在组织内对"圈内人下属"的支持和照顾,会产生剥离感而导致一定的心理压力和工作压力。差序式领导的关系边界越清晰,对"圈内人下属"的偏私程度越高,"圈外人下属"的压力就越大,越会激发其对不公平待遇的不满。然而,领导者对员工类型的区别评价会随其在日常工作事务中的表现发生边际转变(孙建群等,2016;姜鹤等,2023),这也是员工愿意暂时接受差别对待的根本原因。与此同时,依照社会认知理论,个体行为受其所在环境的影响。因此,领导的差别对待会激发"圈外人下属"想要通过自身努力尽快融入"圈子",得到与"圈内人下属"相同的待遇。这样的工作动机越高,其角色外的创新行为意愿也就越强。但同时,"圈外人下属"因与领导之间缺乏信任,一方面,领导不支持和漠不关心的态度及行为会削弱"圈外人下属"对领导的期望;另一方面,因缺乏与领导在日常事务中的交流和联系,他们倾向于假设领导不会对其给予支持,但"圈外人下属"对进入圈子的强烈愿望,会促使其愿意承担一定风险而采取越轨创新行为。由于差序式领导对"圈外人下属"的偏恶对待方式,员工无法在组织环境中获得充足的信任与支持,适度不满和耗竭情绪反而会成为创新行为的动力激发条件,即使这种行为在本质上具有越轨性质(Thau et al.,2015;Ng et al.,2019),但似乎违背规则的辅助立意也可以变异出机会主义创新趋势。与"圈内人下属"相比,"圈外人下属"所遭受的不良待遇可能成为激励他们向"圈内人下属"的转变动力,进而促使他们调整自己的行为以满足领导的期望。虽然差序式领导在表面上看似失衡,但它对员工的情绪和工作态度产生的影响并没有背离动态转换的理念。对于"圈外人下属",在面对差序式领导的偏见时,可能会选择采取克制的策略,凭借忍耐与等待的心态历程完成自我提升并尽快实现身份的转变。因此,差序式领导的偏见可能会激发"圈外人下属"积极创新,以改善当前的不利状况,促使他们不仅完成组织的任务,还试图通过越轨创新来取得更高的成就,逐渐转变为"圈内人下属"。基于此,本研究提出如下研究假设:

假设3:差序式领导正向作用于"圈外人下属"越轨创新行为,即差序式领导对"圈外人下属"的偏恶对待将积极影响其越轨创新行为。

4.3.2 差序式领导、相对剥夺感与"圈外人下属"越轨创新行为

4.3.2.1 差序式领导与相对剥夺感

在华人企业中,员工普遍关注自身和其他员工与领导者的关系,并通过对比来形成自我概念归类,因而客观组织环境中的领导风格与员工相对剥夺感密切相关。差序式领导的突出特点为"内外有别",在"圈内人下属"与"圈外人下属"间形成明显边界。员工通常会根据自身在组织中所处的位置和占有的资源与他人对比,从而形成相对满足感或相对剥夺感(Pettigrew et al.,2008)。若感知自身遭受不公平对待,个体可能会产生挫败和否定性情感(Smith et al.,2012)。在差序式领导的差别管理系统中,相对剥夺感一般是产生于"圈外人下属"与"圈内人下属"进行社会比较后,感知到自身处于劣势地位(Mclaughlin et al.,2012)。领导的偏恶对待会影响"圈外人下属"的组织认同感和归属感,从而加剧其相对剥夺感。反之,维系"圈外人下属"与领导者之间均等的情感纽带则可以缓解不公平感知以降低相对剥夺感(Zagefka et al.,2013)。社会比较理论指出,个体倾向于与略具优势的同类比较,以评估自身社会地位(Festinger,1954),不公正感知会消耗"圈外人下属"大量的心理资源(Priesemuth et al.,2016),诱发其被剥削的痛苦感以

及形成巨大的心理落差,所以社会比较是相对剥夺感的核心形成过程(Kim et al.,2017)。"圈外人下属"更关注自身与他人之间的比较差异,从而会产生被边缘化的主观感知。领导的差别化对待影响员工的平等自觉,导致"圈外人下属"感受到被排挤和歧视(Sen et al.,2013),而适当的组织支持与领导者认可能够激励"圈外人下属"产生自我认同(Mclaughlin et al.,2012;于桂兰等,2022)。

差序式领导的宽容信任维度本质上就是纵容错位信任,表现出差序式领导宽容信任的消极构面(姜定宇等,2010)。在工作场所中,如果领导者首要考虑关系法则而将公正原则置于次要位置,因与"圈外人下属"的关系较为疏远而表现出偏恶(席西民等,2010),那么"圈外人下属"在观察到领导者对"圈内人下属"的偏袒后,可能会认为自己在组织网络中缺乏人际资源,这对于员工之间的凝聚力和组织的稳定性都是不利的。相对而言,差序式领导对于"圈外人下属"的偏恶可能导致这些下属感觉与领导者之间存在隔阂。长期下来,这种不信任可能会削弱组织内部建立的信任体系,进而影响整体的团队合作和效率(Skogstad et al.,2007)。差序式领导也会根据人际关系的亲疏程度来处理员工的错误,对于"圈内人下属"的错误会采取宽容的处理方式,而对于"圈外人下属"则会采取严厉的惩罚措施。选择性的专断措施会导致"圈外人下属"产生怀疑、质疑和敌意,他们会被相对剥夺感困扰(Dahling et al.,2017)。相反地,减轻体制内管控失范所带来的极端后果可以减弱"圈外人下属"对职场排斥的谴责以及对自身认同的担忧(王永伟等,2023)。

4.3.2.2　相对剥夺感与"圈外人下属"越轨创新行为

虽然一直以来对相对剥夺感的探讨更多基于其不利效应,但近年来学术界有关相对剥夺感所带来积极影响的研究逐渐增多,并在实际操作中得到了广泛认同。研究表明,当个体产生相对剥夺感时,并不意味着他们会接受当前的情况,相反地,在与"圈内人下属"的交往过程中他们更有可能对当前的困境感到强烈不满并迫切希望能改变当前弱势处境,从而促使他们采取措施来提升自己在组织内部的个人形象并试图争取合法地位。当个体通过与参考对象的对比识别到自身存在的不足之处时,他们就有可能更加主动地采取措施去追寻优势地位并摆脱劣势地位。"圈外人下属"试图通过明确的社会比较情景来间接地激发自身的进取心和工作动力,积极地把握机遇,制定清晰的策略目标,以改善目前的弱势处境并寻求心理上的平衡(Turley,2002)。相对剥夺感的存在能够激发个体改善自己生活状况的强烈愿望,并进一步激发他们的自我提升意识,"圈外人下属"坚信自己有权得到公正的对待,这种观点能够激发他们的竞争欲望和前进动力,从而使相对剥夺感转变为达成目标的动力(Gursoy et al.,2006)。根据攻击—挫折原理,个体内心深处认为自己受到不合理对待会促使其参与自我提升等成就活动(Zoogah,2010)。此外,华人独有的忍耐力有可能促使"圈外人下属"将被剥夺感转化为自我提升的动力。因此,差序式领导并不一定会引发消极反应。面对弱势处境,"圈外人下属"更有可能选择积极抗争,维护自身的权益和自尊认同。然而,将相对剥夺感转化为自我提升的动力需要"圈外人下属"付出很大努力。因此,"圈外人下属"进行创新尝试的概率可能提高,他们希望通过创新成果来证明自身能力和研发管理能力。当可行的方法与个体的理想目标和组织的规则产生冲突时,个体可能会因为追求个人的职业目标和自我价值的实现而采取非常规的方式(Bachleitner et al.,1999)。例如,个体可能会通过反叛和创新来挑战社会的结构或规范,拒绝屈从领导者的命令,并通过勤奋的工作实现价值超越。

一些越轨行为能够优化组织构建和促进员工成长,对组织发展和创新变革具有重要影响(Lin et al.,2016)。越轨创新行为降低了员工遵循组织规范的义务感,使员工能够更直接、高效地投身于创新活动(黄玮等,2017)。尽管越轨创新行为没有得到授权,但它们以对传统规则的创新性改变为出发点,增加了员工对组织效能的价值判断,对组织取得革命性的技术升级和科技成果具有重要贡献。因此,作为一种超越传统角色的创新方式,越轨创新对于增强组织在面对环境变化时的反应能力起到了关键作用,虽然这与组织的规则相违背,但其偏离正轨的创新行为主要是为了提高组织的整体福利和改善员工的个人境况,会激励员工充分发挥其创新能力(Dahling等,2017;梁昊,2023)。孙建群等(2016)指出,员工可以通过这种灵活和变通的创新方法来解决创新过程中遇到的问题,从而提高他们的个人竞争力。这个过程当然也有可能引发"圈内人下属"与"圈外人下属"两者之间的身份互换。

4.3.2.3 相对剥夺感的调节效应

前文已经深入探讨了差序式领导、相对剥夺感与"圈外人下属"的越轨创新行为之间的理论联系。在组织的内部结构中,领导者被授予了明确的权力和地位,他们有权代表整个组织的立场,高效地进行资源的管理和分配,并为员工创造成长的空间。在与东方文化背景紧密关联的差序式领导模式中,领导者在与"圈外人下属"的互动中展现出了明显的偏见。"圈外人下属"在社会比较的过程中可能会感受到领导层的偏见和不公平对待,这种不平等的交往可能导致他们产生消极的心态。Adams(1965)指出相对于"圈内人下属","圈外人下属"通常不被领导者重视,而适当的相对剥夺感会促使他们追求更高的价值认同和自尊认同,渴望通过实现明显的职业成就来获得更优质的待遇并改善现有状况,实现"圈外人下属"和"圈内人下属"身份的转变,从而对他们的外在适应行为产生影响。为了拉近与领导者的关系以获得所需的资源并维护内化利益,员工努力寻求职业进取,可能会采取超出其职责范围的行动以回应相对剥夺感的负面情绪要求(Knippenberg,2011)。

态度平衡原理认为不同评价因素或情感因素间存在着压力,而个体是通过调整自己对待事件的态度来达到自身的认知平衡(雷开春,2016)。所以,相对剥夺感主要体现了个体对现实处境的强烈不满,凸显了个体改变劣势境况的内在愿望,它是连接外部环境与个体行为反应的中介纽带。"圈外人下属"通过社会比较将自己与"圈内人下属"进行类比,因为感受到严重的不公平对待,从而产生了愤怒、不满等主观情绪和认知,这最终导致了他们内心态度和行为的变化(Smith et al.,2012)。简而言之,对于"圈外人下属"而言,压力主要产生于对现实情境的不满以及渴求实现从差序式领导"偏恶对待"向"偏私对待"的动态转变。不平等导致的相对剥夺心态使得"圈外人下属"急于释放自我压力而倾向于通过增加价值能力寻求自我实现,向拥有更高组织地位的"圈内人下属"群体流动,因而更容易激发其越轨创新行为。本研究基于社会比较理论,构建了描述差序式领导、"圈外人下属"越轨创新行为和相对剥夺感三个变量之间关系的模型,并从一个动态的角度深入探讨了这些变量间的相互作用。因此,综前所述,我们提出了如下假设:

假设 4:相对剥夺感在差序式领导对"圈外人下属"越轨创新行为的影响中发挥增强型调节作用,即差序式领导对"圈外人下属"越轨创新行为的正向影响会在高相对剥夺感条件下得到增强。

4.4 差序式领导对员工越轨创新行为的影响研究假设汇总

本研究在考虑差序式领导对"圈内人下属"和"圈外人下属"的偏私和偏恶对待的基础上,从双重视角构建了差序式领导对员工越轨创新行为的理论模型。在中国传统文化背景下,差序式领导是领导力理论的一个重要组成部分。差序式领导区别对待下属,将下属划分为"圈内人下属"和"圈外人下属"两类,从而形成不同的角色要求并使用不同互动方式。员工基于各自立场对差序式领导的理解和产生的情感模式不同,表明差序式领导对员工的越轨创新行为影响的机制可能有所差异。在上述分析基础上,本研究一方面以"圈内人下属"为视角,结合社会交换理论构建差序式领导、员工越轨创新行为与心理特权感的关系模型。另一方面以"圈外人下属"角度作为切入点,结合社会比较理论构建差序式领导、员工越轨创新行为与相对剥夺感的关系模型。从"圈内人下属"和"圈外人下属"的视角来看,差序式领导与员工越轨创新行为的关系变得更加复杂。本研究综合考虑了这两种维度,并进行了合理推导,构建了一个整体的理论框架。具体的框架如下图 4.1 所示:

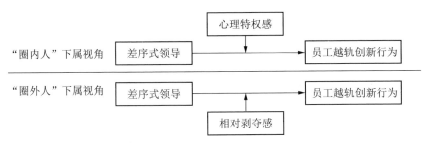

图 4.1　差序式领导对员工越轨创新行为影响的理论模型

本文具体假设内容如表 4.1 所示：

表 4.1　差序式领导对员工越轨创新行为影响的研究假设

	序号	具体内容
"圈内人下属"视角	假设 1	差序式领导正向作用于"圈内人下属"越轨创新行为，即差序式领导对"圈内人下属"的偏私对待将积极影响其越轨创新行为。
	假设 2	心理特权感在差序式领导对"圈内人下属"越轨创新行为的影响过程中发挥增强型调节作用，即差序式领导对"圈内人下属"越轨创新行为的正向影响在高心理特权感条件下得到增强。
"圈外人下属"视角	假设 3	差序式领导正向作用于"圈外人下属"越轨创新行为，即差序式领导对"圈外人下属"的偏恶对待将积极影响其越轨创新行为。
	假设 4	相对剥夺感在差序式领导对"圈外人下属"越轨创新行为的影响过程中发挥增强型调节作用，即差序式领导对"圈外人下属"越轨创新行为的正向影响在高相对剥夺感条件下得到增强。

4.5　本章小结

　　越轨创新行为看似违背组织规范，但若进行有效管理，能帮助企业有效破除创新瓶颈，摆脱"创新者的窘境"，尤其在我国家族企业普遍存在差序式领导方式的特定情境下。因此，越轨创新行为是一个非常值得研究的课题，具有重大的理论意义和应用价值。本章深入探讨了差序式领导对员工越轨创新行为的影响机制。

在"圈内人下属"的视角下,差序式领导对"圈内人下属"的偏私对待,可能会激发"圈内人下属"的感激之情,从而促使他们以越轨创新行为来回馈领导者的栽培。此外,差序式领导还可能提高"圈内人下属"的心理特权感,进一步强化其越轨创新行为。在"圈外人下属"的视角下,差序式领导对"圈外人下属"的偏恶对待,可能会激发"圈外人下属"的相对剥夺感,从而促使他们以越轨创新行为来改善自身的不利地位。

本章从整体上构建了差序式领导对员工越轨创新行为的影响模型。研究发现,差序式领导作为一种独特的领导方式,在中国文化背景下具有其独特的有效性。通过区分"圈内人下属"和"圈外人下属",并采取不同的管理策略,差序式领导可以激发员工的积极性,提高员工的工作效率和创新性,从而对员工的越轨创新行为产生影响。本章的研究成果为理解和解释差序式领导与员工越轨创新行为之间的关系提供了重要的理论依据,为企业在实际管理中如何运用差序式领导来激发员工的创新活力提供了实践指导。同时,本章的研究也为进一步深入探讨差序式领导对员工越轨创新行为的影响机制奠定了基础。

五 员工越轨创新行为
对组织创新绩效的影响研究

5.1 员工越轨创新行为对组织创新绩效影响的理论推演

5.1.1 员工越轨创新行为与组织创新绩效

越轨创新行为(Deviant Innovation Behavior)是指个体避免或无视上级的否决,坚信自己的创意会给企业创造价值,并通过非正式途径继续深耕的行为(Augsdorfer,2005;Mainemelis,2010;黄玮等,2017)。它是一种自下而上、具有行为非法和目的合法双重属性的创新行为(Augsdorfer,2005;Criscuolo et al.,2014)。越轨创新行为是内部企业家精神的产物,内部企业家精神会激发员工突破自身所控资源的限制,敢于采用非常规手段,即越轨的方式实现创新(Antoncic & Hisrich,2003;Augsdorfer,2012;吕荣杰,2022)。目前,学者们围绕越轨创新行为的两种表现形式开展了研究。第一种是没有寻求上级同意进行的越轨创新行为,即员工为了避免当前"不成熟"的创意想法遭到管理层否决,提高自身的创意被组织采纳的可能性,私下进行推演和测试,待其可行性和价值性得到验证后再进行公开的行为(Globocnik & Salomo,2015),属私下创新(Underground Innovation)。第二种是无视上级管理者意见进行的越轨创新行为,即员工的创新想法被上级否定后,违背上级命令继续按照自己的计划完善或执行创意的行为(Mainemelis,2010),属违命创新(Disobedient Innovation)。对于这种方式的创新,Mainemelis 曾于 2010 年在美国管理学评论《Academy of Management Review》上提出过一个另外的概念——创造性越轨行为(Creative Deviance),即下属无视领导对创意的否决意见,继续推进该创意的行为。这一概念在内涵上与越轨创新行为的第二种表现形式相一致(Lin et al.,2016;Harari et al.,2016)。因此,鉴于本研究对越轨创新行为进行深入、全面理解的需要,在接下来的研究中,我们将创造性越轨行为视为越轨创新行为的范畴。

尽管这一行为超越了角色或组织的既定规范,但越轨创新仍然遵循创意产生、创意实施和创意实现的基本模式。创意产生是创造性思维主体涌现出具有独创性的构思,创意实施则是个体或团队推进创新思路向实际产品或服务的转化过程,而创意实现是创新成果的商业化阶段,即综合协调地运用多种策略将"量产"的创新产品或服务推向市场,以实现技术价值、财务价值与社会价值的最大化。首先,在创意产生阶段,不同于企业官方推进的创新行为,创意产生过程倾向于隐蔽状态,该过程从构思到初步调研论证由创意发起人独立完成,以规避组织否定与压制,同时争取获得独占性优势(王弘钰等,2022);其次,在创意实施阶段,创意发起人需要寻求更多资源以支持具有高难度和超前性的越轨性创新构想。为此,创意发起人需要在社会互动中实现以创意共识和团队协作为牵引的群体行为机制,深入挖掘企业现有和潜在资源,整合并运用企业未被关注的零散资源,竭力拓宽资源获取渠道,以实现创意构想对新产品、新服务、新方法以及新流程的转化。尽管当前阶段仍处于相对隐秘阶段,但新产品、新服务、新技术以及新流程的诞生,都展示了员工们在未知领域中所展现的接纳和探索性优势,实现了个体创新绩效的达成。王磊等(2023)认为在实施越轨创新的过程中,个体的创新绩效是影响决策者认知和支持越轨创新的核心筹码。因此,创意实施阶段关乎越轨创新的设想能否得到多维主体的支持,这不仅是为越轨创新争取"合法化"身份的关键环节,也是实现其商业化创新价值的重要条件;最后,在创新实现阶段,组织需要对创新成果进行全面的市场评估,以确定其商业化潜力和市场定位,进而投放目标市场,优化企业的财务与非财务的价值表现。在此阶段,越轨创新项目凭借其合法化的身份获得企业的支持,步入了创新成果的商业化阶段,实现了组织创新绩效的最大化,推动着组织的持续发展和进步。根据Shuye 和 Bartol(2019)的研发人员的访谈结果,越轨创新行为对组织在产品创新、知识创新以及经验学习等方面具有深远影响。这一观点同样得到了史青(2022)的研究支持,她认为通过越轨方式实施的创意往往更具激进性,所涉及的风险也更高。然而,一旦取得成功,这种方法将更有助于带来颠覆性的创新成果,推动组织不断壮大,甚至改变行业格局。

由此可见,目前,以越轨创新行为作为相关变量的研究主要围绕其对个人及组织创新绩效的影响开展探讨,但多是理论解释,相对缺少实证检验。而对于其他结果变量的研究,现有研究同样较为松散,主要有:对越轨创新行为所属创新形式——颠覆性创新还是渐进式创新的探讨(Augsdorfer,2005;Mainemelis,2010)、违命创新对上级领导的影响——导致主管阻抑(陈伍洋等,2017)、私下创新对组织的影响——产品创新、知识创新和经验学习等(Masoudnia & Szwejczewski,2012)。综上所述,本研究认为:一方面,越轨创新行为的探索性优势能够拓宽和加深员工对知识的涉猎。通过运用新的方法和技术实现突破性的知识创新,甚至带来颠覆性的成果,显著提高提升组织的创新表现和绩效。另一方面,员工越轨创新的前期隐秘性使员工能更专注于搜集与整合创新资源,同时避免因创意被过早暴露而引发的冲突压力,有助于员工筛选和提炼具有可行性的创新方案,并将创新想法转化为具有市场价值的创新成果。

5.1.2　"圈内人下属"及"圈外人下属"越轨创新行为与组织创新绩效

国内外众多案例研究表明,越轨创新广泛存在,且有助于提升组织创新价值。然而,对于具有"情境取向"的华人管理者,他们在社会互动中更倾向于展示"最为合宜"的匹配行为(黄玮等,2017),因此挖掘越轨创新底层逻辑和理论命题,解答越轨创新"如何"被应用、被转化为组织创新绩效的问题,还需加入更多的现实情境因素,从而获得更贴近中国现实的研究结果。

中国人的正义观深受礼义差等文化的熏陶,正如荀子所言"上下有差,天下之通义也",礼义的差等明确了每个人的"分义",即社会成员各自的身份、地位和角色决定了他们应尽的义务和享有的权益。基于该理念,华人差序式领导蕴含了中国文化的中庸倾向和集体主义精神,管理者在组织资源、利益等分配上的不平等被视为公正合理,对于"圈内人下属",他们明确自己扮演的核心角色,并认为自己应享有更多资源分配,因此他们感受到公平。对于"圈外人下属",他们在与领导者的互动中感知到自己扮演的边缘角色,执行的任务相对简单次要,因此他们认为领导的分配原则是合乎公平的。然而,这种组织资源的不均等分配促使组织在无形中为"圈内人下属"和"圈外人下属"两类群体分别赋予了高、低地位(Baer et al.,2015)。依据社会认同理论,在"群际地位差异"被视为合理且合法的情况下,共识性歧视便会应运而生,即低地位群体表现出对高地位群体的偏好,这也导致中国企业员工在越轨创新行为反应上与西方企业员工存在显著差异(高良谋等,2013)。"圈内人下属"会产生一定的心理特权感,认为自己有责任和义务为组织发展而敢于秘密进行创新活动,"圈外人下属"则认为自身处于劣势地位而表现出外群体偏好,通过开展越轨创新实现自我价值,尽力融入"圈内人下属"群体。由此可见,差序式领导下的"圈内人下属"和"圈外人下属",具有不同的越轨创新动机,从而引发越轨创新不同的行为模式及影响路径(尉建文,2021)。因此,本研究拟从"圈内人下属"和"圈外人下属"两个维度推导越轨创新的不同作用逻辑,辩证统一的模型设计有助于深入揭示个体心理历程和行为反应之间的互动和影响机制,并为越轨创新影响组织创新绩效的机制提供新的理论依据。

从"圈内人下属"立场来看,在感恩认同与情感互惠的人际互动中,其较强的组织认同感和建设责任感有助于"圈内人下属"拓宽非正式渠道补充创新资源,从而在一定程度上避免因越轨创新而导致的资源困境,尤其是相比"圈外人下属","圈内人下属"更容易获得工作资源,这为"圈内人下属"的角色外越轨创新行为向组织创新成果的转化创造了资源倾斜优势,激发个体主观能动性,进而推动组织创新变革(Tims et al.,2013)。可见,工作资源是"圈内人下属"越轨创新行为转化为组织创新绩效的主要权变因素。这引导"圈内人下属"充分发挥非正式渠道和资源优势,支持挑战违背组织规则和风险较大的创新想法,来维系持续获得优质资源身份优势并提高组织创新收益。

而就"圈外人下属"而言,在自身遭受的偏恶对待与"圈内人下属"的偏私对待的鲜明对比下,"圈外人下属"在对比中产生的不满情绪将逐渐积累形成相对剥夺感。相对剥夺感不但能激发其在越轨创新活动中具备积极的自我图式且拥有较高水平的未来关注,增强员工在达成目标过程中的工作重塑意愿,还能促使他们在角色内与角色外的回报总和与其资质水平达到平衡,将越轨创新转化为实际绩效产出,进而获取更高的地位、特权和回报(尹奎等,2019)。可见,工作重塑成为"圈外人下属"越轨创新行为转化为组织创新绩效的主要权变因素。这引导"圈内人下属"在无法体现个人能力和减少冗余资质沉没成本的情况下,能够有效规避组织监管,面对高风险挑战时展现出更强的创新韧性,更好地利用有限资源获得组织创新成果。

综上所述,无论是"圈内人下属"抑或是"圈外人下属",虽然他们面临不同的越轨创新权变情境,但都在工作场所中受到感召,塑造自己的创新形象,并有内在动力实现对组织发展产生创造性想法的目标,致力于优化组织流程和管理方式,以推动组织发展和促进组织产品创新、流程创新以及管理创新。

5.2 "圈内人下属"越轨创新行为对组织创新绩效的影响研究假设

5.2.1 心理特权感与工作资源

组织管理领域将心理特权感概念化为"基于组织身份获得不同形式资本的组织内等级地位的感知",即员工如何在企业中构建对意义、安全和可用性的感知,以及将来自环境的反馈与这些已构建的感知整合起来,这些都与资源获取问题有关(Hobfoll,2018)。心理特权感本身是一种工作资源——心理资本,因为它有助于获得其他有价值的条件,或者它们本身就是组织内员工所奖励的目标。在家族企业中,差序式领导赋予了"圈内人下属"基于组织核心地位知觉的心理特权感,促使其认为自我形象特质能推动组织愿景的实现,并将组织发展视为个人成长的关键途径。基于上述论断,可以认为"圈内人下属"的心理特权感不仅是激发其自愿改善组织福祉的角色外行为后置心理资本,充当了工作资源的重要载体,并与职业环境的其他工作资源数量密切相关(李永占,2018)。

首先,心理特权感具有资源意义,像资源那样具有可增加积累和消耗减损的意义。如 Ergeneli 等(2015)指出,心理特权感是一种特质兼状态的变量,可以在相对较短的时间内增长;其次,心理特权感与工作资源都并不具有明确的指向意义,它可以泛化地影响不同的工作内容甚至工作外的作业效率(王永伟等,2023);最后,心理特权感可以通过积极情绪和能量扩张的心理溢出效应传递到其他工作活动中,即个体在对自身情绪的感知、表达、评估及运用的同时,借助这些情绪信息来指导思维和行为,进而推动工作资源对"越轨创新"的便利支持(吴玉明等,2020)。这进一步强调了心理特权感赋予了"圈内人下属"实施越轨创新行为的隐性许可,从而减轻了背离工作场所正式规定的压力和不适,有助于"圈内人下属"积累更多价值资源,最大限度地投入创新行为中。

综上所述,差序式领导通过向"圈内人下属"提供更多的社会支持和情感关怀,提高了员工的工作满意度和心理特权感,增进了员工的身心健康和幸福感,进一步赋予了员工丰富的工作资源。"圈内人下属"拥有较高水平的工作资源时,善于制定具有挑战性的目标,勇于在私下开展创新活动,并坚持将此举视为领导者偏私对待的回馈以及为组织分忧解难的实用举动,最终推动组织产生正向的创新成果。因此,我们可以得出以下结论:心理特权感为"圈内人下属"越轨创新行为提供更多的工作资源支持,并且工作资源在组织创新绩效激发路径中具有重要的调节作用。

5.2.2 "圈内人下属"越轨创新行为、工作资源与组织创新绩效

组织内的资源分配一般在项目审核完成之后,员工越轨创新则略过了审核环节,但也意味着放弃正规的工作资源获取渠道,员工越轨创新需要最大限度地发现并回收那些隐藏着的或被遗忘的工作资源,利用周围可获取的一切零散资源即兴发挥,或者间接从同事那儿获得官方资源的支持,从而完成创新活动(Halbesleben et al.,2014)。与"圈外人下属"相比,"圈内人下属"不必花费大量时间去就地取材、化零为整,更能直接、高效地实现创新成果的产出。有研究提出,由于中国人比较重视人际关系,因此差序式管理风格下的情境制度形成了"圈内人下属"独特的工作资源,这些工作资源不仅能满足他们对自主性、关联性和能力的基本需求,还有利于他们在工作场所中受到感召,建立自己的创新形象,帮助实现组织创新目标(Hobfoll et al.,2018)。因此,"圈内人下属"往往具有更强的资源支持,帮助个体减轻对越轨创新的顾虑和负担,弥补跨边界行为资源困境,而将员工积累的资源性优势转化为绩效优势。

基于资源保存理论视角,工作资源分为职业发展机会与社会支持两类(Yperen,2003)。职业发展机会包括控制资本和心理资本,控制资本反映了员工对影响力、权力、人情、支持的获取能力,心理资本反映了员工在成长与发展阶段所展现的积极心理状态。在华人权威的垂直集体主义的文化情境中,"差序式领导"已然成为工作团队广泛采纳的管理模式,具备"圈内人下属"身份认知的团队成员得以借助非正式主导优势和声望渠道间接获取控制资本,丰富的控制资本和授权管理将为员工在组织正规结构之外拓展出更加宽松的创新空间,充分激发"圈内人下属"自身潜能克服挑战,调动创新积极性并促使越轨创新行为得以推进。此外,掌握高控制资本的"圈内人下属"在工作上能获得相对独立的工作环境,满足员工在越轨创新过程中追求自主性的需求,同时确保他们在心理和物质资源上的消耗得到补充,实现组织创新绩效的良好转化。从这一观点角度出发,Jaiswal(2014)的研究验证了"圈内人

下属"的控制资本对越轨创新成果转化有积极预测作用,具备控制资本的"圈内人下属"认为自己对组织有较大的影响力,并会促使其实施组织正常程序之外的创新行为,积极促进组织利益和自我价值的实现;谢佩儒(2015)、Fuchs 等(2019)也指出"圈内人下属"获得来自领导的支持和关心,提高其工作满意度和情感承诺,能够使其产生更多的心理资本,进而竭力培育资源增值螺旋,以期获得更多资源存量,然后把现有嵌入性资源和培育出的新资源一起投入任务外的创新活动中,以实现工作价值追求和组织创新目标。

社会支持包括领导督导和信息资本,领导督导反映了管理者的领导方式,信息资本反映了组织中员工对信息资源的获取能力。一方面,"圈内人下属"的非正式地位主要取决于与管理者的沟通方式、情感深度等互惠服务状况,这在一定程度上揭示了"圈内人下属"往往位于组织社会网络的中心位置,较高的网络中心性使领导督导展现出更强的灵活性与适应性,同时降低了冲突的可能性。当管理者发现"圈内人下属"的越轨创新行为时,不会仅因手段不合法就急于制止,而是关注其目的的合法性,从而采取观察的态度,这种"不干预"的立场实质上为"圈内人下属"越轨创新提供了持续的动力。另外,管理者通常会在工作中给予"圈内人下属"更多的自主权,允许员工采取多样化的办公方式,他们不会设定严格的工作规范或程序,也不会严密监控员工,这都为越轨创新向创新绩效转化营造了一个相对包容的环境(Klimchak et al.,2016)。另一方面,高网络中心性的"圈内人下属"通常具备出色的工作胜任力与广泛的人际关系网,从而易于汇集创新相关的知识和信息等资源,并通过对组织信息源进行加工即比较、过滤、分析和整合等心理操作做出决策并指导自己的行为,而这对于推动越轨创新进程及创新方案(再次)获得组织认同的成功与否具有重要意义(赵乐等,2019)。

综上所述,"圈内人下属"在华人组织家庭教化的情境包裹下具有资源优势,促进个体资质过剩感进一步萌发。资质过剩的角色外溢强化了"圈内人下属"的工作效能,促使员工自发寻求改变现状的越轨创新行为,将越轨创新构想正向转化为企业的管理价值与经济价值。因此,借由上述内容回顾梳理以往作用机制,本研究依托资源保存理论提出有关"圈内人下属"越轨创新行为与组织创新绩效之间关系的假设如下:

假设5:"圈内人下属"越轨创新行为正向作用于组织创新绩效。

假设6:工作资源在"圈内人下属"越轨创新行为对组织创新绩效的影响过程中发挥增强型调节作用,即"圈内人下属"越轨创新行为对组织创新绩效的正向影响会在高工作资源条件下得到增强。

5.3 "圈外人下属"越轨创新行为对组织创新绩效的影响研究假设

5.3.1 相对剥夺感与工作重塑

社会比较理论认为,个体在与组织内其他员工进行对比时,若发现自身在"价值期望"和"价值能力"之间存在不利差异,便会产生相对剥夺感,这种心理状态虽为主观的不利感知,却并非绝对的条件劣势(Kawakami et al.,2010;萧健邦等,2018;吴颖宣等,2018)。在华人组织的差别管理系统中,"圈外人下属"与"圈内人下属"之间存在自发的社会比较行为。当"圈外人下属"认为同岗位"圈内人下属"与自己相比资质更低,而获得的回报相当时,"圈外人下属"对自身劣势处境产生的亏损感知将诱导其迸发强烈的相对剥夺感,这可能会导致"圈外人下属"特定的行为反应,激发"圈外人下属"改善自身处境的强烈愿望并激发自我提升意识,采用一些具有补偿策略的工作重塑行为,即通过自下而上地增加工作资源、社会资源、寻找挑战、减少要求等方式,以使工作与员工的动机、能力和偏好相匹配的行为,进而将相对剥夺感转化为实现目标的参见效果(倪旭东等,2022)。当"圈外人下属"采取工作重塑策略时,通过主动对工作内容、方式进行调整,能提高自身与工作的契合度,满足自身多样化的诉求和偏好,让员工敢于尝试具有不确定性和潜在风险的新方法和新行动,以期带来更高的工作效率和工作满意度。

综上所述,为了维持自身的正当权益与自尊认同,相对剥夺感将引导"圈外人下属"通过工作重塑更直接高效地投身于越轨创新活动中，以提高在组织内部的个人形象并试图争取合法地位。一方面，工作重塑可以补偿相对剥夺感可能带来的消极工作体验，提升"圈外人下属"的自我效能感，实现工作意义和价值追求，显现出聚焦向上的进取心，帮助员工自主抓住机遇、制定战略目标以扭转不利局面；另一方面，工作重塑通过自主参与调整工作的任务、关系和认知以纠正个体的偏差行为，有助于改变管理者持有的认知偏见、突破外部反馈对创新过程的战略约束和自身固有的工作范围规定、推动组织获得探索性和突破性的技术提升与科技突破（冯明等，2021）。因此，我们可以得出以下结论：相对剥夺感有效推动了"圈外人下属"越轨创新行为采用工作重塑形式，并且工作重塑在组织创新绩效激发路径中具有重要的调节作用。

5.3.2 "圈外人下属"越轨创新行为、工作重塑与组织创新绩效

根据期望效用理论和成就动机理论，越轨创新行为作为一种典型的自由裁决行为（Discretionary Behavior），是由个体自发形成的。个体对某一事件的初级评价和次级评价是越轨创新行为导向组织创新绩效的关键机制，即员工对完成任务能力的自我信念（初级评价）是重要的内生因素，来自上级的重视和积极评价（次级评价）是重要的外生因素（姚艳虹等，2013）。在注重人情和讲究关系的家族企业背景下，"圈外人下属"能够体会到领导在组织内对"圈内人下属"的支持和照顾，会产生剥离感而导致一定的心理压力和工作压力，这意味着"圈内人下属"与"圈外人下属"的角色定位将引发主体基于不同初级评价和次级评价下的越轨创新行为差异。当差序式领导的关系边界越清晰，对"圈内人下属"的偏私程度越高，"圈外人下属"的压力就越大，越会激发其对不公平待遇的不满。然而，这种不公平感不一定会造成员工的反生产行为，"圈外人下属"可能会倾向于将工作不安全感视为具有挑战性的事件（初级评价），促使员工愿意在完成本职工作的基础上，采取提高工作控制力、重塑自我形象、积极建立联系等主动工作重塑的策略实践角色

外的创新行为,来积极应对这一情景(应对策略)。工作重塑代表了一种特殊的主动行为形式,将"圈外人下属"从自上而下控制的静态本质中转移出来,这个过程不仅能够激发"圈外人下属"越轨创新的自主性动机,还与组织创新绩效等积极的结果有关(Demerouti & Bakker,2015;杨剑钊等,2019;徐洋洋等,2021)。

工作重塑作为一种有意义的自我调节形式,捕捉了"圈外人下属"如何适应他们的工作,积极地整合和更好地适应他们的工作角色(Berg & Grant,2010)。根据 Lichtenthaler(2016)的研究,三种动力推动了工作重塑活动——认知重塑(即如何看待工作)、任务重塑(即活动的类型或数量)、关系重塑(即在工作中与谁互动)。首先,基于人—环境匹配理论及越轨创新行为的相关研究,认知重塑有助于塑造"圈外人下属"的创新角色认同,承认家族企业中"圈内人下属"与"圈外人下属"矛盾需求的存在并支持和理解"圈外人下属"自主平衡矛盾需求,推动"圈外人下属"增进角色外创新能力发挥与绩效表现(刘淑桢等,2019;杨世宏等,2023);其次,任务重塑有助于拓展"圈外人下属"的创新角色自我效能,激发其完成条件更苛刻、主动性更强且超出职责要求的任务的能力感知,启发"圈外人下属"产生自我增强和积极改变的渗透倾向(Leigh et al.,2019),确立提升创新效能和工作效率的未来导向目标,促进个体努力提升自我价值,从而愿意驱动越轨路径开发广泛创新机会,谋求组织利益以追求自我变革并得以获得提升机遇、建设组织地位;最后,关系重塑有助于"圈外人下属"的角色、工作和任务更具社会嵌入性,在家族企业内感知到相对剥夺感的"圈外人下属"通过关系重塑主动扩展和深化与他人的工作联系,不仅有充分机会表达自身想法和诉求,并获得组织成员支持和理解,有效规避组织监管,面对高风险挑战时表现出更多韧性,还能通过对越轨创新成果的宣传和推广,促进组织绩效提升,将越轨创新转化为实际绩效产出。

综上所述,工作重塑对"圈外人下属"越轨创新行为与组织创新绩效的关系效应起杠杆作用,既能为"圈外人下属"提供全新的认知视角和扩展的人际关系资源,建构个体持续的掌控感和投入感来保护和推进越轨创新事件进程,又能实现个体创意、团队创造以及组织创新的跨层次动态发展,助力企业获得创新红利。归纳上述文献推理过程,本研究提出关于"圈外人下属"越轨创新行为与组织创新绩效之间关系的具体假设如下:

假设7:"圈外人下属"越轨创新行为正向作用于组织创新绩效。

假设8:工作重塑在"圈外人下属"越轨创新行为对组织创新绩效的影响过程中发挥增强型调节作用,即"圈外人下属"越轨创新行为对组织创新绩效的正向影响在高工作重塑条件下得到增强。

5.4 员工越轨创新行为对组织创新绩效的影响研究假设汇总

根据以上论述分析,尽管越轨创新行为给予了员工探索性优势和创新设想延迟公开优势,从而去推动组织创新发展,但员工越轨创新行为的被接受程度还受到主观能动性、组织角色等主客观因素制约。因此,华人组织特有的"圈内人下属"与"圈外人下属"两种迥异的角色类型导致了其越轨创新行为对组织创新绩效的传导路径各有侧重,从单一层面静态视角下整合员工越轨创新行为对组织创新绩效的影响路径将混淆"圈内人下属"与"圈外人下属"在越轨创新与组织创新绩效过程中对比运行的平衡点,不利于对企业创新实践形成切实有效的指导。

针对上述内容,本研究考虑员工的异质性,从"圈内人下属"与"圈外人下属"两个视角探讨越轨创新行为与组织创新绩效的内在转化机制。一方面,"圈内人下属"具备实现创新绩效产出过程所需的工作资源,包括职业发展机会与社会支持,即工作资源对"圈内人下属"越轨创新转化为创新绩效过程具有调节效应;另一方面,"圈外人下属"以配合领导者偏好标准为意愿而主动调整行为表现,经工作重塑在有限的时间内发挥充足的创造力,有效推动越轨创新的进程并取得成果,即工作重塑对"圈外人下属"越轨创新转化为创新绩效过程具有调节效应。综上所述,"圈内人下属"与"圈外人下属"视角下越轨创新行为与组织创新绩效的关系殊途同归,本研究分别厘定了二者视角下越轨创新行为

对组织创新绩效影响的 4 个研究假设,并在下表进行恰当呈现:

表 5.1　越轨创新行为对组织创新绩效影响的研究假设

	序号	具体内容
"圈内人下属"视角	假设 5	"圈内人下属"越轨创新行为正向作用于组织创新绩效。
	假设 6	工作资源在"圈内人下属"越轨创新行为对组织创新绩效的影响过程中发挥增强型调节作用,即"圈内人下属"越轨创新行为对组织创新绩效的正向影响在高工作资源条件下得到增强。
"圈外人下属"视角	假设 7	"圈外人下属"越轨创新行为正向作用于组织创新绩效。
	假设 8	工作重塑在"圈外人下属"越轨创新行为对组织创新绩效的影响过程中发挥增强型调节作用,即"圈外人下属"越轨创新行为对组织创新绩效的正向影响在高工作重塑条件下得到增强。

5.5　本章小结

本章立足于相关的理论基础,并通过详尽的文献梳理,对"圈内人下属"与"圈外人下属"的角色差异及其越轨创新行为与组织创新绩效之间的复杂辩证关系进行了深入探讨。通过这样的分析,旨在揭示两者间微妙而深刻的联系,进而提出了一系列富有创新性的理论假设与研究框架。

一方面,本研究立足于社会比较理论和资源保存理论,构建了一个以工作资源为调节变量的理论模型。该模型旨在解析"圈内人下属"的越轨创新行为如何影响组织创新绩效,并特别关注了工作资源在这一过程中的调节作用。另一方面,本研究还依据期望效用理论和成就动机理论,构建了一个以工作重塑为调节变量的理论模型。这一模型主要关注"圈外人下属"的越轨创新行为对组织创新绩效的影响,并强调了工作重塑在其中的调节作用。通过模型构建,我们希望能够揭示"圈外人下属"和"圈内人下属"如何通过调整自身的工作方式和态度来推动组织创新,进而提升绩效。

这些内容的探讨不仅为解决以往关于"圈内人下属""圈外人下属"角色差异及其创新行为与组织绩效关系的疑问或争议提供了坚实的理论依据,还为后续实证检验奠定了扎实的理论基础。我们相信,通过这些理论模型的构建和深入分析,我们能够更全面地理解员工创新行为与组织绩效之间的关系,为组织创新管理提供有力的理论支持和实践指导。

六　问卷设计与量表检验

6.1　问卷设计

本研究旨在深入探讨组织内差序式领导、越轨创新行为对组织创新绩效及员工心理状态的影响,为收集高质量的数据以支持研究需求,本研究拟采用经过实证验证的成熟量表对差序式领导、越轨创新行为、组织创新绩效、心理特权感、相对剥夺感、工作资源以及工作重塑等因素进行衡量。此外,本研究已在前期阶段确保这些量表在国内研究中得到了证实,能够解释和阐述本土组织内部的各种现象。

本项研究计划遵循 Browne(1993)的指导原则,对英文版本的量表进行翻译与修订以增强量表的效度和实用性,并最终构建了一个适合本研究背景的中文评估工具。为确保数据准确性,本研究拟采用 LIKERT-5 点统一计分方法,要求员工根据其自身在工作场域中产生的实际意见、想法或行动从 1—5 分进行选择,数值越高表示与自身状况越符合。在此过程中,部分题项将被反向计分,以保证数据的可信度和完整度。这些步骤旨在避免中性观念偏向,可以更深入地了解家族企业内部员工动态,为研究提供更全面、更可靠的数据支持。

6.1.1　差序式领导的问卷设计

在差序式领导的研究领域中,国内学者更为关注已经过验证的、相对成熟的领导力理论,然而对该领域在结构鉴别与测量方法等方面仍然存在欠缺。郑伯埙等(2005)对差序式领导概念与维度的总结仍显宽泛,同时他们采用概念演绎方法创建的量表在现实验证上的可靠性也有待进一步考证。因此,为深入理解差序式领导的整体效应并填补相关研究空缺,姜定宇等(2010)采用更为深入的纵向研究方法,对我国台湾地区民营企业进行调查。他们从领导者的差异化视角定义了差序式领导的内涵,并对差序式领导的测量工具提出了较为新颖的改进方式。这一研究成果标志着差序式领导研究从传统的理论描述层面向全新的实证研究层面迈进,其编制的量表不仅为差序式领导理论的多元研究提供了相关测量范式,同时也为未来的研究者在进行实证研究时提供了较为坚实的基础。

尽管早期的研究大多从单一的领导者或员工视角进行评估,忽略了领导者和员工对于"圈内人下属"和"圈内人下属"的观量视角不同,知觉体验也会截然不同。姜定宇等(2010)指出,在对差序式领导进行衡量时,这两种观点涉及不同的理论假设,对于测量方法提出了进一步挑战。因此,为了验证量表的数学有效性,姜定宇和他的团队首次提出了对我国台湾企业进行统计分析的设想,并将其付诸实践。他们严格控制了差序式领导量表的因素结构,最终将照顾沟通(5题项)、提拔奖励(5题项)以及宽容信任(4题项)纳入三因素,获得了由14个项目组成的变量结构,差序式领导的量化研究之路就此展开。由于华人之间存在着流淌于血脉之中的源远流长的文化积淀,且在家族企业的文化背景下表现出极高的稳定性,因此该量表可以作为实证研究的可靠测量工具。

综上,现有相关权威文献中的各类差序式领导测量工具主要基于姜定宇等(2010)所制定的量表。值得注意的是,这个量表是笔者在进行大量国内外文献搜集工作后发现的相对最适用于中国大陆情景的并获得广泛认可的测量问卷。本研究以此为理论基础开展调查问卷设计工作,包括三维度共计14题项,并对其进行了必要的调整,以更好地适应中国大陆家族企业的现实情境。鉴于调查问卷涉及员工对领导者管理方式的直接评估,因此在每一个问题之前都加入了前缀的指导语:"在人治主义的组织氛围下,华人领导者会根据员工所属类别的不同并受"圈内人下属"与"圈外人下属"评判的影响而采用不一致的领导方式,并不会以一视同仁的原则对待员工,而员工据此判定自己属于领导者的"圈内人下属"抑或是"圈外人下属"并相应形成异质考量。

表 6.1 差序式领导的问卷设计

变量	维度	序号	题 项	来源
差序式领导	照顾沟通	1	我的直属领导者会与"圈内人下属"产生较为频繁的接触和交互	姜定宇等(2010)
		2	我的直属领导者经常委派"圈内人下属"传达组织的讯息与指令	
		3	我的直属领导者会花费较多时间对"圈内人下属"进行个别指导	
		4	当"圈内人下属"面临紧急状况与困难阻碍时,我的直属领导者会对其伸出援手	
		5	我的直属领导者对"圈内人下属"嘘寒问暖的现象屡见不鲜	
	提拔奖励	6	我的直属领导者会指派"圈内人下属"承担较为重要且容易取得绩效产出的工作	
		7	我的直属领导者会为"圈内人下属"设置较多可以获得奖励的机会	
		8	我的直属领导者会给予"圈内人下属"数额较大的奖赏	
		9	我的直属领导者会主动为"圈内人下属"提供并保留可能取得职业晋升的机会	
		10	我的直属领导者会给予"圈内人下属"较快的升迁速度	
	宽容信任	11	我的直属领导者会选择忽视"圈内人下属"所犯错误	
		12	我的直属领导者较少会追究"圈内人下属"所犯错误	
		13	"圈内人下属"很少会因为工作上的失误而受到其直属领导者责备	
		14	我的直属领导者仅会给予"圈内人下属"不当行为以轻微处罚	

6.1.2 心理特权感的问卷设计

在心理特权感研究的早期阶段,Raskin et al.(1988)提出的自恋人格量表中的权利感分量表被用作测量心理特权感的工具，在最初的相关研究中得到广泛应用。但 Charalampos（2010）发现上述量表存在一定的局限性：一方面，这个量表的表面效度和内容效度都相对较低，可能导致它与权力追求或权力控制等概念产生混淆；另一方面，该量表测量题目数量较少、结构过于单一且题目形式也偏向于迫选形式，这可能导致受访者理解上的困难。

Charalampos（2010）在意识到上述存在的研究空隙后，进一步明确了心理特权感的内涵，将其定义为"个体无意识地认为自己相较于他人应该得到更多，并很少考虑其主观知觉的合理性"，对心理特权感的含义进行了深入的解释，并将其描述为一个人在潜意识里相对于他人更多地获得权力的观念，但很少对其主观感知的合理性进行考量。接着，他们构建了一个专为评估心理特权感而设计的量表，该量表包括 9 个不同的条目，目的是为了准确地观察和评估受访者的心理特权水平，并反映出个体在投入与回报关系方面的内在信仰。受访者的自评分数越高，意味着他们的心理特权感更为强烈。根据国外学者的多次研究、使用和验证，这个量表已被证明具有内部一致性，并且信度和效度都很好（Pryor et al. 2008）。除了上述内容，Charalampos（2010）还设计了一个可视化的量表，这个量表要求参与者从七张图片中选择一张来表达他们对自己与他人关系的观点。图中显示的受访者的圆形面积大小与他们认为自己相对于他人的重要性是正相关的。显然，这些测量数据与前述的心理特权感评分表是一致的。

虽然 Charalampos（2010）的自述式心理特权感量表与其他的人格特点有所关联，但它更多地强调了权利感中的自恋属性。尽管 Zemojtel-Piotrowska et al.（2016）指出，该方法在心理学领域得到了广泛的认可和应用，主要是因为它有效地规避了心理测量学现有的局限性，但是，Yam et al.（2017）在他的实证研究中提到，这个量表在西方的文化背景下有其特定的局限性，同时也存在社会认同效应过度泛化的问题。因此，他们根据中国的文化背景和语言习惯，对 Charalampos（2010）的心理特权感量表进行了标准化的翻译、回译和修正，从而解决了某些条目存在的特定文化适应性问题。在本研究中，我们选择了经过 Yam et al.(2017)修改的 4 个自测量表条目,详细的数据可以参考下方的表 6.2。

表 6.2 心理特权感的问卷设计

变量	序号	题 项	来源
心理特权感	1	我觉得自己值得在组织内部拥有最好的条件	Yam et al.(2017)
	2	我有资格要求组织给予更多实惠	
	3	我应该享受更多组织给予的特殊待遇	
	4	事情必须按照我希望的方式发展下去	

6.1.3 相对剥夺感的问卷设计

在社会心理学的研究范畴中,相对剥夺感被视为个体在社会生活中所持有的一种较为脆弱的心理状态。因此,在研究相对剥夺感时,主观指标法得到了广泛的应用,成了多数学者首选的科学研究方法(马皑,2012)。在过去,学者们主要关注相对剥夺感的主观认知,将其看作一个单维度的整体结构,并根据各自研究领域对其进行评定。迄今为止,在国际范围内,关于相对剥夺感的研究工具相当丰富,Cantril(1965)提出的自我锚定量表是当前国际学界常用的衡量相对剥夺感的测量工具之一,它从比较落差的角度对受访者心理状态进行衡量。Turley(2002)和 Lessard et al.(2011)则推出了用于评估受访者对比较结果认知感受的量化工具。然而,以上量表存在一个显著缺陷,即局限于测量认知成分,而没有进一步测量情感反应(汪林,2010)。

综合来看,国外研究中针对相对剥夺感的测量工具选择相对丰富,能够应对不同的研究需求,国内学者们则更倾向于对相对剥夺感进行深入的质性研究,与此同时,相关的测量问题较少,这也是目前国内尚未建立起权威且实用的测量工具的主要原因。有鉴于此,马皑(2012)结合了极具独特性和深远性的中国本土文化背景并遵循科学研究规范,在进行多阶段抽样、文献分析和访谈步骤后,独立开发了针对普通民众的相对剥夺感单一维度量表,其目的是探讨相对剥夺感与社会适应策略之间的联系。这份量表涵盖了四个主题,全面地考虑了认知和情感两个方面，并且所有的统计学指标都达到了良好的标准，问卷的得分与受访者感受到的相对剥夺感的强度是正相关的，如下表 6.3 所示。

表 6.3 相对剥夺感的问卷设计

变量	序号	题 项	来源
相对剥夺感	1	当我与其他员工进行对比，处于劣势的压力会让我感到紧张不安	马皑（2012）
	2	组织当中的其他成员占据了原本应该属于我的东西，相悖于公平度量的混乱态势让我感到挫败并消解了我的安稳意识	
	3	与在工作当中付出的努力相比，我的生活状况明显落后很多，这种落差让我十分沮丧	
	4	其他员工纯粹通过偏离道德的手段获得领导者给予的酬赏财富，这种丢弃常理环节的组织伦理氛围让我感觉悲伤	

6.1.4 越轨创新行为的问卷设计

不同学术派别在研究越轨创新行为时，各自从专业领域对其概念进行了明确定义，并据此衍生出不同的测量范式。Augsdorfer（2005）是早期研究越轨创新行为的学者之一，但他的研究成果更多地集中在理论层面，而相对缺乏实际的证据支持。该研究领域真正步入实证研究阶段是在 Criscuolo et al.（2014）开发了可操作化的越轨创新行为测量工具之后。他们持有的观点是：越轨创新行为是个体在正式组织计划之外出于自身目的私自进行的研发活动，旨在探索组织发展的潜在机遇，并试图让这些秘密研发项目转化为组织正式项目。基于此，他们认为越轨创新行为属于一种角色外行为，因此，该研究团队制定了一个包括 6 个问题项的测量工具，并获得了国内外学者的普遍赞誉。黄玮在其研究中沿用了 Criscuolo et al.（2014）及其团队开发的测量工具，并证实其在中国本土情境下同样具备高度的实用性和有效性。然而 Lin et al.（2016）等学者则认为时间效应和其他客观因素可能会妨碍越轨创新行为的发生。因此，只有在领导者明确要求停止研发后的两个月内进行测量，才能得到具有统计心理学意义的数据结果。Lin et al.

(2016)基于此概念,以中国员工为样本对象编制了包含 9 个题项的越轨创新行为测量量表,主要目的是评估员工在违反组织相关条例后,是否仍然坚守自己的创新理念,并同时考虑时间因素的影响。该量表在测量中国企业情境下的信度与效度后,在 Lin et al.(2016)与陈伍洋等(2017)的研究中得以验证。

然而,正如前文阐述,越轨创新行为实际是一种极端的私下创新举动,Criscuolo et al.(2014)开发的越轨创新行为测量量表更符合本研究的情景。因此,本研究在参考黄玮等(2017)所提出的方法后对 Criscuolo et al.(2014)量表的表述内容稍加调整,最终得到具体的越轨创新行为测量题项,详见下表 6.4 所示:

表 6.4　越轨创新行为的问卷设计

变量	序号	题　项	来源
越轨创新行为	1	除却从事组织分配的核心任务之外,我也会占用私人时间资源挖掘全新领域	黄玮等(2017)
	2	我能灵活安排部分工作时间用于改良并完善组织计划之外的创意想法	
	3	至今我仍未放弃逃避组织监控以思考和改进一些创意项目	
	4	我会主动投入大量精力尝试钻研一些未经领导者同意的非官方创新方案	
	5	尽管可能无法得到领导者支持,我依然会搜集证据并反复试验以求为创新灵感奠定坚实根基	
	6	即使公开揭发新颖观点预示着被拒绝或否定的可能性,我也不会轻易舍弃自己的应用推及念头	

6.1.5　组织创新绩效的问卷设计

本研究聚焦于组织创新绩效水平的度量,为了量化创新能力,我们团队在相关专家的建议指导下采用 Akman & Yilmaz(2008)设计的包含 10 个题项的量表,并使用 LIKERT-5 计分方式,分数范围从 1 到 5 代表同意程度从完全不同意到完全同意。具体的组织创新绩效测量题项如表 6.5 所示:

表 6.5 组织创新绩效的问卷设计

变量	序号	题　　项	来源
个体创新能力	1	在日常工作中,我具有创新思想	Akman & Yilmaz (2008)
	2	通过学习,我能提出独创性的解决问题方案	
	3	我能经常采用新的方法来解决工作中出现的问题	
	4	我具备将创意转化为具体成果的能力	
	5	我能使他人更关注创新性思维	
企业创新能力	1	公司具备支持和鼓励创新的组织文化和管理理解能力	
	2	公司能够将来自不同渠道的知识高效、快速地用于产品开发活动	
	3	公司能够根据客户需求和竞争对手的变化快速开发产品或优化管理过程	
	4	公司能够持续评价来自客户、供应商的新想法并将这些想法融入产品开发的各个环节	
	5	公司能够通过改进产品、创新过程在较短的时间内响应、适应环境的变化	

6.1.6　工作资源的问卷设计

工作资源问卷包含两个维度:工作中的社会支持和职业发展机会,共计 9 个题项。针对工作中的社会支持,本研究参考了 Vandera et al. (2013)的量表,通过考察同事和上级两个方面来衡量,涵盖了 5 个题项。职业发展机会方面,参考了 Arregle et al.(2013)的职业发展变量问卷,共有 4 个题项,其中第三题和第四题采用反向计分方式。最终得到的工作资源测量题项详见下表 6.6:

6.1.7　工作重塑的问卷设计

本文采用 Slemp & Vella-Brodrick(2013)开发的量表,此量表因效度较好被学者广泛用于分析工作重塑与工作绩效等变量之间的影响关系(Bakker et al.,2012)。考虑到实际测量问题,删除了 6 个题项,保留了 9 个题项,最终得到具体的工作重塑测量题项如下表 6.7 所示:

表 6.6　工作资源的问卷设计

变量	维度	序号	题　项	来源
工作资源	工作中的社会支持	1	当工作遇到困难时,我可以依靠直接上级的帮助	Vandera et al. (2013)
		2	我的直接上级很关心我的身心健康	
		3	我的直接上级能成功地协调我和同事的关系	
		4	当我需要帮助时,可以得到我同事们的帮忙	
		5	我的同事都对我很友好	
	职业发展机会	6	我的工作提供给我学习新事物的机会	Arregle et al. (2013)
		7	我的工作给我充分发展和提升自己的可能	
		8	在目前的职位上,我感觉没有前途可言	
		9	我看不到我的工作有任何升职可能	

表 6.7　工作重塑的问卷设计

变量	序号	题　项	来源
工作重塑	1	我会努力提高各项能力	Slemp & Vella-Brodrick (2013)
	2	我会努力提高专业技术	
	3	我会努力了解工作中的新事物	
	4	我保证会尽全力发挥自己的能力	
	5	我会询问同事们的意见	
	6	我会主动参与和往常不同的有趣的工作	
	7	我愿意第一个了解并尝试新生产方法	
	8	空闲时,我会尝试新的方法	
	9	观察工作各方面之间的潜在联系,使我的工作更有挑战性	

6.2　量表检验

6.2.1　预调研流程

本研究通过较为详实的文献搜集与梳理,选择了可靠且适用的测量方法展开研究。随后的预调研过程将通过收集数据以验证初步问卷的有效性和适用性,并根据初步检验结果修改并制定正式问卷。在预调研阶段,我们选择了家族企业的员工作为研究样本,考虑到差序式领导对员工的影响,我们将员工分类为"圈内人下属"和"圈外人下属"两种类型,并将这两种类型同时纳入研究体系,以构建研究框架,并对"差序式领导对员工越轨创新行为进而对组织创新绩效的影响研究"这一观点进行逻辑验证。因此,"家族企业差序领导对员工越轨创新行为的影响研究"和"员工越轨创新行为对组织创新绩效的影响研究"的问卷调查将以"圈内人下属"和"圈外人下属"作为评分主体。问卷的整体结构将分为三个阶段,这将确保员工与领导之间产生更多的互动,确保员工的认知、情感反应和后续行为得到充分的表达。

预调研的研究范畴主要为长三角地区的家族企业。我们联系了30家企业的人力资源部门经理,在取得同意后通过电话约定了具体的访问时间,以现场讲解的方式向员工详细解释调查目的和统计流程并分发纸质调查问卷。本研究通过 EXCEL 自动滚屏程序随机抽取了37名员工进行了三阶段、跨时四周的时间滞后调查。首先,在第一阶段,员工需要报告个人信息和对自身"圈内人下属"或"圈外人下属"角色的判断;领导者需要将员工进行"圈内人下属"或"圈外人下属"的角色划分并对差序式领导水平进行评分。通过筛选员工自身和领导者意见相同,即一致认可员工为"圈内人下属"或"圈外人下属"的样本作为匹配样本,最终得到了30名有效员工样本。同时,为了方便后续的追踪和匹配,员工需要在信封的外侧标明其手机号码的最后四个数字。经过两周的时间进入第二个阶段,我们按照员工在第一阶段的角色选择分发了调查问卷信封。对于"圈内人下属",我们分发了关于心理特权感的问卷,而对于"圈外人下属",我们分发了关于相对剥夺感的问卷。再过两周,第三阶段的问卷分发程序与第二阶段相似,在这个阶段,要求工作人员回答与越轨创新行为相关的问题。本次预调研共发放了500份问卷,收回472份。在剔除38份无效问卷后,总共回收了434份有效问卷,有效回收率达86.80%。这些有效问卷中,"圈内人下属"占52.30%,共227份,"圈外人下属"占47.70%,共207份。有效样本对象的基本情况描述如下表 6.8 所示。

表 6.8　样本对象的基本情况

人口统计学信息	类　　别	人数	比　　例
性别	0(男性)	228	52.53%
	1(女性)	206	47.47%
年龄	1(18—25 岁)	53	12.21%
	2(26—35 岁)	124	28.57%
	3(36—45 岁)	113	26.04%
	4(46—55 岁)	75	17.28%
	5(56 岁及以上)	69	15.90%
受教育程度	1(初中学历)	23	5.30%
	2(高中学历)	51	11.75%
	3(本科学历)	191	44.00%
	4(硕士学历)	142	32.72%
	5(博士学历)	27	6.23%
职称	1(初级职称)	157	36.18%
	2(中级职称)	128	29.49%
	3(副高级职称)	109	25.12%
	4(正高级职称)	40	9.21%

　　根据表 6.8 的统计分析,预调研的有效样本对象呈现出较为平衡的性别构成,男性员工占比 52.53%,女性员工占比 47.47%;年龄层次方面,员工的分布也相对均匀,以 26—45 岁的青壮年群体为主体,这表明研究面向的组织主要由青壮年员工群体构成;在教育程度上,超过 80% 的员工拥有本科或更高的学历,这表明知识型员工在整个组织中占据了很大的比重。综合分析表明,我们发现预调研中的有效样本覆盖面较为广泛且分布均匀,确保了数据的合理性与科学性。

6.2.2 项目分析

项目分析旨在通过检验所选量表中各个问题项与量表整体信度水平的相关性和影响程度,保证量表既满足研究需求,又不会对研究结果产生负面影响。项目分析的测试方法按照心理统计学惯例应遵守两个核心原则:(1)各个题项与量表总分的相关系数必须显著大于 0.30,否则就会被剔除;(2)采用 Cronbach's α 信度系数检验量表的内在一致性程度,并将各条目逐个剔除后,考察量表的 Cronbach's α 信度系数有无显著改变。若剔除其中一项后,量表总体 Cronbach's α 信度值明显上升,则表明此题项与其他项有很大差异,应予以剔除。为此,本章节通过对差序式领导、心理特权感、相对剥夺感、越轨创新行为、组织创新绩效、工作资源与工作重塑等维度的量表进行考察,以确保量表的信度与效度。

6.2.2.1 差序式领导的项目分析

基于先前选定的姜定宇等(2010)的差序式领导 14 题项量表,本节在预调研时从员工视角获取有效数据进行差序式领导项目分析,具体内容如下表 6.9 所示。

表 6.9 差序式领导的项目分析

变量	维度	序号	各个题项与量表总分的相关系数	Cronbach's Alpha 信度系数		是否予以保留
				删除该题项后	未删除任何题项	
差序式领导	照顾沟通	1	0.649^{***}	0.865	0.873	是
		2	0.671^{***}	0.862		是
		3	0.679^{***}	0.863		是
		4	0.633^{***}	0.865		是
		5	0.608^{***}	0.868		是
	提拔奖励	6	0.657^{***}	0.867		是
		7	0.605^{***}	0.867		是
		8	0.686^{***}	0.862		是
		9	0.578^{***}	0.868		是
		10	0.573^{***}	0.868		是

续表

| 变量 | 维度 | 序号 | 各个题项与量表总分的相关系数 | Cronbach's Alpha 信度系数 | | 是否予以保留 |
				删除该题项后	未删除任何题项	
差序式领导	宽容信任	11	0.607***	0.869	0.873	是
		12	0.598***	0.867		是
		13	0.545***	0.872		是
		14	0.549***	0.870		是

注：* 代表 $p<0.05$，** 代表 $p<0.010$，*** 代表 $p<0.001$。

结果分析发现，各题项与量表总分的相关系数在0.545—0.686之间，比 0.30 的临界值要高；剔除各题项后，Cronbach's α 信度系数在0.862—0.872 之间，比 0.60 的临界值要高，但在不移除题项时，Cronbach's α 信度系数达到 0.873，显著更优。所以，删除任何题项并不能提高 Cronbach's α 信度，因此，所有与差序式领导有关的所有题项将被保留。

6.2.2.2　心理特权感的项目分析

基于先前选定 Yam et al.(2017)的心理特权感 4 题项量表，这一部分在预调研阶段从员工的视角收集了有价值的数据，以进行心理特权感的项目分析，具体内容如下表 6.10 所示。

表 6.10　心理特权感的项目分析

| 变量 | 序号 | 各个题项与量表总分的相关系数 | Cronbach's Alpha 信度系数 | | 是否予以保留 |
			删除该题项后	未删除任何题项	
心理特权感	1	0.803***	0.814	0.844	是
	2	0.794***	0.820		是
	3	0.821***	0.798		是
	4	0.878***	0.763		是

注：* 代表 $p<0.05$，** 代表 $p<0.010$，*** 代表 $p<0.001$。

结果分析发现，各题项与量表总分的相关系数在0.794—0.878之间,比 0.30 的临界值要高;剔除各题项后,Cronbach's α 信度系数在 0.763—0.820 之间,比 0.60 的临界值要高,但在不移除题项时,Cronbach's α 信度系数达到 0.844,显著更优。所以,删除任何题项并不能提高 Cronbach's α 信度,因此,所有与差序式领导有关的所有题项将被保留。

6.2.2.3 相对剥夺感的项目分析

基于之前选定的马皑(2012)相对剥夺感 4 题项量表,本节在预调研时从员工视角获取了有效数据进行相对剥夺感项目分析,具体内容如下表 6.11 所示。

表 6.11 相对剥夺感的项目分析

变量	序号	各个题项与量表总分的相关系数	Cronbach's Alpha 信度系数		是否予以保留
			删除该题项后	未删除任何题项	
相对剥夺感	1	0.806***	0.813	0.835	是
	2	0.772***	0.831		是
	3	0.824***	0.788		是
	4	0.881***	0.743		是

注: * 代表 $p<0.05$, ** 代表 $p<0.010$, *** 代表 $p<0.001$。

通过对上述数据的深入分析,我们发现各个题项与量表总分的相关系数范围是在 0.772—0.881,这一数值明显高于 0.30 的临界值;在排除所有题目后,Cronbach's α 信度系数在 0.743—0.831 之间,比0.60的临界值要高,但在不移除题项时,Cronbach's α 信度系数达到0.835,显著更优。所以,删除任何题项并不能提高 Cronbach's α 信度,因此,与差序式领导有关的所有题项都将被保留。

6.2.2.4 越轨创新行为的项目分析

在前述初步选定黄玮等(2017)的越轨创新行为 6 题项量表的基础上,本部分在预调研阶段从员工的视角收集了有用的数据,以进行越轨创新行为的项目分析,具体内容如下表 6.12 所示。

上述结果分析发现,各题项与量表总分的相关系数在0.674—0.767

表 6.12　越轨创新行为的项目分析

变量	序号	各个题项与量表总分的相关系数	Cronbach's Alpha 信度系数		是否予以保留
			删除该题项后	未删除任何题项	
越轨创新行为	1	0.767***	0.842		是
	2	0.709***	0.821		是
	3	0.772***	0.816	0.850	是
	4	0.706***	0.823		是
	5	0.674***	0.834		是
	6	0.708***	0.826		是

注：* 代表 p＜0.05，** 代表 p＜0.010，*** 代表 p＜0.001。

之间,比 0.30 的临界值要高;剔除各题项后,Cronbach's α 信度系数在 0.816—0.842 之间,比 0.60 的临界值要高,但在不移除题项时,Cronbach's α 信度系数达到 0.850,显著更优。所以,删除任何题项并不能提高 Cronbach's α 信度,因此,与越轨创新行为有关的所有题项将被保留。

6.2.2.5　组织创新绩效的项目分析

在前述初步选定 Akman et al.(2008)的组织创新绩效 10 题项量表的基础上,本节在预调研过程中从员工角度获取有效数据并进行组织创新绩效项目分析,具体内容如下表 6.13 所示。

结果分析发现,各题项与量表总分的相关系数在0.678—0.769 之间,比 0.30 的临界值要高;剔除各题项后,Cronbach's α 信度系数在 0.866—0.877之间,比 0.60 的临界值要高,但在不移除题项时,Cronbach's α 信度系数达到 0.878,显著更优。所以,删除任何题项并不能提高 Cronbach's α 信度,因此,与组织创新绩效有关的所有题项将被保留。

6.2.2.6　工作资源的项目分析

在前述初步选定 Vandera et al.(2013)的社会支持 5 题项量表和 Arregle et al.(2013)的职业发展机会 4 题项量表的基础上,本节在预调研过程中从员工角度获取有效数据并进行工作资源项目分析,具体内容见表 6.14。

表 6.13　组织创新绩效的项目分析

| 变量 | 维度 | 序号 | 各个题项与量表总分的相关系数 | Cronbach's Alpha 信度系数 | | 是否予以保留 |
				删除该题项后	未删除任何题项	
组织创新绩效	个体创新	1	0.769 ***	0.872		是
		2	0.721 ***	0.877		是
		3	0.693 ***	0.874		是
		4	0.703 ***	0.877		是
		5	0.711 ***	0.866	0.878	是
	企业创新	6	0.757 ***	0.869		是
		7	0.725 ***	0.871		是
		8	0.696 ***	0.873		是
		9	0.678 ***	0.869		是
		10	0.713 ***	0.874		是

注:＊代表 p＜0.05，＊＊代表 p＜0.010，＊＊＊代表 p＜0.001。

表 6.14　工作资源的项目分析

| 变量 | 维度 | 序号 | 各个题项与量表总分的相关系数 | Cronbach's Alpha 信度系数 | | 是否予以保留 |
				删除该题项后	未删除任何题项	
工作资源	工作中的社会支持	1	0.629 ***	0.868		是
		2	0.674 ***	0.872		是
		3	0.679 ***	0.863		是
		4	0.633 ***	0.865		是
		5	0.608 ***	0.868	0.873	是
	职业发展机会	6	0.657 ***	0.867		是
		7	0.635 ***	0.857		是
		8	0.681 ***	0.871		是
		9	0.578 ***	0.869		是

注:＊代表 p＜0.05，＊＊代表 p＜0.010，＊＊＊代表 p＜0.001。

结果分析发现,各题项与量表总分的相关系数在0.578—0.681之间,比 0.30 的临界值要高;剔除各题项后,Cronbach's α 信度系数在 0.857—0.872 之间,比 0.60 的临界值要高,但在不移除题项时,Cronbach's α 信度系数达到0.873,显著更优。所以,删除任何题项并不能提高 Cronbach's α 信度,因此,与工作资源有关的所有题项将被保留。

6.2.2.7　工作重塑的项目分析

在初步选定 Slemp & Vella-Brodrick(2013)的工作重塑 9 题项量表的基础上,本节在预调研过程中从员工角度获取了有效数据并进行工作重塑项目分析,具体内容见表 6.15。

表 6.15　工作重塑的项目分析

变量	序号	各个题项与量表总分的相关系数	Cronbach's Alpha 信度系数		是否予以保留
			删除该题项后	未删除任何题项	
工作重塑	1	0.757***	0.842		是
	2	0.728***	0.831		是
	3	0.772***	0.835		是
	4	0.706***	0.843		是
	5	0.774***	0.834	0.850	是
	6	0.696***	0.826		是
	7	0.721***	0.814		是
	8	0.795***	0.842		是
	9	0.781***	0.798		是

注:* 代表 $p<0.05$, ** 代表 $p<0.010$, *** 代表 $p<0.001$。

上述结果分析发现,各题项与量表总分的相关系数在0.696—0.795之间,比 0.30 的临界值要高;剔除各题项后,Cronbach's α 信度系数在 0.798—0.843 之间,比 0.60 的临界值要高,但在不移除题项时,Cronbach's α 信度系数达到0.850,显著更优。所以,删除任何题项并不能提高 Cronbach's α 信度,因此,与工作重塑有关的所有题项将被保留。

6.2.3 探索性因子分析

Kaiser(1974)在其研究中将 KMO 检验的临界标准定为 0.70,超过这一数值可作因子分析,否则将不适宜;依据 Browne et al.(1993)的理论,BARLETT 球体的显著检验结果表明题目之间存在共同的因子,这为后续的因子分析提供了适当的依据。在确保 KMO 检验和 BARLETT 球体检验都符合研究标准的基础上,本研究采用了主成分分析方法,对差序式领导、心理特权感、相对剥夺感、越轨创新行为、组织创新绩效、工作资源和工作重塑等方面进行了探索性因子分析,以此评估它们构成的因子结构是否满足研究的需求。

因此,我们首先对相关变量问题进行了 KMO 检验和 BARLETT 球体检验,以确保这些变量问题是适合进行因子分析的。详细的检测数据可以在表 6.16 中找到:

表 6.16　KMO 检验以及 BARLETT 球体检验

变　量	KMO 检验	BARLETT 球体检验		
		近似卡方	自由度	显著性
差序式领导	0.916	2422.454	91	0.000
心理特权感	0.786	281.211	6	0.000
相对剥夺感	0.791	262.429	6	0.000
越轨创新行为	0.808	881.886	15	0.000
组织创新绩效	0.803	235.450	6	0.000
工作资源	0.812	301.213	6	0.000
工作重塑	0.793	286.457	6	0.000

根据表 6.16 可知,上述七个相关指标的 KMO 检验结果都高于 0.7,且 BARLETT 球体检验结果均低于 0.001 的显著性标准,这证明本研究使用的变量题项适合进行后续的因子分析。在此基础上,本研究对以上量表题项展开探索性因子分析,具体的检验结果与分析过程如下文所示:

6.2.3.1　差序式领导的探索性因子分析

根据前文所述可知,差序式领导呈现为照顾沟通、提拔奖励、宽容信任的三维结构,因此可使用最大方差法对其量表题项进行旋转性因子分析,具体结果见表 6.17。

表 6.17　差序式领导的探索性因子分析

变量	题项	提取因子			方差解释率	维　度
		因子 1	因子 2	因子 3		
差序式领导	1	0.821			32.947%	照顾沟通
	2	0.853				
	3	0.827				
	4	0.785				
	5	0.747				
	6		0.798		27.193%	提拔奖励
	7		0.798			
	8		0.834			
	9		0.749			
	10		0.758			
	11			0.779	16.760%	宽容信任
	12			0.741		
	13			0.753		
	14			0.696		

结果显示,差序式领导量表的 14 题项经探索性因子分析可归纳为 3 个因子结构。因子 1 涵盖 5 个题项,因子 2 涵盖 5 个题项,因子 3 涵盖 4 个题项,且各个题项在各自因子结构中的因子载荷均大于 0.50。这三个因子可以解释的方差变异率分别是 32.947%、27.193% 和 16.760%,累计解释方差变异率高达 76.900%,超出了 60% 标准,且所有因子的方差变异程度都低于 40%,这意味着没有一个单独的因子能够解释绝大部分的方差变异度。该分析结果与文章前述的研究回顾一致,即差序式领导涵盖三维结构,且各个因子可以分别被命名为照顾沟通、提拔奖励和宽容信任。

6.2.3.2 心理特权感的探索性因子分析

鉴于心理特权感表现为单一的维度结构,本文根据以往相关研究的经验,运用主成分分析法对量表中的非旋转性因子进行分析,具体分析结果见表 6.18。

表 6.18 心理特权感的探索性因子分析

变　量	题项	提取因子	方差解释率
		因子 1	
心理特权感	1	0.793	69.015%
	2	0.784	
	3	0.819	
	4	0.873	

心理特权感量表题项的探索性因子分析结果显示:共有 4 个题项,经探索性因子分析可归纳为 1 个因子结构,且这些题项的因子载荷都超过了提取标准。另外,因子 1 可以解释的方差变异度达到了69.015%,这一数值超出了 60% 的统计标准。该分析结果与文章前述的研究回顾一致,即心理特权感包含单一维度结构。

6.2.3.3 相对剥夺感的探索性因子分析

鉴于相对剥夺感呈现为单一的维度结构,本文根据以往相关研究的经验,运用主成分分析法对量表中的非旋转性因子进行分析,具体分析结果见表 6.19。

表 6.19 相对剥夺感的探索性因子分析

变　量	题项	提取因子	方差解释率
		因子 1	
相对剥夺感	1	0.802	66.738%
	2	0.756	
	3	0.831	
	4	0.890	

相对剥夺感量表题项的探索性因子分析结果显示:共有 4 个题项,经探索性因子分析可提取出 1 个因子结构,且这些题项的因子载荷都

超过了提取的标准。另外,因子 1 所能解释的方差的变异度达到了
66.738%,这超出了 60% 的统计标准。该分析结果与文章前述的研究
回顾一致,即相对剥夺感包含单一维度结构。

6.2.3.4　越轨创新行为的探索性因子分析

鉴于越轨创新行为呈现出单一的维度结构,本文运用主成分分析
法对量表中的非旋转性因子进行分析,具体的分析结果见表 6.20。

表 6.20　越轨创新行为的探索性因子分析

变　量	题项	提取因子	方差解释率
		因子 1	
越轨 创新行为	1	0.681	66.909%
	2	0.799	
	3	0.816	
	4	0.783	
	5	0.722	
	6	0.753	

越轨创新行为量表题项的探索性因子分析结果显示:共有 6 个题
目,通过探索性因子分析可提取出 1 个因子结构,并且这些题项的因子
载荷都超过了提取的标准。另外,因子 1 所能够解释的方差变异率高
达 66.909%,超过了 60%。该分析成果与文章前述的研究回顾一致,越
轨创新行为只涉及一个单一的维度结构。

6.2.3.5　组织创新绩效的探索性因子分析

组织创新绩效呈现为个体创新能力、企业创新能力的二维结构,本
研究使用最大方差法对其量表题项进行旋转性因子分析,具体结果见
表 6.21。

组织创新绩效量表题项的探索性因子分析结果显示:共有 10 个题
项,经探索性因子分析可提取出 2 个因子结构。其中因子 1 涵盖 5 个
题项,因子 2 涵盖 5 个题项,且各个题项在各自因子结构中的因子载荷
均大于 0.50 的提取标准。另外,这两个因子各自可以解释的方差变异
率分别是 30.946% 和 38.193%,二者累计解释的方差变异度达到了

表 6.21 组织创新绩效的探索性因子分析

变　量	题项	提取因子		方差解释率	维度
		因子 1	因子 2		
组织 创新绩效	1	0.817		30.946%	个体创新
	2	0.849			
	3	0.824			
	4	0.782			
	5	0.748			
	6		0.796	38.193%	企业创新
	7		0.793		
	8		0.825		
	9		0.746		
	10		0.758		

69.139%,超过了 60% 且所有因子的方差变异程度都低于 40%,这意味着没有一个单独的因子能够解释绝大部分的方差变异度,该分析结果与文章前述的研究回顾一致,即组织创新绩效涵盖二维结构,且各个因子可以分别被命名为个体创新和企业创新。

6.2.3.6　工作资源的探索性因子分析

根据文章前述分析可知,工作资源呈现为工作中的社会支持和职业发展机会的二维结构,因此可使用最大方差法对其量表题项进行旋转性因子分析,具体结果见表 6.22。

工作资源量表题项的探索性因子分析结果显示:共有 9 个题项,经探索性因子分析可提取出 2 个因子结构。具体而言,第一因子包括题项 1 至 5,第二因子包括题项 6 至 9,这些题项在它们各自的因子结构中的因子载荷都超出了既定标准。另外,这两个变量所能解释的方差变异率分别是 32.947% 和 37.193%,二者累计解释的方差变异度达到了 70.140%,超过了统计标准的 60%。所有因子的方差变异度都低于 40%,这证实了没有一个单独的因子能够完全解释大多数的方差变化。该分析结果与文章前述的研究回顾一致,即工作资源涵盖二维结构,且各个因子可以分别被命名为工作中的社会支持和职业发展机会。

表 6.22　工作资源的探索性因子分析

变量	题项	提取因子		方差解释率	维度
		因子 1	因子 2		
工作资源	1	0.831		32.947%	工作中的社会支持
	2	0.853			
	3	0.842			
	4	0.785			
	5	0.747			
	6		0.798	37.193%	职业发展机会
	7		0.768		
	8		0.854		
	9		0.791		

6.2.3.7　工作重塑的探索性因子分析

鉴于工作重塑呈现出的是单一维度的结构,本节选择了主成分分析方法来对相关的量表条目进行非旋转因子的研究,具体的研究成果见表 6.23。

表 6.23　工作重塑的探索性因子分析

变量	题项	提取因子	方差解释率
		因子 1	
工作重塑	1	0.671	67.323%
	2	0.792	
	3	0.856	
	4	0.823	
	5	0.842	
	6	0.753	
	7	0.767	
	8	0.739	
	9	0.746	

在工作重塑量表题项的探索性因子分析中,我们发现总共有 9 个题项。经过探索性因子分析,这些题项可以被总结为一个因子结构,并且这些题项的因子载荷都超出了设定的提取标准。另外,因子 1 所能解释的方差变异率达到了 67.323%,这超出了 60% 的统计标准。因此,这次的分析成果与文章前述的研究回顾一致,即工作重塑仅包含单一维度结构。

6.3　正式问卷

通过前述的预调查和初步测试流程,本研究确保了前述权威研究中的相关量表得到了准确的引用。正式的调查问卷涵盖了 7 个可能的变量和 56 个问题,如表 6.24 所示。

表 6.24　家族企业差序式领导、员工越轨创新行为和组织创新绩效影响研究的正式问卷

变量维度		序号	题　项
差序式领导	照顾沟通	1	我的直属领导者会与"圈内人下属"产生较为频繁的接触和交互
		2	我的直属领导者经常委派"圈内人下属"传达组织的讯息与指令
		3	我的直属领导者会花费较多时间对"圈内人下属"进行个别指导
		4	当"圈内人下属"面临紧急状况与困难阻碍时,我的直属领导者会对其伸出援手
		5	我的直属领导者对"圈内人下属"嘘寒问暖的现象屡见不鲜
	提拔奖励	6	我的直属领导者会指派"圈内人下属"承担较为重要且容易取得绩效产出的工作
		7	我的直属领导者会为"圈内人下属"设置较多可以获得奖励的机会
		8	我的直属领导者会给予"圈内人下属"数额较大的奖赏
		9	我的直属领导者会主动为"圈内人下属"提供并保留可能取得职业晋升的机会
		10	我的直属领导者会给予"圈内人下属"较快的升迁速度

变量维度		序号	题　项
差序式领导	宽容信任	11	我的直属领导者会选择忽视"圈内人下属"所犯错误
		12	我的直属领导者较少会追究"圈内人下属"所犯错误
		13	"圈内人下属"很少会因为工作上的失误而受到其直属领导者责备
		14	我的直属领导者仅会给予"圈内人下属"不当行为以轻微处罚
心理特权感		1	我觉得自己值得在组织内部拥有最好的条件
		2	我有资格要求组织给予更多实惠
		3	我应该享受更多组织给予的特殊待遇
		4	事情必须按照我希望的方式发展下去
相对剥夺感		1	当我与其他员工进行对比,处于劣势的压力会让我感到紧张不安
		2	组织当中的其他成员占据了原本应该属于我的东西,相悖于公平度量的混乱态势让我感到挫败并消解了我的安稳意识
		3	与在工作当中付出的努力相比,我的生活状况明显落后很多,这种落差让我十分沮丧
		4	其他员工纯粹通过偏离道德的手段获得领导者给予的酬赏财富,这种丢弃常理环节的组织伦理氛围让我感觉悲伤
越轨创新行为		1	除却从事组织分配的核心任务之外,我也会占用私人时间资源挖掘全新领域
		2	我能灵活安排部分工作时间用于改良并完善组织计划之外的创意想法
		3	至今我仍未放弃逃避组织监控以思考和改进一些创意项目
		4	我会主动投入大量精力尝试钻研一些未经领导者同意的非官方创新方案
		5	尽管可能无法得到领导者支持,我依然会搜集证据并反复试验以求为创新灵感奠定坚实根基
		6	即使公开揭发新颖观点预示着被拒绝或否定的可能性,我也不会轻易舍弃自己的应用推及念头
组织创新绩效	个体创新	1	在日常工作中,我具有创新思想
		2	通过学习,我能提出独创性的解决问题方案
		3	我能经常采用新的方法来解决工作中出现的问题
		4	我具备将创意转化为具体成果的能力
		5	我能使他人更关注创新性思维

变量维度		序号	题　　项
组织创新绩效	企业创新	6	公司具备支持和鼓励创新的组织文化和管理理解能力
		7	公司能够将来自不同渠道的知识高效、快速地用于产品开发活动
		8	公司能够根据客户需求和竞争对手的变化快速开发产品或优化管理过程
		9	公司能够持续评价来自客户、供应商的新想法并将这些想法融入产品开发的各个环节
		10	公司能够通过改进产品、创新过程在较短的时间内响应、适应环境的变化
工作资源	工作中的社会支持	1	当工作遇到困难时,我可以依靠直接上级的帮助
		2	我的直接上级很关心我的身心健康
		3	我的直接上级能成功地协调我和同事的关系
		4	当我需要帮助时,可以得到我的同事们的帮忙
		5	我的同事都对我很友好
	职业发展机会	6	我的工作提供给我学习新事物的机会
		7	我的工作给我充分发展和提升自己的可能
		8	在目前的职位上,我感觉没有前途可言
		9	我看不到我的工作有任何升职可能
工作重塑		1	我会努力提高各项能力
		2	我会努力提高专业技术
		3	我会努力了解工作中的新事物
		4	我保证会尽全力发挥自己的能力
		5	我会询问同事们的意见
		6	我会主动参与和往常不同的有趣的工作
		7	我愿意第一个了解并尝试新生产方法
		8	空闲时,我会尝试新的方法
		9	观察工作各方面之间的潜在联系,使我的工作更有挑战性

6.4　本章小结

　　本章主要聚焦于初始量表设计的流程演绎及经由预调研过程对量表题项展开的项目分析和探索性因子分析进行介绍与解读。一方面，在深入研究文献、进行半结构访谈并咨询专家意见的基础上，本章对差序式领导、心理特权感、相对剥夺感、工作资源和工作重塑等成熟量表进行了系统的归纳与评价。随后，遵循标准的翻译与回译流程，将国外学者的英文量表转化为中文，并根据实际研究情境进行了内容修订，从而为后续的因果检验提供了坚实的测量基础。特别值得一提的是，关于员工越轨创新行为的概念界定，学术界一直存在争议。其中，"私下创新行为"和"违命创新行为"两大流派各自持有不同的观点并形成了不同的测量工具，尚未在学术界得到广泛认同。鉴于此，本研究结合文献回顾、访谈和专家咨询的资料，编制并修订了一份综合考虑这两种观点的员工越轨创新行为测量工具。经过科学的数据采集与分析流程，该量表得到了合理的验证，为后续实证研究提供了可靠的测量依据。另一方面，在预调研阶段，我们收集了大量数据，并分别对上述量表进行了细致的项目分析和探索性因子分析。结果显示，所有题项均符合心理统计学的测量标准，因而无需对任意题项进行剔除处理。由此，可以应用于正式调研过程的量表工具最终形成，这一工具不仅具有科学性和可靠性，而且能够为我们后续的研究提供有力的数据支持。

七 假设检验

7.1 正式调研流程

7.1.1 研究对象

华人社会的交往方式深受传统影响,强调亲疏有别和遵守传统原则(郑伯埙等,2004),这种文化背景使得华人员工对职场不公平现象有较高的容忍度。差序式领导这一源于等级制度的领导模式,因其与中国文化的契合度而得到员工的广泛认同,进而在公平与不公平之间创造了一定的容忍空间(郭晓薇,2011),员工可能将领导的偏私行为视为有条件的利益交换,这一现象在家族企业中尤为显著,且这种传统观念与中国社会的相对正义观相符,可以满足不同下属的平等要求。本研究聚焦家族企业,通过问卷和数据收集,从"圈内人下属"和"圈外人下属"双重视角研究差序式领导如何影响员工越轨创新行为进而影响组织创新绩效,旨在为相关领域提供更全面的理论解释。

7.1.2 研究方法

长三角地区一直承载着引领全国高质量发展、完善改革开放布局、形成新发展格局的重要使命。2019 年 12 月 1 日,中共中央、国务院印发《长江三角洲区域一体化发展规划纲要》,将长三角一体化发展上升为国家战略,以更大力度推进长三角区域高质量发展。2023 年 7 月 14 日,中共中央、国务院印发《关于促进民营经济发展壮大的意见》,鼓励民营企业积极参与长江三角洲区域一体化发展等重大国家战略。2023

年11月30日,习近平总书记在上海主持召开深入推进长三角一体化发展座谈会并发展重要讲话,强调指出,深入推进长三角一体化发展,进一步提升创新能力、产业竞争力、发展能级、率先形成更高层次改革开放新格局,对于我国构建新发展格局、推动高质量发展,以中国式现代化全面推进强国建设、民族复兴伟业,意义重大。与此同时,长三角地域一直是民营经济发展的重地,根据2022中国民营企业500强榜单,共有224家长三角企业进入中国民营企业500强榜单,几乎占据半壁江山(全国工商联,2023)。由此可见,长三角区域因其地理优势和良好的交通网络而具有高度的经济活力和开放性,成为研究家族企业差序式领导、员工越轨创新行为及组织创新绩效的理想样本来源。本研究立足长三角区域,直面民营企业服务国家重大战略领域的迫切需求,专注于该地区的家族企业,通过与长三角地区各省市发改委、部分高校的MBA学员以及管理咨询机构等合作,联系了75家企业的人力资源部门经理,通过电邮和电话沟通研究目的并约定访问时间,在现场对员工进行详细的调查目的介绍和问卷发放指导。与初步调研类似,本次研究采用员工为主要调查对象,进行为期六个月的三阶段时间延后调查。为保护员工隐私和安全,研究过程中确保数据匿名并只用于学术目的。调研分为三个阶段,第一阶段员工需填写关于自身的基本信息及对差序式领导的评价。问卷回收时,员工需在信封上标注手机号码后四位以便匹配。第二阶段根据员工对自身角色的分类,分发相应的问卷,分别涵盖心理特权感、相对剥夺感等问题。第三阶段问卷与第二阶段类似,主要关注越轨创新行为和组织创新绩效等方面。通过这种方法,本研究旨在深入探索长三角地区家族企业的运作模式及其对员工创新行为和组织创新绩效的影响。

7.1.3 研究样本

本次调研共纳入了75家家族企业,向其员工总共分发了1390份问卷,最终收回了1276份。为确保问卷的质量和可靠性,我们采取了以下筛选准则:首先,检查问卷是否在三个阶段都有对应的数据。如果发现员工在调研的第二或第三阶段选择退出,其对应的问卷将被排除。

其次,筛除信息不全的问卷。如果员工在填写时留下 3 个或更多问题未回答或重复回答,相关问卷将不被纳入分析。最后,排除存在明显答题倾向问题的问卷。若员工在回答过程中对 5 个或以上连续问题作出规律性选择,该份问卷也将被剔除。经过这样的筛选,本研究剔除了 218 份不符合标准的问卷,最终有效问卷数量为 1058 份,有效率为 82.92%。在这 1058 份有效问卷中,属于"圈内人下属"的有 507 份,占比约 47.92%;而"圈外人下属"的问卷为 551 份,占比大约 52.08%。有效样本的基本情况详细记录在表 7.1 中。通过这一过程,我们确保了调研数据的可靠性和代表性。

表 7.1 样本对象的基本情况

人口统计学信息	类 别	人数	比例
性别	0(男性)	554	52.36%
	1(女性)	504	47.64%
年龄	1(18—25 岁)	128	12.10%
	2(26—35 岁)	303	28.64%
	3(36—45 岁)	276	26.09%
	4(46—55 岁)	182	17.20%
	5(56 岁及以上)	169	15.97%
受教育程度	1(初中学历)	55	5.20%
	2(高中学历)	125	11.81%
	3(本科学历)	463	43.76%
	4(硕士学历)	346	32.70%
	5(博士学历)	69	6.52%
职称	1(初级职称)	392	37.05%
	2(中级职称)	317	29.96%
	3(副高级职称)	255	24.10%
	4(正高级职称)	94	8.89%

表 7.1 展示的统计数据揭示了正式调研的样本特点。在调研参与的员工中,男性与女性的比例接近,分别为 554 名(占 52.36%)和 504 名(占 47.64%),展现了性别上的平衡。年龄分布方面,26—45 岁的员

工居多,表明这些组织以中青年群体为主力。学历层面,绝大多数员工(超过 80%)拥有本科或更高学历,反映出组织成员普遍具有较高的教育背景。总体来看,调研样本的广泛覆盖和均匀分布为数据收集的合理性和科学性提供了初步保证。这些数据反映了参与调研的组织和员工具有代表性,有助于深入分析和理解研究问题。

7.2　差序式领导对"圈内人下属"越轨创新行为影响研究的假设检验

7.2.1　研究概述

在本项研究中,我们特别关注了家族企业中的"圈内人下属"群体,并深入分析了差序式领导如何影响这一群体的越轨创新行为。本研究依据收集到的 507 份针对"圈内人下属"的有效问卷数据,对这一特定群体进行了详尽的描述分析,如表 7.2 所示。

表 7.2　样本对象的基本情况

人口统计学信息	类　　别	人数	比例
性别	0(男性)	276	54.44%
	1(女性)	231	45.56%
年龄	1(18—25 岁)	73	14.40%
	2(26—35 岁)	143	28.21%
	3(36—45 岁)	130	25.64%
	4(46—55 岁)	90	17.75%
	5(56 岁及以上)	71	14.00%
受教育程度	1(初中学历)	21	4.14%
	2(高中学历)	59	11.64%
	3(本科学历)	232	45.76%
	4(硕士学历)	164	32.35%
	5(博士学历)	31	6.11%

人口统计学信息	类　　别	人数	比例
	1(初级职称)	182	35.90%
职称	2(中级职称)	150	29.59%
	3(副高级职称)	133	26.23%
	4(正高级职称)	42	8.28%

通过对表7.2中数据的统计分析,我们发现在"圈内人下属"的有效样本中,性别分布相对均衡,男性占54.44%,女性占45.56%。年龄分布方面,26至45岁的员工居多,表明在家族企业中以中青年群体为主力。此外,绝大多数"圈内人下属"具备本科或更高学历,占比超过80%,这反映出组织成员整体的高知识水平。基于数据,本节后续部分将着重探讨和验证家族企业中差序式领导对"圈内人下属"越轨创新行为的作用机制与边界条件理论模型如图7.1所示。

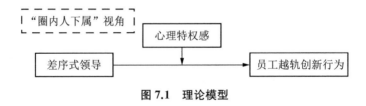

图 7.1　理论模型

7.2.2　信度分析

7.2.2.1　KMO 检验以及 BARLETT 球体检验

在深入探讨差序式领导、心理特权感和越轨创新行为的量表之前,本研究先进行了 KMO 和 Bartlett 球体检验,以判断这些变量是否适宜用于因子分析。依据 Kaiser(1974)的建议,当 KMO 值超过0.70 时,一般认为它适合用于因子分析。另外,Bartlett 球体检验的显著性意味着变量间存在共同因子,为因子分析的实施奠定了基础。因此,本研究针对各个量表项目先行执行了 KMO 和 Bartlett 球体检验,以确认它们是否适用于因子分析。相关检验结果展示在下表 7.3 中:

表 7.3　**KMO 检验以及 BARLETT 球体检验**

变　量	KMO 检验	BARLETT 球体检验		
		近似卡方	自由度	显著性
差序式领导	0.909	1901.744	91	0.000
心理特权感	0.798	465.272	6	0.000
越轨创新行为	0.798	651.458	15	0.000

本研究的初步分析结果显示,差序式领导、心理特权感和越轨创新行为的 Bartlett 球体检验结果也显示出显著性结果均低于 0.001 的临界值,这证实了量表题项适用于后续的因子分析。基于这些积极的预检验结果,本研究继续进行了探索性和验证性因子分析。

7.2.2.2　探索性因子分析

本研究使用主成分分析法对差序式领导、心理特权感、越轨创新行为、冒险型特质进行因子提取,其中差序式领导呈现为包括照顾沟通、提拔奖励、宽容信任的三维结构,因而采用最大方差法进行旋转性因子分析,其他单维结构变量则采取非旋转性因子分析,从而经探索性因子分析过程提取出特征值高于 1 的因子并与各个变量的潜在结构进行对比。同时,根据 Churchill(1979)在其研究中提出的理论建议,确保探索性因子分析的因子提取结果科学合理则必须要满足一个必要条件,即各个题项的因子载荷在其所属因子维度上需要达到或超过 0.50 的标准要求。

（1）差序式领导的探索性因子分析

根据我们的分析结果（见表 7.4）,差序式领导的 14 个题项在探索性因子分析中共提取出 3 个因子。这些因子分别涵盖了不同的题项集合,且每个题项在其相应的因子上的载荷值均超过了 0.50 的标准。同时,单独因子的方差解释率均低于 40%,说明不存在任何单一因子对整体方差变异的主导作用。综上所述,这一研究与文章前述的研究回顾一致,进步验证了差序式领导确实涵盖三个独立维度:照顾沟通、提拔奖励和宽容信任。

表 7.4　差序式领导的探索性因子分析

变量	题项	提取因子			方差解释率	维度
		因子 1	因子 2	因子 3		
差序式领导	1	0.791			31.126%	照顾沟通
	2	0.862				
	3	0.791				
	4	0.771				
	5	0.742				
	6		0.791		20.623%	提拔奖励
	7		0.806			
	8		0.845			
	9		0.706			
	10		0.751			
	11			0.743	14.392%	宽容信任
	12			0.770		
	13			0.768		
	14			0.717		

（2）心理特权感的探索性因子分析

经过详细的分析,我们发现心理特权感的结构表现为单一维度。为了深入理解这一结构,本研究采用了主成分分析法来对心理特权感相关的量表题项进行分析,具体的分析结果详见表 7.5。

表 7.5　心理特权感的探索性因子分析

变量	题项	提取因子	方差解释率
		因子 1	
心理特权感	1	0.828	69.215%
	2	0.793	
	3	0.819	
	4	0.883	

通过探索性因子分析,我们观察到心理特权感量表中的 4 个题项均归属于同一因子。这一发现表明,心理特权感构成了一个统一的维

度,而非多元化的结构。在这个因子的分析中,每个题项的因子载荷值均超过了 0.50 的基准线,显示出良好的一致性和相关性。此外,这个单一因子能够解释高达 69.215% 的总方差变异度,超过 60% 的统计标准。综上所述,这一研究与文章前述的研究回顾一致,即心理特权感主要表现为一个单维的结构。

（3）越轨创新行为的探索性因子分析

本研究对越轨创新行为进行了深入分析,以明确其结构特征。采用主成分分析法,我们对越轨创新行为相关的量表题项进行了详细的非旋转性因子分析,详细结果呈现在表 7.6 中。

表 7.6　越轨创新行为的探索性因子分析

变　量	题项	提取因子	方差解释率
		因子 1	
越轨 创新行为	1	0.761	65.613%
	2	0.673	
	3	0.776	
	4	0.785	
	5	0.818	
	6	0.645	

分析结果表明,越轨创新行为的量表由 6 个题项构成,这些题项共同构成了一个单一的因子结构。每个题项在这个因子上的载荷值都超过了 0.50 的基线,显示出较高的相关性和一致性。综上所述,这一研究与文章前述的研究回顾一致,进一步证实了越轨创新行为量表的单维结构。

7.2.2.3　Cronbach's Alpha 信度系数

本研究采用了 Cronbach's Alpha 信度系数进行可靠性分析,这是一种在学术研究中广泛认可的方法,用于评估量表内部题项之间的一致性。Cronbach's Alpha 系数越高,表明量表的内部一致性越好,可靠性越高。依据吴明隆（2010）的研究,Cronbach's Alpha 的理想值应高于 0.70,而 0.60 是最低的可接受标准。内部一致性较高的系数表示各题项之间的相关性较强。在本研究的实证部分,对"圈内人下属"相关数据进行了 Cronbach's Alpha 信度检验,详细的结果列在表 7.7 中。

表 7.7　Cronbach's Alpha 信度系数

变　量	维度	题目数量	Cronbach's Alpha 信度系数	
差序式领导	照顾沟通	5	0.874	0.873
	提拔奖励	5	0.863	
	宽容信任	4	0.727	
心理特权感		4	0.852	
越轨创新行为		6	0.885	

　　分析显示,差序式领导的三个维度(照顾沟通、提拔奖励、宽容信任)的 Cronbach's Alpha 系数分别为 0.874、0.863 和 0.727,而整体量表的系数为 0.873。心理特权感量表的系数为 0.852,越轨创新行为量表的系数为 0.885。由此可见,各维度量表的 Cronbach's Alpha 系数范围在 0.727 至 0.874 之间,均超过 0.70 的理想标准,而整体量表的系数则在 0.852 至 0.885 之间,也同样高于理想标准。这些结果表明,所选用的差序式领导、心理特权感和越轨创新行为量表在实证研究中表现出较高的可靠性,为研究结果的稳健性提供了坚实的基础。

7.2.2.4　拟合优度检验

在本研究中,我们采用了模型拟合分析来评价理论模型的有效性。这种分析是基于比较观测数据的方差—协方差矩阵和模型预测的方差—协方差矩阵之间的差异,以此来判断模型的拟合程度。根据 Steiger(2007)的理论,模型拟合度的测量有助于确定理论模型是否能够被数据所支持。如果两者之间的差异显著,则模型可能会被拒绝;反之,则接受。在拟合优度的评估中,χ^2 检验是一种基本的方法,但由于其对样本大小等因素敏感,通常被视为拟合优度的参考而非决定性标准。因此,现代研究趋向于采用更多样化的近似拟合检验方法,这些方法结合了多个指标,以提供更全面的评估。近似拟合检验通常包括以下几个主要指标:RMSEA(近似误差平方根),CFI(比较拟合指数),TLI(非规范拟合指数)和 SRMR(标准化残差平方根)。RMSEA 强调对模型误设的敏感性,以及对复杂模型的惩罚性;CFI 和 TLI 都衡量理论模型相对于某个基准模型的改善程度;而 SRMR 则通过评估残差大小来直接测量模型的拟合程度。在本研究中,我们利用验证性因子分析对差序式领导及其三维结构、心理特权感和越轨创新行为进行了 χ^2 检验与近似拟合检验(结果见表 7.8),这些复合性的拟合指标有助于全面评估模型的拟合度,确保所提出的模型在统计上的有效性和可靠性。通过这种方法,本研究旨在确保所提出的理论模型不仅符合理论逻辑,而且与实证数据相匹配,从而为后续研究提供坚实的基础。

表 7.8　拟合优度检验

变　量	χ^2	df	χ^2/df	RMSEA	CFI	TLI	SRMR
差序式领导	94.312	77	1.226	0.018	0.957	0.979	0.028
照顾沟通	5.898	5	1.181	0.027	0.998	0.998	0.024
提拔奖励	9.424	5	1.883	0.058	0.992	0.986	0.029
宽容信任	7.543	2	3.773	0.034	0.954	0.954	0.028
心理特权感	8.491	2	4.245	0.012	0.987	0.959	0.037
越轨创新行为	10.745	9	1.193	0.058	0.958	0.963	0.078
取值标准	—	—	<5	<0.08	>0.90	>0.90	<0.08

在对差序式领导及其相关维度、心理特权感和越轨创新行为进行的拟合优度评估中,我们获得了一系列积极的结果。通过对数据进行综合分析,发现所有关键的拟合优度指标均满足了常规的统计标准,表明所选模型与收集的数据具有良好的拟合性。具体来说,χ^2/df 比率在 1.181 至 4.245 之间,满足了小于 5 的标准,表明模型与数据的一致性较高。RMSEA 值介于 0.012 至 0.058 之间,远低于 0.08 的标准上限,表明模型误差较小。CFI 和 TLI 指数均在 0.954 至 0.998 之间,超过了 0.90 的理想阈值,显示出模型在比较和非规范拟合方面的优异性能。最后,SRMR 值介于 0.024 至 0.078 之间,低于 0.08 的标准,表明模型残差较小。因此,差序式领导、心理特权感和越轨创新行为的量表及其各个维度均达到了理想的拟合优度水平。这些结果强化了我们模型的

可靠性和有效性,为进一步的研究和分析提供了坚实的统计基础。

7.2.3 效度分析

本研究的效度分析旨在核实所用量表是否能真实、准确地测量目标变量。效度验证通常涉及内容效度和结构效度两个关键方面。首先,内容效度关注量表题项的清晰度和语义准确性。为确保内容的有效性,本研究基于广泛的文献审查,挑选了经过国内外学者验证的成熟量表,并根据 Brislin(1980)的翻译和回译标准,对英文量表进行了精确处理。通过这一过程,我们确保了量表的语言和逻辑表达的准确性,避免了可能的误解。此外,通过预调研和前摄检验,对量表进行了实证性的验证,最终形成了适用于本研究的中文量表。其次,结构效度的评估通过验证性因子分析来完成,这一过程主要评估量表与变量结构之间的一致性。本研究接下来采用了聚合效度和区分效度两个指标进行进一步的结构效度的相关检验。聚合效度检验量表题项之间的相关性,以评估它们对同一变量的测量一致性,而区分效度则关注量表各维度之间以及不同变量之间的区别,以确定是否能够在数据层面清晰区分不同的构念。接下来,本研究将详细展开聚合效度和区分效度的检验工作,以全面验证所使用量表的结构效度。通过这一过程,本研究旨在确保所采用的测量工具能够精确地反映研究变量的核心特征,为后续的数据分析和研究结论提供坚实的基础。

7.2.3.1 聚合效度检验

在本研究中,为了评估量表的聚合效度,我们参考了 Fornell et al.(1981)的标准,使用组合信度(CR)和平均提取方差值(AVE)两个核心指标。这些指标有助于确保量表在测量相应变量时的准确性和可靠性。具体地,我们首先确保标准化因子载荷的数值超过了 0.60 的临界点,这表示各个题项与其所属因子之间具有强烈的相关性。接着,CR值应超过 0.70 的标准,这代表整体量表在内部具有良好的一致性。最后,AVE 值则应超过 0.50,表示量表在测量特定变量时的有效性。为了计算这些指标,本研究运用 AMOS 统计软件进行了验证性因子分析,以获得标准化的因子载荷,随后计算了 CR 和 AVE 的数值。这一计算过程确保了我们能够准确评估差序式领导、心理特权感和越轨创新行为量表的聚合效度。最终,我们将详细报告差序式领导、心理特权感和越轨创新行为的聚合效度检验结果,这些结果将帮助验证量表的有效性,确保研究数据的质量和研究结论的可靠性。

（1）差序式领导的聚合效度检验

聚合效度的结果汇总在表 7.9 中,展示了这些量表在测量相应构念时的准确性和可靠性。

表 7.9　差序式领导的聚合效度检验

变量	维度	题项	标准化因子载荷	CR	AVE	CR	AVE
差序式领导	照顾沟通	1	0.772***	0.877	0.588	0.944	0.544
		2	0.836***				
		3	0.780***				
		4	0.730***				
		5	0.703***				
	提拔奖励	6	0.784***	0.867	0.567		
		7	0.763***				
		8	0.868***				
		9	0.633***				
		10	0.698***				
	宽容信任	11	0.673***	0.773	0.562		
		12	0.688***				
		13	0.626***				
		14	0.726***				

注：* 代表 $p < 0.05$，** 代表 $p < 0.01$，*** 代表 $p < 0.001$。

分析结果表明,所有题项的标准化因子载荷值均超过了 0.60 的临界标准,这表明每个题项与其所测量的构念之间有着强烈的关联。在 CR 值方面,差序式领导的三个维度分别达到了 0.877、0.867 和 0.773,均超过了 0.70 的标准,这反映出量表内部具有良好的一致性。同时,这些维度的 AVE 值分别为 0.588、0.567 和 0.562,均超过了 0.50 的标准。

进一步地,差序式领导的整体量表的 CR 值为 0.944,远高于 0.70 的临界标准,而其 AVE 值为 0.544,也超过了 0.50 的标准。这些指标一致地表明,差序式领导量表不仅在整体上,也在其各个维度上表现出了优异的聚合效度。这些积极的聚合效度结果支持了差序式领导量表及其各维度的有效性,确保了研究测量的准确性和可靠性。

（2）心理特权感的聚合效度检验

心理特权感量表的聚合效度检验结果见表 7.10 所示。

表 7.10　心理特权感的聚合效度检验

变　　量	题项	标准化因子载荷	CR	AVE
心理特权感	1	0.778***	0.852	0.594
	2	0.688***		
	3	0.724***		
	4	0.879***		

注:＊代表 p＜0.05，＊＊代表 p＜0.01，＊＊＊代表 p＜0.001。

在对心理特权感量表的聚合效度进行细致评估中,我们的分析结果显示出了这一量表的高度有效性。这些分析结果详细列出在表 7.10 中,展示了心理特权感量表在衡量其目标变量时的准确度和可靠性。详细检查结果表明,心理特权感量表中的所有题项的标准化因子载荷均较高。这一发现表明,每个题项都与其所代表的心理特权感构念紧密相关,确保了量表的内部一致性。进一步地,心理特权感量表的 CR 值达到了 0.852,显著超过了 0.70 的常规标准,表明量表具有良好的整体内部一致性。同时,其 AVE 值为 0.594,同样超过了 0.50 的标准,说明量表有效地反映了心理特权感的关键特质。这些结果表明,心理特权感量表不仅在各个题项上表现出了强烈的相关性,而且在整体上也展现出了优秀的聚合效度。这种高度的聚合效度表明心理特权感量表是一个可靠和有效的工具,适用于在后续研究中测量和评估心理特权感相关的构念。

（3）越轨创新行为的聚合效度检验

表 7.11 显示了越轨创新行为量表的聚合效度检验结果。

表 7.11　越轨创新行为的聚合效度检验

变　　　量	题项	标准化因子载荷	CR	AVE
越轨 创新行为	1	0.623***	0.859	0.508
	2	0.622***		
	3	0.845***		
	4	0.771***		
	5	0.756***		
	6	0.622***		

根据表 7.11 显示，越轨创新行为量表中的所有题项都具备超过 0.60 的标准化因子载荷，表明每个题项与越轨创新行为有着强烈的相关性。关于量表的整体一致性，CR 值达到了0.859，远超过了 0.70 的常规标准。这一结果表明，越轨创新行为量表在内部具有良好的一致性。同时，AVE 的值为 0.508，也超过了 0.50 的标准，进一步表明该量表在测量越轨创新行为时的有效性。

7.2.3.2　区分效度检验

为确保研究中不同变量及其维度在统计上具有明确的区分，我们采用了 Netemeyer et al.(1990)建议的区分效度检验方法和评估标准。根据指导原则，我们进行了两项主要的区分效度验证。第一，确保一个变量的特定维度与其他维度，或不同变量间的相关性系数低于0.85，从而保证测量维度或变量间的明显区别。第二，相关性系数还应小于各维度或变量的平均提取方差值（AVE）的平方根，以进一步验证区分效度。在本研究中，我们对差序式领导的三个维度：照顾沟通、提拔奖励和宽容信任进行了区分效度检验，并扩展到差序式领导、心理特权感和越轨创新行为这三个变量之间的区分。通过这种严格的检验过程，我们旨在确保研究中的变量和维度在数据分析上有清晰的界限，增强研究结论的可靠性和精确度。

（1）差序式领导的区分效度检验

差序式领导量表的区分效度检验结果如表 7.12 所示。

正如表 7.12 所展示的差序式领导量表区分效度检验结果，表格的下三角区域揭示了照顾沟通、提拔奖励、宽容信任这三个维度之间的相

表 7.12   差序式领导的区分效度检验

变量	维度	1	2	3
差序式领导	1. 照顾沟通	0.767		
	2. 提拔奖励	0.261***	0.750	
	3. 宽容信任	0.638***	0.601***	0.747

注:* 代表 $p<0.05$,** 代表 $p<0.01$,*** 代表 $p<0.001$。

关系数介于 0.261 到 0.638,均未超过 0.85 的标准界限。这一结果指出,虽然这些维度存在相互联系,但它们仍保持着一定的独立性。此外,照顾沟通维度的数值为 0.767,显著高于其与提拔奖励(0.261)和宽容信任(0.638)的相关系数,提拔奖励和宽容信任维度的数值也显著高于与其他维度的相关系数。这些发现表明,差序式领导量表中的各维度在统计上具有独立性,从而体现了清晰的区分效度。

(2) 变量之间的区分效度检验

变量之间的区分效度检验结果如表 7.13 所示。

表 7.13   变量之间的区分效度检验

变量	1	2	3
1. 差序式领导	0.736		
2. 心理特权感	0.381***	0.770	
3. 越轨创新行为	0.452***	0.291***	0.710

注:* 代表 $p<0.05$,** 代表 $p<0.01$,*** 代表 $p<0.001$。

正如表 7.13 变量之间的区分效度检验结果展示:这三个变量之间的相关系数范围从 0.291 到 0.452,所有数值均明显低于 0.85 的临界标准。这一发现表明这些变量虽然相互关联,但保持了独立性。差序式领导的 $\sqrt{AVE}$ 为 0.736,心理特权感的 $\sqrt{AVE}$ 为 0.770,越轨创新行为的 $\sqrt{AVE}$ 为 0.710,这些数值均明显高于与其他变量的相关系数。因此可以得出结论,差序式领导、心理特权感和越轨创新行为在统计上彼此独立,表现出良好的区分效度。

7.2.4　共同方法偏差检验

由于调研数据完全来自员工的单方面回答,存在着主观偏见的风险,这可能导致所谓的共同方法偏差,即数据的不均衡分布。为应对这一潜在问题,本研究参照了 Podsakoff(1986)、Liang et al.(2007)的研究方法,采用了多种方式来检测共同方法偏差,具体的检验方法与验证结果见下文所述。

7.2.4.1　HARMAN 单因素检验

在进行研究数据分析时,我们采纳了 HARMAN 单因素检验方法以评估共同方法偏差的可能性。此方法利用 SPSS 软件执行探索性因子分析(EFA),目的是检查数据中因子的分布情况。遵循 Podsakoff(1986)的方法论,我们对本研究中所有相关量表的题目进行了统一的 HARMAN 单因素检验。结果显示,这些因子中最大的单个因子远低于 40%的阈值。这一发现表明,我们的研究数据在统计上不受到显著的共同方法偏差的影响,增强了研究结果的可靠性和有效性。具体的检验结果及其解释将在表 7.14 中详细展示。

表 7.14　HARMAN 单因素检验

序号	初始特征值			提取载荷平方和		
	总计	方差解释率	累计方差解释率	总计	方差解释率	累计方差解释率
1	9.263	28.068%	28.068%	9.263	28.069%	28.069%
2	3.593	10.888%	38.956%	3.593	10.887%	38.956%
3	2.692	8.158%	47.114%	2.692	8.159%	47.114%
4	2.310	6.998%	54.112%	2.310	6.999%	54.112%
5	2.116	6.412%	60.524%	2.116	6.412%	60.524%
6	1.378	4.176%	64.700%	1.378	4.176%	64.700%
7	0.912	2.763%	67.463%			
8	0.752	2.278%	69.741%			
9	0.688	2.086%	71.827%			
10	0.641	1.941%	73.768%			

序号	初始特征值			提取载荷平方和		
	总计	方差解释率	累计方差解释率	总计	方差解释率	累计方差解释率
11	0.625	1.894%	75.662%			
12	0.597	1.808%	77.470%			
13	0.571	1.732%	79.202%			
14	0.552	1.673%	80.875%			
15	0.536	1.624%	82.499%			
16	0.496	1.502%	84.001%			
17	0.478	1.449%	85.450%			
18	0.448	1.356%	86.806%			
19	0.429	1.299%	88.105%			
20	0.382	1.156%	89.261%			
21	0.375	1.136%	90.397%			
22	0.364	1.103%	91.500%			
23	0.348	1.054%	92.554%			
24	0.320	0.969%	93.523%			
25	0.308	0.934%	94.457%			
26	0.283	0.857%	95.314%			
27	0.269	0.816%	96.130%			
28	0.252	0.765%	96.895%			

7.2.4.2 单因子的验证性因子分析

为了评估共同方法偏差(Common Method Bias,CMB),我们采纳了周浩等(2004)提出的单因子验证性因子分析方法。这种方法涉及使用 AMOS 软件进行验证性因子分析(CFA),目的是检查数据中是否存在由共同方法造成的统计偏差。具体而言,若单因子模型的拟合指标明显低于多因子原始模型,则可判定数据中没有显著的共同方法偏差。在本研究中,我们对所有用于假设检验的量表题目进行了单因子验证性因子分析。分析结果显示单因子模型的拟合效果不佳,这些拟合指标远未达到理想的统计水平,表明单因子模型与数据拟合度较差,因此确认我们的数据没有受到重大共同方法偏差的影响。详细的分析结果和进一步的解释将在表 7.15 中提供。

表 7.15　单因子的验证性因子分析

模型	变量	χ^2	df	χ^2/df	RMSEA	CFI	TLI	SRMR
三因子模型	差序式领导,心理特权感,越轨创新行为	1739.804	489	2.558	0.078	0.924	0.972	0.079
二因子模型	差序式领导,心理特权感＋越轨创新行为	2161.528	492	4.393	0.103	0.732	0.705	0.098
单因子模型	差序式领导＋心理特权感＋越轨创新行为	3075.039	495	6.212	0.139	0.331	0.394	0.135
取值标准	—	—	—	<5	<0.08	>0.90	>0.90	<0.08

7.2.4.3　加入共同方法因子的验证性因子分析

在本研究中,我们还采用了 Liang et al.(2007)提出的引入共同方法因子的验证性因子分析(CFA)方法,以进一步评估共同方法偏差的影响。若在引入共同方法因子后,模型的核心拟合指数无显著变化,则说明数据中没有重大共同方法偏差。通过对所有假设检验相关的量表题目进行此类分析,我们观察到引入共同方法因子后,RMSEA 和 SRMR 的变化均不超过 0.05,而 CFI 和 TLI 的变化也都不超过 0.10。这表明添加共同方法因子并未显著提高模型的拟合度,因此我们的数据中没有显著的共同方法偏差。相关的详细分析结果将在表 7.16 中呈现。

表 7.16　加入共同方法因子的验证性因子分析

模型	变量	χ^2	df	χ^2/df	RMSEA	CFI	TLI	SRMR
三因子模型	差序式领导,心理特权感,越轨创新行为	1739.804	489	2.558	0.078	0.924	0.972	0.079

模 型	变 量	χ^2	df	χ^2/df	RMSEA	CFI	TLI	SRMR
加入共同方法因子	差序式领导,心理特权感,越轨创新行为	475.707	316	1.505	0.063	1.000	1.000	0.034
取值标准		—	—	<5	<0.08	>0.90	>0.90	<0.08
变化值		—	—	-1.053	-0.015	0.076	0.028	-0.045

7.2.5 理论模型的假设检验

7.2.5.1 结构方程模型的拟合优度检验

本研究依据差序式领导对"圈内人下属"越轨创新行为影响研究的调节机制建立结构方程模型并进行拟合优度检验,所得结果如表 7.17 所示。

表 7.17 结构方程模型的拟合优度检验

模 型	χ^2	df	χ^2/df	RMSEA	CFI	TLI	SRMR
差序式领导对"圈内人下属"越轨创新行为影响研究的理论模型	912.587	378	2.414	0.078	0.982	0.992	0.053
取值标准	—	—	<5	<0.08	>0.90	>0.90	<0.08

由表 7.17 可知,结构方程模型拟合度良好,使用上述数据进行理论模型的假设验证可以得到合理的结果。随后,本研究将继续深入探索和验证"圈内人下属"的视角中差序式领导、心理特权感与员工越轨创新行为之间的具体关联路径。

7.2.5.2 描述统计与相关分析

描述统计与相关分析结果见表 7.18 所示。

表 7.18 描述统计与相关分析

变 量	MEAN	SD	1	2	3	4	5	6	7
1性别	0.461	0.499	1						
2年龄	4.045	1.954	-0.052	1					

变　　量	MEAN	SD	1	2	3	4	5	6	7
3 受教育程度	3.413	0.925	0.063	0.010	1				
4 职称	3.253	1.705	0.152 *	−0.043	−0.005	1			
5 差序式领导	3.595	0.718	−0.007	−0.038	0.043	−0.056	1		
6 心理特权感	3.570	0.980	−0.070	0.028	0.056	−0.049	0.382 ***	1	
7 员工越轨创新行为	3.699	0.782	−0.076	0.032	0.065	−0.049	0.453 ***	0.290 ***	1

注：* 代表 p＜0.05，** 代表 p＜0.01，*** 代表 p＜0.001。

表 7.18 的结果表明差序式领导正向影响员工越轨创新行为（r＝0.453，p＜0.001），差序式领导的程度越高，员工展现出的越轨创新行为也越显著。此外，差序式领导与心理特权感之间也表现出显著的正相关（r＝0.382，p＜0.001），暗示着领导风格对员工的心理状态有着直接影响。最后，心理特权感与员工越轨创新行为之间的显著正相关，进一步强调了心理特权感在激发创新行为中的重要性。这些相关性分析的结果为我们后续的假设验证提供了坚实的基础。

7.2.5.3　主效应和调节效应

本节围绕"圈内人下属"视角下差序式领导、心理特权感和员工越轨创新行为之间的关系。研究的核心是探讨心理特权感在差序式领导对员工越轨创新行为的影响过程中的调节作用。通过 SPSS 软件进行数据分析，详细内容汇总在表 7.19 中。

表 7.19　Baron 等（1986）的逐步回归法

变　　量	员工越轨创新行为			
	模型 1	模型 2	模型 3	模型 4
控制变量				
性别	−0.064	−0.089	−0.060	−0.078
年龄	0.014	0.019	0.011	0.017
受教育程度	0.055	0.042	0.046	0.039
职称	−0.017	−0.006	−0.014	−0.005

变　量	员工越轨创新行为			
	模型 1	模型 2	模型 3	模型 4
自变量				
差序式领导		0.441***		0.416***
调节变量				
心理特权感			0.257**	0.174*
交互项				
差序式领导 * 心理特权感				0.113*
F	5.044***	11.494***	5.831***	11.944***
R²	0.088	0.229	0.176	0.236

注:* 代表 $p < 0.05$,** 代表 $p < 0.01$,*** 代表 $p < 0.001$。

本研究首先考虑了性别、年龄、教育水平和职称等基本控制变量(模型 1)。接着,我们将差序式领导这一关键变量加入扩展的回归模型(模型 2)中,发现它正向显著影响员工越轨创新行为,假设 1 得到验证。此外,我们进一步将心理特权感纳入分析(模型 3)。为防止分析过程中出现共线性,我们对差序式领导和心理特权感进行了标准化处理,并创建了交互项。将这个交互项纳入回归模型(模型 4)后,分析结果显示差序式领导与心理特权感的交互作用在员工越轨创新行为上产生了显著的正面影响,且这种效应与差序式领导对员工越轨创新行为的作用方向相同。这说明心理特权感在差序式领导与员工越轨创新行为间起到了强化的调节作用,进而证实了我们的研究假设 2。

7.3 差序式领导对"圈外人下属"越轨创新行为影响研究的假设检验

7.3.1 研究概述

由于"圈外人下属"视角下家族企业差序式领导影响员工越轨创新

行为的研究假设及其检验过程仅涉及"圈外人下属"的 551 份有效问卷,本研究在此仅对"圈外人下属"范畴内的有效样本对象基本情况进行描述,详情见表 7.20。

表 7.20　样本对象的基本情况

人口统计学信息	类　别	人数	比例
性别	0(男性)	278	50.45%
	1(女性)	273	49.55%
年龄	1(18—25 岁)	55	9.98%
	2(26—35 岁)	160	29.04%
	3(36—45 岁)	146	26.50%
	4(46—55 岁)	92	16.70%
	5(56 岁及以上)	98	17.78%
受教育程度	1(初中学历)	34	6.72%
	2(高中学历)	66	11.07%
	3(本科学历)	231	57.53%
	4(硕士学历)	182	16.88%
	5(博士学历)	38	7.80%
职称	1(初级职称)	210	38.11%
	2(中级职称)	167	30.31%
	3(副高级职称)	122	22.14%
	4(正高级职称)	52	9.44%

根据表 7.20 的统计分析结果可知,正式调研过程中的"圈外人下属"有效样本对象包含男性员工 278 名,占比 50.45%,女性员工 273 名,占比 49.55%,员工年龄分布较为均匀,26—45 岁范围内的员工占据较大比例,说明组织内部主要以青壮年员工群体为主;正式调研的"圈外人下属"有效样本对象中,80% 以上的员工都具有本科及其以上学历,表明知识型员工占据组织成员的较大比率;职称分布上,从初级职称到正高级职称,呈现出一定的递减趋势。因此,就总体正式调研的"圈外人下属"有效样本对象统计分析结果可知,正式调研过程中"圈外人下属"有效样本对象的覆盖面较为广泛且分布均匀,可

以初步确保后续数据收集的合理性与科学性。以上述问卷调研所得数据为实证分析依据,文章后续内容将针对"圈外人下属"视角下家族企业差序式领导影响员工越轨创新行为的作用机制与边界条件进行验证,理论模型如图7.2所示。

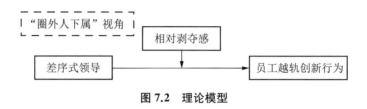

图 7.2 理论模型

7.3.2 信度分析

7.3.2.1 KMO 检验以及 BARLETT 球体检验

本研究在执行差序式领导、相对剥夺感和越轨创新行为量表的因子分析前,首先进行了 KMO 和巴特利特球体检验,以评估数据适用性。具体的 KMO 和巴特利特检验数据见下表7.21:

表 7.21 KMO 检验以及 BARLETT 球体检验

变 量	KMO 检验	BARLETT 球体检验		
		近似卡方	自由度	显著性
差序式领导	0.916	2069.899	91	0.000
相对剥夺感	0.783	478.793	6	0.000
越轨创新行为	0.794	702.374	15	0.000

根据表 7.21 的结果展示可知,差序式领导、相对剥夺感、越轨创新行为的 KMO 检验结果分别为 0.916、0.783、0.794,均高于 0.70 的测量标准,且 BARLETT 球体检验结果均小于 0.001 的显著性标准,证实了本研究使用的变量题项适合进行后续的因子分析。随后,本研究在通过 KMO 检验以及 BARLETT 球体检验的基础上对以上量表题项展开探索性因子分析与验证性因子分析,具体的检验结果与分析过程如下文所示。

7.3.2.2　探索性因子分析

本研究使用主成分分析法对差序式领导、相对剥夺感、越轨创新行为进行因子提取,其中差序式领导呈现为包括照顾沟通、提拔奖励、宽容信任的三维结构,因而采用最大方差法进行旋转性因子分析,其他单维结构变量则采取非旋转性因子分析,从而经探索性因子分析过程提取出特征值高于 1 的因子并与各个变量的潜在结构维度进行对比。同时,根据 Churchill(1979)在其研究成果中提出的理论建议,确保探索性因子分析的因子提取结果科学合理则必须要满足一个必要条件,即各个题项的因子载荷在其所属因子维度上均需要达到或超过 0.50 的标准指标要求。

(1)差序式领导的探索性因子分析

差序式领导经过探索性因子分析(见表 7.22)后共提取出 3 个因子

表 7.22　差序式领导的探索性因子分析

变量	题项	提取因子			方差解释率	维度
		因子 1	因子 2	因子 3		
差序式领导	1	0.833			31.934%	照顾沟通
	2	0.867				
	3	0.831				
	4	0.763				
	5	0.759				
	6		0.765		28.152%	提拔奖励
	7		0.815			
	8		0.845			
	9		0.668			
	10		0.703			
	11			0.759	17.166%	宽容信任
	12			0.723		
	13			0.807		
	14			0.626		

结构：照顾沟通、提拔奖励和宽容信任，因子 1 涵盖 5 个题项，因子 2 涵盖 5 个题项，因子 3 涵盖 4 个题项，且各个题项在各自因子结构中的因子载荷均大于 0.50 的提取标准。这三个因子的方差解释率分别为 31.934%，28.152% 以及 17.166%，总共解释了 77.252% 的总方差，远超过了 60% 的一般标准，但每个因子的解释率均低于 40%，表明没有哪一个因子独自占据主导地位。因此，该分析结果与文章前述的研究回顾一致，即差序式领导涵盖三维内容结构，且各个维度分别为照顾沟通、提拔奖励、宽容信任。

（2）相对剥夺感的探索性因子分析

经过对相对剥夺感量表题项（见表 7.23）进行探索性因子分析，结果显示该量表的 4 个题项共提取出 1 个因子结构。这个因子结构涵盖了题项 1 到题项 4 的所有内容，且每个题项在该因子结构中的因子载荷均大于 0.50 的提取标准，这表明每个题项都与其所属的因子结构具有较强的关联性。此外，该因子可以解释的方差变异度为 68.070%，高于 60% 的统计要求。因此，该分析结果与文章前述的研究回顾一致，即相对剥夺感仅涵盖单维内容结构。

表 7.23　相对剥夺感的探索性因子分析

变　量	题项	提取因子	方差解释率
		因子 1	
相对剥夺感	1	0.815	68.070%
	2	0.746	
	3	0.835	
	4	0.897	

（3）越轨创新行为的探索性因子分析

关于越轨创新行为量表题项的探索性因子分析结果显示（见表 7.24），越轨创新行为量表的 6 题项经探索性因子分析共提取出 1 个因子结构，且该因子涵盖题项 1—6 的所有题项，各个题项在该因子结构中的因子载荷均大于 0.50 的提取标准。此外，因子 1 可以解释的方差变异度为 65.064%，高于 60% 的统计要求。因此，该分析结果与文章前述的研究回顾一致,即越轨创新行为仅涵盖单维内容结构。

表 7.24　越轨创新行为的探索性因子分析

变　量	题项	提取因子 因子 1	方差解释率
越轨 创新行为	1	0.634	65.064%
	2	0.805	
	3	0.804	
	4	0.784	
	5	0.709	
	6	0.740	

7.3.2.3　Cronbach's Alpha 信度系数

根据表 7.25 的结果,差序式领导的三个维度——照顾沟通、提拔奖励、宽容信任的 Cronbach's Alpha 信度系数分别为 0.889、0.869、0.851,差序式领导整体量表的 Cronbach's Alpha 信度系数为 0.879,相对剥夺感量表 Cronbach's Alpha 信度系数为 0.841,超过了 0.70 的标准,越轨创新行为量表的信度系数为 0.881。因此,本研究选用的差序式领导、相对剥夺感以及越轨创新行为量表均可以在实证研究进程中显示出较高可靠性。

表 7.25　Cronbach's Alpha 信度系数

变　量	维度	题目数量	Cronbach's Alpha 信度系数	
差序式领导	照顾沟通	5	0.889	0.879
	提拔奖励	5	0.869	
	宽容信任	4	0.851	
相对剥夺感		4	0.841	
越轨创新行为		6	0.881	

7.3.2.4　拟合优度检验

本研究借助验证性因子分析方法,对差序式领导及其三维结构、相对剥夺感、越轨创新行为量表进行 χ^2 检验与近似拟合检验,具体的检验结果呈现见表 7.26。根据上表对于差序式领导及其三维结构、相对剥夺感、越轨创新行为的拟合优度检验结果可知:χ^2/df 的数值范围介于0.509—4.630 之间,符合"<5"的取值标准;RMSEA 的数值范围介于0.013—0.075 之间,符合"<0.08"的取值标准;CFI 的数值范围介于0.932—0.993 之间,符合">0.90"的取值标准;TLI 的数值范围介于0.956—0.997 之间,符合">0.90"的取值标准;SRMR 的数值范围介于0.013—0.058 之间,符合"<0.08"的取值标准。因此,以上整体量表以及维度量表的拟合优度检验指标均达到了取值所要求的理想状态,可以通过拟合优度检验。

表 7.26　拟合优度检验

变　量	χ^2	df	χ^2/df	RMSEA	CFI	TLI	SRMR
差序式领导	342.605	74	4.630	0.014	0.967	0.986	0.018
照顾沟通	2.547	5	0.509	0.056	0.993	0.997	0.013
提拔奖励	19.098	5	3.820	0.055	0.978	0.956	0.040
宽容信任	4.477	2	2.239	0.075	0.932	0.995	0.049
相对剥夺感	7.969	2	3.984	0.013	0.987	0.962	0.035
越轨创新行为	26.796	9	2.977	0.026	0.941	0.958	0.058
取值标准	—	—	<5	<0.08	>0.90	>0.90	<0.08

7.3.3　效度分析

7.3.3.1　聚合效度检验

（1）差序式领导的聚合效度检验

本研究对差序式领导整体量表及其三个维度——照顾沟通、提拔奖励、宽容信任进行了聚合效度检验。聚合效度主要是通过量表中各因子的组合信度(CR)和平均提取方差值(AVE)来评估的。

正如表 7.27 的差序式领导聚合效度检验结果所示:各个测量题项的标准化因子载荷均高于 0.60 的负荷标准;照顾沟通、提拔奖励、宽容信任维度量表的 CR 数值分别为 0.885、0.874、0.842,均高于 0.70 的临界标准;照顾沟通、提拔奖励、宽容信任维度量表的 AVE 数值分别为0.611、0.583、0.542,均高于 0.50 的临界标准;差序式领导整体量表的

CR 数值为 0.951，高于 0.70 的临界标准；差序式领导整体量表的 AVE 数值为 0.581，高于 0.50 的临界标准。因此，可以认为差序式领导量表具有良好的聚合效度。

表 7.27　差序式领导的聚合效度检验

变量	维度	题项	标准化因子载荷	CR	AVE	CR	AVE
差序式领导	照顾沟通	1	0.654***	0.885	0.611	0.951	0.581
		2	0.712***				
		3	0.987***				
		4	0.766***				
		5	0.748***				
	提拔奖励	6	0.782***	0.874	0.583		
		7	0.802***				
		8	0.641***				
		9	0.785***				
		10	0.797***				
	宽容信任	11	0.840***	0.842	0.542		
		12	0.732*				
		13	0.629**				
		14	0.728***				

注：* 代表 $p<0.05$，** 代表 $p<0.01$，*** 代表 $p<0.001$。

（2）相对剥夺感的聚合效度检验

表 7.28 显示了本研究对相对剥夺感进行了聚合效度检验。

表 7.28　相对剥夺感的聚合效度检验

变量	题项	标准化因子载荷	CR	AVE
相对剥夺感	1	0.642***	0.896	0.687
	2	0.864***		
	3	0.905***		
	4	0.878***		

注：* 代表 $p<0.05$，** 代表 $p<0.01$，*** 代表 $p<0.001$。

正如表 7.28 的相对剥夺感聚合效度检验结果所示:相对剥夺感量表各个测量题项的标准化因子载荷均高于 0.60 的负荷标准;心理特权感量表的 CR 数值为 0.896,高于 0.70 的临界标准;心理特权感量表的 AVE 数值为 0.687,高于 0.50 的临界标准。因此,可以认为相对剥夺感量表具有良好的聚合效度。

(3)越轨创新行为的聚合效度检验

表 7.29 的越轨创新行为聚合效度检验结果显示:越轨创新行为量表各个测量题项的标准化因子载荷均高于 0.60 的负荷标准;越轨创新行为量表的 CR 数值为 0.882,高于 0.70 的临界标准;越轨创新行为量表的 AVE 数值为 0.559,高于 0.50 的临界标准。因此,可以认为越轨创新行为量表具有良好的聚合效度。

表 7.29 越轨创新行为的聚合效度检验

变 量	题项	标准化因子载荷	CR	AVE
越轨创新行为	1	0.876***	0.882	0.559
	2	0.642***		
	3	0.645***		
	4	0.657***		
	5	0.808***		
	6	0.822***		

注:* 代表 $p<0.05$,** 代表 $p<0.01$,*** 代表 $p<0.001$。

7.3.3.2 区分效度检验

(1)差序式领导的区分效度检验

表 7.30 显示了本研究对差序式领导进行的区分效度检验。

表 7.30 差序式领导的区分效度检验

变 量	维 度	1	2	3
差序式领导	1. 照顾沟通	0.781		
	2. 提拔奖励	0.249***	0.764	
	3. 宽容信任	0.609***	0.627***	0.736

注:* 代表 $p<0.05$,** 代表 $p<0.01$,*** 代表 $p<0.001$。

正如表 7.30 的差序式领导量表区分效度检验结果展示：表中的下三角区域展现为照顾沟通、提拔奖励、宽容信任各个维度之间的相关系数，其范围介于 0.249—0.627 之间，符合小于 0.85 的标准要求；表中的对角线区域展现为照顾沟通、提拔奖励、宽容信任各个维度的数值，照顾沟通维度的数值 0.781 明显大于其与提拔奖励维度的相关系数 0.249以及宽容信任维度的相关系数 0.609，提拔奖励维度的数值 0.764 明显大于其与照顾沟通维度的相关系数 0.249 以及宽容信任维度的相关系数 0.627，宽容信任维度的数值 0.736 明显大于其与照顾沟通维度的相关系数 0.609 以及提拔奖励维度的相关系数 0.627。因此，差序式领导量表内部具有较好的区分效度，照顾沟通、提拔奖励、宽容信任各个维度可以作为有效的论述依据。

（2）变量之间的区分效度检验

表 7.31 研究了变量之间的区分效度。

表 7.31　变量之间的区分效度检验

变　量	1	2	3
1. 差序式领导	0.762		
2. 相对剥夺感	0.446***	0.829	
3. 越轨创新行为	0.449***	0.318***	0.748

注：* 代表 $p < 0.05$，** 代表 $p < 0.01$，*** 代表 $p < 0.001$。

正如表 7.31 变量之间的区分效度检验结果展示：表中的下三角区域展现为差序式领导、相对剥夺感、越轨创新行为各个变量之间的相关系数，其范围介于 0.318—0.449 之间，符合小于 0.85 的标准要求；表中的对角线区域展现为差序式领导、相对剥夺感、越轨创新行为各个变量的数值，差序式领导的数值 0.762 明显大于其与其他变量之间的相关系数，相对剥夺感的数值 0.829 明显大于其与其他变量之间的相关系数，越轨创新行为的数值 0.748 明显大于其与其他变量之间的相关系数。因此，各个变量之间具有较好的区分效度。

7.3.4 共同方法偏差检验

7.3.4.1 HARMAN 单因素检验

由表 7.32 可知,本研究对所有参与假设检验的量表题目一起进行 HARMAN 单因素检验,非旋转性的探索性因子分析结果共提取出六个特征值大于 1 的因子,且单个因子的最大方差解释率为 28.768%,故而本研究不存在严重的共同方法偏差。

表 7.32 HARMAN 单因素检验

序号	初始特征值			提取载荷平方和		
	总计	方差解释率	累计方差解释率	总计	方差解释率	累计方差解释率
1	10.069	28.768%	28.768%	10.069	28.768%	28.768%
2	3.886	11.102%	39.870%	3.886	11.102%	39.870%
3	2.729	7.798%	47.668%	2.729	7.798%	47.668%
4	2.159	6.167%	53.835%	2.159	6.167%	53.835%
5	1.994	5.698%	59.533%	1.994	5.698%	59.533%
6	1.290	3.686%	63.219%	1.290	3.686%	63.219%
7	0.973	3.180%	66.399%			
8	0.900	2.570%	68.969%			
9	0.760	2.171%	71.140%			
10	0.698	1.993%	73.133%			
11	0.649	1.855%	74.988%			
12	0.597	1.707%	76.695%			
13	0.576	1.645%	78.340%			
14	0.562	1.605%	79.945%			
15	0.512	1.463%	81.408%			
16	0.506	1.446%	82.854%			
17	0.489	1.398%	84.252%			
18	0.459	1.311%	85.563%			

序号	初始特征值			提取载荷平方和		
	总计	方差解释率	累计方差解释率	总计	方差解释率	累计方差解释率
19	0.445	1.272%	86.835%			
20	0.402	1.148%	87.983%			
21	0.382	1.093%	89.076%			
22	0.359	1.027%	90.103%			
23	0.348	0.995%	91.098%			
24	0.331	0.946%	92.044%			
25	0.316	0.904%	92.948%			
26	0.300	0.856%	93.804%			
27	0.287	0.820%	94.624%			
28	0.282	0.807%	95.431%			
29	0.263	0.751%	96.182%			
30	0.252	0.720%	96.902%			
31	0.249	0.712%	97.614%			
32	0.232	0.663%	98.277%			

7.3.4.2 单因子的验证性因子分析

周浩等(2004)建议的单因子验证性因子分析办法即通过 AMOS 进行验证性因子分析,当单因子的验证性因子分析拟合指标结果相比原始模式显著偏离标准,则证明并不存在严重的共同方法偏差。因此,本研究对所有参与假设检验的量表题目一起进行验证性因子分析,结果显示单因子的验证性因子分析拟合效果较差($\chi^2/df = 6.000$, RMSEA$=0.133$, CFI$=0.452$, TLI$=0.418$, SRMR$=0.169$),所以并不存在严重的共同方法偏差问题(见表 7.33)。

7.3.4.3 加入共同方法因子的验证性因子分析

为了进一步验证共同方法偏差的存在与否,本研究采用了 Liang 等(2007)提出的加入共同方法因子的验证性因子分析方法。这种方法

表7.33　单因子的验证性因子分析

模型	变量	χ^2	df	χ^2/df	RMSEA	CFI	TLI	SRMR
三因子模型	差序式领导,相对剥夺感,越轨创新行为	2426.698	557	1.642	0.079	0.914	0.962	0.075
二因子模型	差序式领导＋相对剥夺感,越轨创新行为	2819.263	559	5.043	0.120	0.558	0.529	0.135
单因子模型	差序式领导＋相对剥夺感＋越轨创新行为	3360.112	560	6.000	0.133	0.452	0.418	0.169
取值标准	—	—	—	<5	<0.08	>0.90	>0.90	<0.08

的核心在于比较加入共同方法因子前后模型拟合指数的变化,以此判断数据中是否存在明显的共同方法偏差。

由表7.34可知,当在验证性因子分析中加入共同方法因子后,RMSEA和SRMR的数值变化未超过0.05,CFI和TLI的数值变化未超过0.1,这表明加入共同方法因子后模型并未得到显著改善,测量所得数据并不存在明显的共同方法偏差。

表7.34　加入共同方法因子的验证性因子分析

模型	变量	χ^2	df	χ^2/df	RMSEA	CFI	TLI	SRMR
三因子模型	差序式领导,相对剥夺感,越轨创新行为	2017.930	554	1.642	0.079	0.914	0.962	0.075
加入共同方法因子	差序式领导,相对剥夺感,越轨创新行为	560.976	496	1.131	0.058	1.000	1.000	0.065
取值标准		—	—	<5	<0.08	>0.90	>0.90	<0.08
变化值		—	—	−0.511	−0.021	0.086	0.038	−0.010

7.3.5　理论模型的假设验证

7.3.5.1　结构方程模型的拟合优度检验

差序式领导对"圈外人下属"越轨创新行为影响研究的边界条件的

拟合优度检验见表 7.35。

表 7.35　结构方程模型的拟合优度检验

模　　型	χ^2	df	χ^2/df	RMSEA	CFI	TLI	SRMR
差序式领导对"圈外人下属"越轨创新行为影响研究的理论模型		496	1.131	0.018	0.945	0.961	0.065
取值标准	—	—	<5	<0.08	>0.90	>0.90	<0.08

由表 7.35 可知,差序式领导对"圈外人下属"越轨创新行为影响研究的结构方程模型拟合结果均符合取值标准,说明调研所得数据能够较好地契合于研究的理论模型,使用上述数据进行理论模型的假设验证可以得到合理的效应结果。因此,文章后续将针对"圈外人下属"视角下的差序式领导、相对剥夺感、员工越轨创新行为之间的路径关系进行检验。

7.3.5.2　描述统计与相关分析

表 7.36 显示了描述统计与相关分析结果。

表 7.36　描述统计与相关分析

变　量	MEAN	SD	1	2	3	4	5	6	7
1 性别	0.450	0.498	1						
2 年龄	3.805	1.806	−0.167**	1					
3 受教育程度	3.418	0.918	0.022	−0.112	1				
4 职称	3.479	1.669	0.056	−0.122*	−0.038	1			
5 差序式领导	3.613	0.737	0.044	0.100	−0.091	−0.090	1		
6 相对剥夺感	3.659	0.973	−0.008	0.041	0.063	−0.046	0.446***	1	
7 员工越轨创新行为	3.685	0.796	−0.021	0.031	−0.010	−0.006	0.449***	0.318***	1

注:* 代表 $p<0.05$,** 代表 $p<0.01$,*** 代表 $p<0.001$。

由表 7.36 可知,差序式领导和员工越轨创新行为显著正相关($r=0.449$,$p<0.001$),差序式领导和相对剥夺感显著正相关($r=0.446$,$p<0.001$),相对剥夺感和员工越轨创新行为显著正相关($r=0.318$, p<0.001),以上相关分析结果初步为文章后续的假设检验奠定了关系验证基础。

7.3.5.3 主效应和调节效应

表 7.37 显示了通过 Baron et al.(1986)的逐步回归法所检验的差序式领导影响员工越轨创新行为的主效应与相对剥夺感的调节效应。

表 7.37　Baron et al.(1986)的逐步回归法

变　量	员工越轨创新行为			
	模型 1	模型 2	模型 3	模型 4
控制变量				
性别	−0.037	−0.086	−0.038	−0.062
年龄	0.004	−0.009	0.001	−0.009
受教育程度	−0.019	0.016	−0.029	0.009
职称	−0.015	0.007	−0.007	0.008
自变量				
差序式领导		0.433***		0.395***
调节变量				
相对剥夺感			0.194***	0.076**
交互项				
差序式领导×相对剥夺感				0.058**
F	5.867***	12.740***	7.731***	14.411***
R^2	0.096	0.239	0.144	0.246

注:* 代表 p<0.05，** 代表 p<0.01，*** 代表 p<0.001。

由表 7.37 可知,首先,在考虑性别、年龄、教育程度和职称等控制变量后,差序式领导对员工越轨创新行为存在显著正向影响($\beta=0.433$, p<0.001)。这表明在差序式领导的环境中,员工更倾向于采取超出常规职责范畴的创新行为,假设 3 得到了验证。其次,本研究构建了差序式领导和相对剥夺感的交互项,并将其引入模型 4 中,分析结果显示这一交互项对员工越轨创新行为上产生了显著的正向影响($\beta=0.058$,

p<0.01),且这种方向与差序式领导对越轨创新行为的影响方向一致
(β=0.395,p<0.001),假设 4 得到了验证。

7.4 "圈内人下属"越轨创新行为对组织创新绩效 影响研究的假设检验

7.4.1 研究概述

本节探讨"圈内人下属"视角下员工的越轨创新行为如何影响组织
的创新绩效,共涉及"圈内人下属"的 507 份有效问卷,样本对象基本情
况见表 7.2。上述问卷调研所得数据为实证分析依据,理论模型如图
7.3 所示。

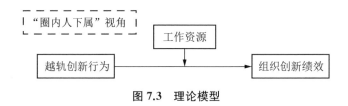

图 7.3 理论模型

7.4.2 信度分析

7.4.2.1 KMO 检验以及 BARLETT 球体检验

表 7.38 展示了对于越轨创新行为、工作资源和组织创新绩效的
KMO 检验以及 BARLETT 球体检验:

表 7.38 KMO 检验以及 BARLETT 球体检验

变 量	KMO 检验	BARLETT 球体检验		
		近似卡方	自由度	显著性
越轨创新行为	0.798	651.458	15	0.000
工作资源	0.815	395.388	6	0.000
组织创新绩效	0.809	457.372	6	0.000

由表 7.38 可知,越轨创新行为、工作资源和组织创新绩效的 KMO

检验结果分别为 0.798、0.815 和 0.809,均超过了 0.70 的测量标准,同时 BARLETT 球体检验结果均显著低于0.001,这证明可以进行后续的因子分析。

7.4.2.2 探索性因子分析

本研究使用主成分分析法对越轨创新行为、工作资源和组织创新绩效进行因子提取,其中组织创新绩效呈现为包括个体创新能力和企业创新能力的二维结构,因而采用最大方差法进行旋转性因子分析。其他变量呈现单维结构则采取非旋转性因子分析,从而提取出特征值大于 1 的因子并与各个变量的潜在结构维度进行对比。同时,Churchill(1979)指出各个题项的因子载荷在其所属因子维度上均需要大于0.50 才能确保探索性因子分析的因子提取结果科学有效。

(1)越轨创新行为的探索性因子分析

表 7.39 显示了对越轨创新行为的探索性因子分析结果。

表 7.39　越轨创新行为的探索性因子分析

变　　量	题项	提取因子	方差解释率
		因子 1	
越轨 创新行为	1	0.761	65.613%
	2	0.673	
	3	0.776	
	4	0.785	
	5	0.818	
	6	0.645	

由表 7.39 可知,越轨创新行为量表的所有题项共提取出 1 个因子结构,且该因子涵盖越轨创新行为量表的所有题项,每个题项的因子载荷均大于 0.50,该因子可以解释 65.613%方差变异度,可以认为越轨创新行为仅涵盖单维内容结构。

(2)工作资源的探索性因子分析

表 7.40 显示了对工作资源的探索性因子分析结果。结果显示,工作资源量表的 9 题项经探索性因子分析共提取出 2 个因子结构,其中

因子 1 涵盖 5 个题项(题项 1—5),因子 2 涵盖 4 个题项(题项 6—9),且各个题项在各自因子结构中的因子载荷均大于 0.50 的提取标准。此外,因子 1 可以解释的方差变异度为 31.625%,因子 2 可以解释的方差变异度为 36.173%,两个因子累计可以解释方差变异度高于 60% 的统计要求,且各个因子的方差变异度均小于 40% 的临界标准,证明没有单一因子可以解释绝大部分的方差变异度。因此,该分析结果与文章前述的研究回顾一致,即工作资源涵盖二维内容结构,且各个因子可分别被命名为工作中的社会支持和职业发展机会。

表 7.40　工作资源的探索性因子分析

变量	题项	提取因子		方差解释率	维度
		因子 1	因子 2		
工作资源	1	0.821		31.625%	工作中的社会支持
	2	0.856			
	3	0.837			
	4	0.785			
	5	0.816			
	6		0.778	36.173%	职业发展机会
	7		0.689		
	8		0.825		
	9		0.749		

(3) 组织创新绩效的探索性因子分析

表 7.41 显示了组织创新绩效的探索性因子分析结果。

关于组织创新绩效量表题项的探索性因子分析结果显示,组织创新绩效量表的 10 题项经探索性因子分析共提取出 2 个因子结构,其中因子 1 涵盖 5 个题项(题项 1—5),因子 2 涵盖 5 个题项(题项 6—10),且各个题项在各自因子结构中的因子载荷均大于 0.50 的提取标准。此外,因子 1 可以解释的方差变异度为 31.153%,因子 2 可以解释的方差变异度为 30.624%,三个因子累计可以解释方差变异度的 61.777%,高于 60% 的统计要求,且各个因子的方差变异度均小于 40% 的临界标

表 7.41 组织创新绩效的探索性因子分析

变量	题项	提取因子		方差解释率	维　度
		因子 1	因子 2		
组织 创新绩效	1	0.792		31.153%	个体创新能力
	2	0.856			
	3	0.795			
	4	0.772			
	5	0.747			
	6		0.792	30.624%	企业创新能力
	7		0.752		
	8		0.846		
	9		0.707		
	10		0.857		

准,证明没有单一因子可以解释绝大部分的方差变异度。因此,该分析结果与文章前述的研究回顾一致,即组织创新绩效涵盖二维结构内容,且各个维度分别为个体创新能力和企业创新能力。

7.4.2.3　Cronbach's Alpha 信度系数

表 7.42 显示了关于"圈内人下属"的 Cronbach's Alpha 信度检验结果。

表 7.42 Cronbach's Alpha 信度系数

变量	维度	题目数量	Cronbach's Alpha 信度系数	
越轨创新行为		6	0.885	
工作资源	工作中的社会支持	5	0.851	0.861
	职业发展机会	4	0.872	
组织 创新绩效	个体创新能力	5	0.875	0.872
	企业创新能力	5	0.862	

如表 7.42 所示,越轨创新行为整体量表的 Cronbach's Alpha 信度系数为 0.885;工作资源工作中的社会支持和职业发展机会维度量表的 Cronbach's Alpha 信度系数分别为 0.851 和 0.872,工作资源整体量表

的 Cronbach's Alpha 信度系数为 0.861,组织创新绩效个体创新能力和企业创新能力维度量表的 Cronbach's Alpha 信度系数分别为 0.875、0.862,组织创新绩效整体量表的 Cronbach's Alpha 信度系数为 0.872。由以上分析结果可知,维度量表的 Cronbach's Alpha 信度系数均高于 0.70 的理想标准;整体量表的 Cronbach's Alpha 信度系数同样高于 0.70 的理想标准。因此,本研究选用的越轨创新行为、工作资源和组织创新绩效量表均可以在实证研究进程中显示出较高可靠性。

7.4.2.4　拟合优度检验

表 7.43 显示了越轨创新行为、工作资源和组织创新绩效等二维量表的 χ^2 检验与近似拟合检验结果。

表 7.43　拟合优度检验

变　　量	χ^2	df	χ^2/df	RMSEA	CFI	TLI	SRMR
越轨创新行为	10.745	9	1.193	0.058	0.958	0.963	0.078
工作资源	9.110	2	4.555	0.029	0.973	0.991	0.018
工作中的社会支持	8.675	5	1.735	0.036	0.968	0.992	0.029
职业发展机会	5.120	4	1.280	0.029	0.952	0.982	0.027
组织创新绩效	94.311	77	1.225	0.019	0.958	0.978	0.029
个体创新能力	5.899	5	1.180	0.026	0.999	0.997	0.023
企业创新能力	9.425	5	1.885	0.057	0.993	0.985	0.028
取值标准	—	—	<5	<0.08	>0.90	>0.90	<0.08

拟合优度检验结果,针对越轨创新行为、工作资源和差序式领导及其维度,表现出良好的统计指标。χ^2/df 指标在 1.180 至 4.555 之间,满足小于 5 的标准。RMSEA 值在 0.019 至 0.058 之间,低于 0.08 的要求。CFI 和 TLI 指标的范围分别为 0.952 至 0.999 和 0.963 至 0.997,均超过了 0.90 的标准。SRMR 值在 0.018 至 0.078 之间,低于 0.08 的阈值。这些结果表明,整体量表及其各维度均符合拟合优度检验的理

想要求，表明量表具有良好的统计效度。

7.4.3 效度分析

7.4.3.1 聚合效度检验

（1）越轨创新行为的聚合效度检验

表 7.44 显示了越轨创新行为的聚合效度检验结果。

表 7.44　越轨创新行为的聚合效度检验

变　　量	题项	标准化因子载荷	CR	AVE
越轨 创新行为	1	0.623***		
	2	0.622***		
	3	0.845***	0.859	0.508
	4	0.771***		
	5	0.756***		
	6	0.622***		

注：* 代表 p<0.05，** 代表 p<0.01，*** 代表 p<0.001。

正如表 7.44 的越轨创新行为聚合效度检验结果所示：越轨创新行为量表各个测量题项的标准化因子载荷均高于 0.60 的负荷标准；越轨创新行为量表的 CR 数值为 0.859，高于 0.70 的临界标准；越轨创新行为量表的 AVE 数值为 0.508，高于 0.50 的临界标准。因此，可以认为越轨创新行为量表具有良好的聚合效度。

（2）工作资源的聚合效度检验

表 7.45 显示了工作资源的聚合效度检验结果。

表 7.45 中显示的工作资源量表的聚合效度检验结果指出，所有题项的标准化因子载荷超过了 0.60 的最低标准。工作资源的两个维度——社会支持和职业发展机会的组合可靠性（CR）值分别为 0.853 和 0.872，均超过了 0.70 的标准。这两个维度的平均提取方差值（AVE）分别为 0.593 和 0.554，均高于 0.50 的标准。整体工作资源量表的 CR 值为 0.935，而差序式领导的 AVE 值为 0.593，这些都远高于各自的临界标准。基于这些数据，可以得出结论，工作资源量表具有较高的聚合效度。

表 7.45 工作资源的聚合效度检验

变量	维度	题项	标准化因子载荷	CR	AVE	CR	AVE
工作资源	工作中的社会支持	1	0.779***	0.853	0.593	0.935	0.593
		2	0.689***				
		3	0.722***				
		4	0.877***				
		5	0.633***				
	职业发展机会	6	0.698***	0.872	0.554		
		7	0.673***				
		8	0.688***				
		9	0.626***				

注:* 代表 p<0.05，** 代表 p<0.01，*** 代表 p<0.001。

（3）组织创新绩效的聚合效度检验

表 7.46 显示了组织创新绩效的聚合效度检验结果。

表 7.46 组织创新绩效的聚合效度检验

变量	维度	题项	标准化因子载荷	CR	AVE	CR	AVE
组织创新绩效	个体创新能力	1	0.768***	0.862	0.571	0.944	0.552
		2	0.828***				
		3	0.780***				
		4	0.723***				
		5	0.699***				
	企业创新能力	6	0.784***	0.868	0.567		
		7	0.712***				
		8	0.857***				
		9	0.638***				
		10	0.697***				

注:* 代表 p<0.05，** 代表 p<0.01，*** 代表 p<0.001。

正如表 7.46 的组织创新绩效聚合效度检验结果所示:各个测量题

项的标准化因子载荷均高于 0.60 的负荷标准；个体创新能力和企业创新能力维度量表的 CR 数值分别为 0.862 和 0.868，均高于 0.70 的临界标准；个体创新能力和企业创新能力维度量表的 AVE 数值分别为 0.571、0.567，均高于 0.50 的临界标准；组织创新绩效整体量表的 CR 数值为 0.944，高于 0.70 的临界标准；组织创新绩效整体量表的 AVE 数值为 0.552，高于 0.50 的临界标准。因此，可以认为组织创新绩效量表整体及其个体创新能力和企业创新能力维度均具有良好的聚合效度。

7.4.3.2　区分效度检验

（1）组织创新绩效的区分效度检验

表 7.47 显示了组织创新绩效的区分效度检验结果。

表 7.47　组织创新绩效的区分效度检验

变　　量	维　　度	1	2
组织创新绩效	1 个体创新能力	0.766	
	2 企业创新能力	0.256***	0.752

注：* 代表 p＜0.05，** 代表 p＜0.01，*** 代表 p＜0.001。

正如表 7.47 的组织创新绩效量表区分效度检验结果展示：表中的左下方为个体创新能力和企业创新能力两个维度之间的相关系数，其值为 0.256，符合"＜0.85"的标准要求；表中的对角线区域展现为个体创新能力和企业创新能力两个维度的数值，个体创新能力维度的数值 0.766 明显大于其与企业创新能力维度的相关系数 0.256，企业创新能力维度的数值 0.752 明显大于其与个体创新能力维度的相关系数 0.256。因此，差序式领导量表内部具有较好的区分效度，个体创新能力和企业创新能力各个维度可以作为有效的论述依据。

（2）工作资源的区分效度检验

表 7.48 显示了工作资源的区分效度检验结果。

正如表 7.48 的工作资源量表区分效度检验结果展示：表中的左下方为工作中的社会支持和职业发展机会两个维度之间的相关系数，其值为 0.357，符合"＜0.85"的标准要求；表中的对角线区域展现为工作

表 7.48　工作资源的区分效度检验

变　量	维　度	1	2
工作资源	1 工作中的社会支持	0.757	
	2 职业发展机会	0.357***	0.742

注：* 代表 $p<0.05$，** 代表 $p<0.01$，*** 代表 $p<0.001$。

中的社会支持和职业发展机会两个维度的数值，工作中的社会支持维度的数值 0.757 明显大于其与职业发展机会维度的相关系数 0.357，职业发展机会维度的数值 0.742 明显大于其与工作中的社会支持维度的相关系数 0.357。因此，工作资源量表内部具有较好的区分效度，工作中的社会支持和职业发展机会各个维度可以作为有效的论述依据。

（3）变量之间的区分效度检验

表 7.49 显示了变量之间的区分效度检验结果。

表 7.49　变量之间的区分效度检验

变　量	1	2	3
1 越轨创新行为	0.737		
2 工作资源	0.382***	0.770	
3 组织创新绩效	0.452***	0.291***	0.710

注：* 代表 $p<0.05$，** 代表 $p<0.01$，*** 代表 $p<0.001$。

正如表 7.49 变量之间的区分效度检验结果展示：表中的下三角区域展现为越轨创新行为、工作资源和组织创新绩效各个变量之间的相关系数，其范围介于 0.291—0.452 之间，符合"＜0.85"的标准要求；表中的对角线区域展现为越轨创新行为、工作资源和组织创新绩效各个变量的数值，越轨创新行为的数值 0.737 明显大于其与其他变量之间的相关系数，工作资源的数值 0.770 明显大于其与其他变量之间的相关系数，组织创新绩效的数值 0.710 明显大于其与其他变量之间的相关系数。因此，各个变量之间具有较好的区分效度。

7.4.4 共同方法偏差检验

7.4.4.1 HARMAN 单因素检验

由表 7.50 可知,单因素检验共提取出六个特征值大于 1 的因子,且其中任一单个因子的最大方差解释率仅为 27.093%,可以确认本研究数据中不存在显著的共同方法偏差。

表 7.50　HARMAN 单因素检验

序号	初始特征值			提取载荷平方和		
	总计	方差解释率	累计方差解释率	总计	方差解释率	累计方差解释率
1	10.061	27.093%	27.093%	10.061	27.093%	27.093%
2	5.925	10.482%	37.575%	5.925	10.482%	37.575%
3	3.296	9.057%	46.632%	3.296	9.057%	46.632%
4	2.713	6.194%	52.826%	2.713	6.194%	52.826%
5	2.511	5.712%	58.538%	2.511	5.712%	58.538%
6	1.378	4.528%	63.066%	1.378	4.528%	63.066%
7	0.905	2.862%	65.928%			
8	0.849	2.379%	68.307%			
9	0.728	2.026%	70.333%			
10	0.641	1.941%	72.274%			
11	0.625	1.830%	74.104%			
12	0.597	1.808%	75.912%			
13	0.571	1.712%	77.624%			
14	0.562	1.680%	79.304%			
15	0.537	1.654%	80.958%			
16	0.496	1.522%	82.480%			
17	0.476	1.479%	83.959%			
18	0.439	1.386%	85.345%			
19	0.423	1.290%	86.635%			

序号	初始特征值			提取载荷平方和		
	总计	方差解释率	累计方差解释率	总计	方差解释率	累计方差解释率
20	0.382	1.162%	87.797%			
21	0.367	1.141%	88.938%			
22	0.354	1.107%	90.045%			
23	0.348	1.042%	91.087%			
24	0.320	0.957%	92.044%			
25	0.307	0.919%	92.963%			
26	0.283	0.826%	93.789%			
27	0.264	0.807%	94.596%			
28	0.251	0.737%	95.333%			

7.4.4.2　单因子的验证性因子分析

由表7.51可知,单因子模型的拟合指数表现不佳($\chi^2/df=6.412$, RMSEA=0.135,CFI=0.327,TLI=0.386,SRMR=0.133),从而证实了研究数据中不存在显著的共同方法偏差。

表7.51　单因子的验证性因子分析

模型	变量	χ^2	df	χ^2/df	RMSEA	CFI	TLI	SRMR
三因子模型	越轨创新行为,工作资源,组织创新绩效	2396.702	507	2.727	0.078	0.937	0.954	0.078
二因子模型	越轨创新行为,工作资源+组织创新绩效	2200.805	473	4.653	0.124	0.548	0.519	0.119
单因子模型	越轨创新行为+工作资源+组织创新绩效	3193.099	498	6.412	0.135	0.327	0.386	0.133
取值标准	—	—	—	<5	<0.08	>0.90	>0.90	<0.08

7.4.4.3 加入共同方法因子的验证性因子分析

由表 7.52 可知,在共同方法因子加入后,RMSEA 和 SRMR 的变化范围都没有超过 0.05,同时 CFI 和 TLI 的变化也未超过 0.1,这表明模型的拟合度并没有因此而显著提高。因此,我们得出结论,本研究数据中不存在显著的共同方法偏差。

表 7.52 加入共同方法因子的验证性因子分析

模型	变 量	χ^2	df	χ^2/df	RMSEA	CFI	TLI	SRMR
三因子模型	越轨创新行为,工作资源,组织创新绩效	2396.702	507	2.727	0.078	0.937	0.954	0.078
加入共同方法因子	越轨创新行为,工作资源,组织创新绩效	552.719	324	1.706	0.056	1.000	1.000	0.039
取值标准		—	—	<5	<0.08	>0.90	>0.90	<0.08
变化值				−1.021	−0.022	0.063	0.046	−0.039

7.4.5 理论模型的假设检验

7.4.5.1 结构方程模型的拟合优度检验

"圈内人下属"越轨创新行为对组织创新绩效影响研究的调节机制与边界条件的拟合优度检验结果见表 7.53。

表 7.53 结构方程模型的拟合优度检验

模 型	χ^2	df	χ^2/df	RMSEA	CFI	TLI	SRMR
"圈内人下属"越轨创新行为对组织创新绩效影响研究的理论模型	1050.289	407	2.581	0.101	0.973	0.957	0.061
取值标准	—	—	<5	<0.08	>0.90	>0.90	<0.08

由表 7.53 可知,"圈内人下属"越轨创新行为对组织创新绩效影响研究的结构方程模型拟合结果均符合取值标准,说明调研所得数据能够较好地契合于研究的理论模型,使用上述数据进行理论模型的假设验证可以得到合理的效应结果。因此,文章后续将针对"圈内人下属"视角下的

员工越轨创新行为、工作资源和组织创新绩效之间的路径关系进行检验。

7.4.5.2 描述统计与相关分析

表 7.54 的分析结果显示,越轨创新行为与工作资源之间(r＝0.365,p<0.001)、越轨创新行为与组织创新绩效之间(r＝0.461,p<0.001)、以及工作资源与组织创新绩效之间(r＝0.291,p<0.001)均存在显著的正相关关系。这些相关性结果为文章进一步进行假设检验提供了初步的关系验证基础。

表 7.54　描述统计与相关分析

变　量	MEAN	SD	1	2	3	4	5	6	7
1 性别	0.460	0.489	1						
2 年龄	4.025	1.944	−0.053	1					
3 受教育程度	3.403	0.915	0.053	0.020	1				
4 职称	3.243	1.703	0.142*	−0.063	−0.015	1			
5 越轨创新行为	3.596	0.708	−0.008	−0.048	0.023	−0.046	1		
6 工作资源	3.572	0.982	−0.071	0.029	0.065	−0.048	0.365***	1	
7 组织创新绩效	3.692	0.789	−0.073	0.035	0.075	−0.039	0.461	0.291***	1

注:* 代表 p<0.05,** 代表 p<0.01,*** 代表 p<0.001。

7.4.5.3 调节效应分析

表 7.55 显示了工作资源的调节效应的结果。

表 7.55　工作资源的调节效应

变　　量	组织创新绩效			
	模型 1	模型 2	模型 3	模型 4
控制变量				
性别	−0.064	−0.060	−0.075	−0.069
年龄	0.014	0.011	0.017	0.025
受教育程度	0.055	0.046	0.023	0.015
职称	−0.017	−0.014	−0.014	−0.013

变　量	组织创新绩效			
	模型 1	模型 2	模型 3	模型 4
中介变量				
越轨创新行为		0.157**		0.114*
调节变量				
工作资源			0.360***	0.345***
交互项				
越轨创新行为 * 　工作资源				0.109*
F	5.044***	5.831***	18.059***	18.098***
R²	0.088	0.176	0.237	0.257

注: * 代表 $p < 0.05$, ** 代表 $p < 0.01$, *** 代表 $p < 0.001$。

在本研究中,通过逐步构建的四个模型进行了回归分析。模型 1 包含性别、年龄、受教育程度和职称作为控制变量。基于模型 1,模型 2 加入了越轨创新行为变量,而模型 3 在此基础上进一步加入了工作资源。为避免共线性,模型 4 中对越轨创新行为和工作资源进行了标准化并构建了交互项。模型 2 的分析结果表明,假设 5 得到验证。模型 4 的结果证实工作资源能增强"圈内人下属"越轨创新行为与组织创新绩效之间的关系,从而验证了假设 6。

7.5 "圈外人下属"越轨创新行为对组织创新绩效影响研究的假设检验

7.5.1 研究概述

本节专注于"圈外人下属"视角下员工越轨创新行为与组织创新绩效之间的关系。研究基于 551 份针对"圈外人下属"的有效问卷数据,样本对象的基本情况详见表 7.20。随后,文章将利用这些问卷数据进行实证分析,验证员工的越轨创新行为如何影响组织创新绩效。理论模型图如图 7.4 所示。

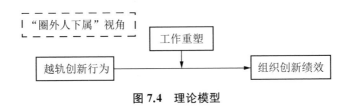

图 7.4　理论模型

7.5.2　信度分析

7.5.2.1　KMO 检验以及 BARLETT 球体检验

表 7.56 显示了对越轨创新行为、工作重塑和组织创新绩效量表的 KMO 检验以及 BARLETT 球体检验结果：

表 7.56　KMO 检验以及 BARLETT 球体检验

变　量	KMO 检验	BARLETT 球体检验		
		近似卡方	自由度	显著性
越轨创新行为	0.794	702.374	15	0.000
工作重塑	0.783	478.793	6	0.000
组织创新绩效	0.870	1014.104	6	0.000

表 7.56 的数据显示，越轨创新行为、工作重塑和组织创新绩效的 KMO 检验值分别为 0.794、0.783 和 0.870，均大于 0.70 的标准。同时，这些变量的 BARLETT 球体检验结果均显著（$p<0.001$），这表明这些变量的题项适用于后续的因子分析。随后，本研究对相关量表题项进行了探索性因子分析和验证性因子分析。

7.5.2.2　探索性因子分析

在本研究中，我们运用主成分分析法来对越轨创新行为、工作重塑和组织创新绩效等数据进行因子提取。其中，组织创新绩效呈现出个体创新能力和企业创新能力的双维结构，因此我们采用了最大方差法进行了旋转性因子分析。而对于表现为单一维度的其他变量，我们进行了非旋转性因子分析。通过探索性因子分析，提取出特征值高于 1 的因子，并将这些因子与各变量的潜在结构维度进行了对比。进一步地,依据 Churchill(1979)的理论建议,所有题项在其对应的因子维度上的因子载荷需要超过 0.50,才能确保探索性因子分析的因子提取结果科学有效。

(1) 越轨创新行为的探索性因子分析

表 7.57 显示了越轨创新行为的探索性因子分析结果。

表 7.57　越轨创新行为的探索性因子分析

变　量	题项	提取因子	方差解释率
		因子 1	
越轨 创新行为	1	0.634	65.064%
	2	0.805	
	3	0.804	
	4	0.784	
	5	0.709	
	6	0.740	

探索性因子分析对越轨创新行为量表的 6 个题项进行了评估。结果表明,这些题项提取出一个单一的因子结构,涵盖了题项 1 至 6。每个题项在该因子上的载荷均超过了 0.50 的最低标准。该因子所解释的方差变异度为 65.064%,高于 60% 的统计阈值。这一结果与前面的分析一致,即越轨创新行为是一个单维的内容结构。

(2) 工作重塑的探索性因子分析

表 7.58 显示了工作重塑的探索性因子分析的结果。

表 7.58　工作重塑的探索性因子分析

变　量	序号	提取因子	方差解释率
		因子 1	
工作重塑	1	0.815	65.371%
	2	0.815	
	3	0.845	
	4	0.897	
	5	0.836	

变　量	序号	提取因子	方差解释率
		因子1	
工作重塑	6	0.784	65.371%
	7	0.767	
	8	0.831	
	9	0.763	

工作重塑量表的探索性因子分析对其9个题项进行了评估提取出1个因子结构,包含了题项1—9。每个题项在这一因子上的载荷都超过了0.50的标准。此外,这个因子所能解释的方差变异度达到了65.371%,超出了60%的统计标准。这些结果与先前研究的观点一致,确认了工作重塑作为一个单维的概念结构。

(3)组织创新绩效的探索性因子分析

表7.59显示了组织创新绩效的探索性因子分析的结果。

表7.59　组织创新绩效的探索性因子分析

变　量	题项	提取因子		方差解释率	维　度
		因子1	因子2		
组织创新绩效	1	0.833		35.934%	个体创新能力
	2	0.867			
	3	0.831			
	4	0.763			
	5	0.759			
	6		0.765	30.624%	企业创新能力
	7		0.836		
	8		0.784		
	9		0.839		
	10		0.746		

组织创新绩效量表通过探索性因子分析呈现出了两个因子结构,涵盖了总共10个题项。具体来说,因子1包含题项1至5,而因子2包括题项6至10,每个题项的因子载荷都超过了0.50的标准。方差解释

率方面,因子 1 和因子 2 分别解释了 35.934% 和 30.624% 的方差,两个因子总共解释了 66.558% 的方差,高于 60% 的统计标准。由于没有任何单一因子的方差贡献超过 40%,这表明没有哪个因子独自占据主导地位。这些结果支持了先前研究的观点,即组织创新绩效包含两个维度:个体创新能力和企业创新能力。

7.5.2.3　Cronbach's Alpha 信度系数

表 7.60 显示了"圈外人下属"的 Cronbach's Alpha 信度检验结果。

表 7.60　Cronbach's Alpha 信度系数

变量	维度	题目数量	Cronbach's Alpha 信度系数	
越轨创新行为		6	0.881	
工作重塑		9	0.903	
组织创新绩效	个体创新能力	5	0.889	0.879
	企业创新能力	5	0.869	

根据表 7.60,个体创新能力和企业创新能力维度量表的 Cronbach's Alpha 信度系数分别为 0.889 和 0.869,而组织创新绩效整体量表的 Cronbach's Alpha 信度系数为 0.879。此外,越轨创新行为和工作重塑量表的整体 Cronbach's Alpha 信度系数分别为 0.881 和 0.903。这些结果表明,无论是维度量表还是整体量表,其 Cronbach's Alpha 信度系数均超过了 0.70 的标准,因此,本研究选用的越轨创新行为、工作重塑和组织创新绩效量表均可以在实证研究进程中显示出较高可靠性。

7.5.2.4　拟合优度检验

表 7.61 显示了越轨创新行为、工作重塑和组织创新绩效量表的 χ^2 检验与近似拟合检验结果。

表 7.61　拟合优度检验

变　　量	χ^2	df	χ^2/df	RMSEA	CFI	TLI	SRMR
越轨创新行为	26.796	9	2.977	0.026	0.941	0.958	0.058
工作重塑	82.668	20	4.133	0.035	0.987	0.956	0.012

变　　量	χ^2	df	χ^2/df	RMSEA	CFI	TLI	SRMR
组织创新绩效	342.605	74	4.630	0.014	0.967	0.986	0.018
个体创新能力	2.547	5	0.528	0.056	0.993	0.997	0.013
企业创新能力	19.098	5	3.820	0.055	0.978	0.956	0.040
取值标准	—	—	<5	<0.08	>0.90	>0.90	<0.08

表 7.61 所示的拟合优度检验结果表明,越轨创新行为、工作重塑和组织创新绩效量表及其二维结构在各项指标上均达到了理想标准。χ^2/df 的值范围在 0.528 至 4.630 之间,满足小于 5 的标准。RMSEA 值在 0.014 至 0.056 之间,低于 0.08 的标准。同时,CFI 和 TLI 的值分别介于 0.941 至 0.993 和 0.956 至 0.997 之间,均超过了 0.90 的标准。SRMR 的值在 0.012 至 0.058 之间,低于 0.08 的阈值。这些结果表明,研究中使用的整体量表和维度量表在拟合优度方面均表现良好,满足了相关的统计要求。

7.5.3　效度分析

7.5.3.1　聚合效度检验

在本研究中,使用 AMOS 软件对越轨创新行为和组织创新绩效进行验证性因子分析,以获得标准化的因子载荷,接着计算了组合可靠性(CR)和平均提取方差值(AVE)。据此,汇报越轨创新行为、工作重塑和组织创新绩效的聚合效度检验详情如下。

(1)越轨创新行为的聚合效度检验

表 7.62 显示了越轨创新行为的聚合效度检验结果。

表 7.62 展示的越轨创新行为量表聚合效度检验结果表明,越轨创新行为量表的所有测量题项的标准化因子载荷超过了 0.60 的最低标准。量表的组合可靠性(CR)为 0.882,远高于 0.70 的临界标准。同时,平均提取方差值(AVE)为 0.559,超过了 0.50 的标准。这些结果证实了越轨创新行为量表具有良好的聚合效度。

表 7.62　越轨创新行为的聚合效度检验

变　量	题项	标准化因子载荷	CR	AVE
越轨 创新行为	1	0.876***	0.882	0.559
	2	0.642***		
	3	0.645***		
	4	0.657***		
	5	0.808***		
	6	0.822***		

注:* 代表 $p<0.05$,** 代表 $p<0.01$,*** 代表 $p<0.001$。

（2）工作重塑的聚合效度检验

表 7.63 显示了工作重塑量表的聚合效度检验结果。

表 7.63　工作重塑的聚合效度检验

变　量	题项	标准化因子载荷	CR	AVE
工作重塑	1	0.926***	0.989	0.815
	2	0.924***		
	3	0.913***		
	4	0.901***		
	5	0.746***		
	6	0.695***		
	7	0.696***		
	8	0.767***		
	9	0.724***		

注:* 代表 $p<0.05$,** 代表 $p<0.01$,*** 代表 $p<0.001$。

表 7.63 中的工作重塑量表聚合效度检验结果显示,该量表所有测量题项的标准化因子载荷超过了 0.60 的基准。该量表的组合可靠性（CR）值为 0.989,远超 0.70 的临界标准。平均提取方差值（AVE）为 0.815,同样高于 0.50 的标准。这些指标表明,工作重塑量表在聚合效度方面表现良好。

7.5.3.2　区分效度检验

本研究中,只有组织创新绩效表现出二维结构,而越轨创新行为和工作重塑都是单维变量。基于此,本研究对组织创新绩效的二维结构进行了区分效度检验。同时,也对越轨创新行为、工作重塑与组织创新绩效进行变量之间的区分效度检验。

(1)组织创新绩效的区分效度检验

表 7.64 显示了组织创新绩效区分效度检验结果。

表 7.64　组织创新绩效的区分效度检验

变　量	维　度	1	2
组织 创新绩效	1 个体创新能力	0.781	
	2 企业创新能力	0.249***	0.764

注:* 代表 p<0.05, ** 代表 p<0.01, *** 代表 p<0.001。

表 7.64 展示的组织创新绩效量表区分效度检验结果显示,个体创新能力和企业创新能力两个维度之间的相关系数为 0.249,低于 0.85 的标准阈值。同时,在对角线上,个体创新能力的数值为 0.781,企业创新能力的数值为 0.764,这两个数值均显著高于它们之间的相关系数。这些结果表明,组织创新绩效量表的两个维度(个体创新能力和企业创新能力)具有良好的区分效度,可以有效地支持相关的论述。

(2)变量之间的区分效度检验

表 7.65 显示了变量之间的区分效度检验结果。

表 7.65　变量之间的区分效度检验

变　量	1	2	3
1 越轨创新行为	0.759		
2 工作重塑	0.437***	0.766	
3 组织创新绩效	0.451***	0.324***	0.742

注:* 代表 p<0.05, ** 代表 p<0.01, *** 代表 p<0.001。

根据表 7.65 的区分效度检验结果,越轨创新行为、工作重塑和组织创新绩效这三个变量之间的相关系数位于 0.324 至 0.451 的范围内,均满足小于 0.85 的标准。在对角线上的数值显示,越轨创新行为$\sqrt{AVE}$为 0.759,工作重塑为 0.766,组织创新绩效为 0.742,这些数值都显著高于它们与其他变量之间的相关系数。这表明在越轨创新行为、工作重塑和组织创新绩效之间存在良好的区分效度。

7.5.4 共同方法偏差检验

7.5.4.1 HARMAN 单因素检验

在本研究中,我们采纳了 Podsakoff(1986)推荐的 HARMAN 单因素检验方法,并利用 SPSS 软件进行了探索性因子分析,目的是评估数据中可能存在的共同方法偏差。依据这一方法,如果数据中存在超过一个特征值大于 1 的因子,并且没有单一因子解释的方差变异度达到或超过 40%,则可以认为不存在显著的共同方法偏差。分析结果如表7.66 所示,共提取出 6 个特征值大于 1 的因子,且单个因子的最高方差解释率仅为 25.901%。这表明本研究数据中没有出现严重的共同方法偏差。

表 7.66 HARMAN 单因素检验

序号	初始特征值			提取载荷平方和		
	总计	方差解释率	累计方差解释率	总计	方差解释率	累计方差解释率
1	9.865	25.901%	25.901%	9.865	25.901%	25.901%
2	3.482	12.233%	38.134%	3.482	12.233%	38.134%
3	2.706	8.435%	46.569%	2.706	8.435%	46.569%
4	2.127	6.982%	53.551%	2.127	6.982%	53.551%
5	1.881	5.122%	58.673%	1.881	5.122%	58.673%
6	1.249	3.191%	61.864%	1.249	3.191%	61.864%
7	0.968	2.970%	64.834%			
8	0.900	2.478%	67.312%			
9	0.760	2.292%	69.604%			
10	0.698	2.083%	71.687%			
11	0.649	1.905%	73.592%			
12	0.597	1.801%	75.393%			

续表

序号	初始特征值			提取载荷平方和		
	总计	方差解释率	累计方差解释率	总计	方差解释率	累计方差解释率
13	0.576	1.745%	77.138%			
14	0.562	1.701%	78.839%			
15	0.512	1.667%	80.506%			
16	0.506	1.545%	82.051%			
17	0.489	1.418%	83.469%			
18	0.459	1.217%	84.686%			
19	0.445	1.179%	85.865%			
20	0.402	1.062%	86.927%			
21	0.382	0.998%	87.925%			
22	0.359	0.926%	88.851%			
23	0.348	0.899%	89.750%			
24	0.331	0.842%	90.592%			
25	0.316	0.801%	91.393%			
26	0.300	0.796%	92.189%			
27	0.287	0.771%	92.960%			
28	0.282	0.707%	93.667%			
29	0.263	0.651%	94.318%			
30	0.252	0.620%	94.938%			
31	0.249	0.612%	95.550%			
32	0.232	0.603%	96.153%			

7.5.4.2 单因子的验证性因子分析

本研究的分析结果表明，单因子模型的拟合指标（$\chi^2/df=6.103$，RMSEA$=0.129$，CFI$=0.417$，TLI$=0.413$，SRMR$=0.182$）并不理想，从而表明我们的研究数据（见表7.67）中并没有显著的共同方法偏差。

表 7.67　单因子的验证性因子分析

模型	变　量	χ^2	df	χ^2/df	RMSEA	CFI	TLI	SRMR
三因子模型	越轨创新行为,工作重塑,组织创新绩效	2548.591	502	4.293	0.078	0.948	0.945	0.107
二因子模型	越轨创新行为,工作重塑+组织创新绩效	2651.769	429	5.649	0.113	0.614	0.620	0.115
单因子模型	越轨创新行为+工作重塑+组织创新绩效	3230.157	568	6.103	0.129	0.417	0.413	0.182
取值标准	—	—	—	<5	<0.08	>0.90	>0.90	<0.08

7.5.4.3　加入共同方法因子的验证性因子分析

在引入共同方法因子后,RMSEA 和 SRMR 的变化未超过 0.05,而 CFI 和 TLI 的变化也未超过 0.1。这些结果表明,模型的拟合并没有因为加入共同方法因子而显著改善,从而表明所收集的数据不存在显著的共同方法偏差(见表 7.68)。

表 7.68　加入共同方法因子的验证性因子分析

模型	变　量	χ^2	df	χ^2/df	RMSEA	CFI	TLI	SRMR
三因子模型	越轨创新行为,工作重塑,组织创新绩效	2548.591	502	4.293	0.078	0.948	0.945	0.107
加入共同方法因子	越轨创新行为,工作重塑,组织创新绩效	583.922	448	1.303	0.062	1.000	1.000	0.063
取值标准	—	—	<5	<0.08	>0.90	>0.90	<0.08
变化值	—	—	−2.990	−0.016	0.052	0.055	−0.044

通过上述的分析,本研究确保了所收集数据具有良好的效度与信度,同时排除了严重共同方法偏差的可能性,这为接下来的理论模型假设验证提供了坚实的基础。

7.5.5 理论模型的假设验证

7.5.5.1 结构方程模型的拟合优度检验

表 7.69 展示了"圈外人下属"视角下越轨创新行为对组织创新绩效影响研究的结构方程模型拟合结果。由表可知拟合结果符合取值标准，表明所收集的数据与理论模型高度吻合，并能有效支持理论假设的验证。因此，本研究接下来将探讨"圈外人下属"视角下员工越轨创新行为、工作重塑与组织创新绩效之间的相互关系。

表 7.69 结构方程模型的拟合优度检验

模 型	χ^2	df	χ^2/df	RMSEA	CFI	TLI	SRMR
"圈外人下属"越轨创新行为对组织创新绩效影响研究的理论模型		528	1.284	0.013	0.892	0.970	0.061
取值标准	—	—	<5	<0.08	>0.90	>0.90	<0.08

7.5.5.2 描述统计与相关分析

表 7.70 的结果表明，越轨创新行为与组织创新绩效之间（$r=0.451$，$p<0.001$）存在显著的正相关关系。这为后续进行的假设检验提供了初步的关系验证基础。

表 7.70 描述统计与相关分析

变 量	MEAN	SD	1	2	3	4	5	6	7
1 性别	0.441	0.478	1						
2 年龄	3.805	1.805	−0.157**	1					
3 受教育程度	3.408	0.927	0.022	−0.112	1				
4 职称	3.459	1.679	0.058	−0.124*	−0.048	1			
5 越轨创新行为	3.613	0.747	0.054	0.102	−0.093	−0.092	1		
6 工作重塑	3.660	0.963	−0.009	0.051	0.062	−0.047	0.457	1	
7 组织创新绩效	3.665	0.797	−0.023	0.042	−0.024	−0.008	0.451***	0.309***	1

注：* 代表 $p<0.05$，** 代表 $p<0.01$，*** 代表 $p<0.001$。

7.5.5.3 工作重塑的调节效应

表 7.71 显示了工作重塑的调节效应的结果。

表 7.71　工作重塑的调节效应

变　量	组织创新绩效			
	模型 1	模型 2	模型 3	模型 4
控制变量				
性别	−0.029	−0.028	−0.058	−0.065
年龄	0.004	0.001	0.001	0.004
受教育程度	−0.019	−0.029	−0.012	−0.020
职称	−0.015	−0.007	−0.003	0.002
自变量				
越轨创新行为		0.194 ***	0.132 **	0.109 *
调节变量				
工作重塑			0.390 ***	0.357 ***
交互项				
越轨创新行为×工作重塑				0.116 *
F	5.867 ***	7.731 ***	10.950 ***	11.354 ***
R^2	0.096	0.144	0.225	0.243

注:* 代表 $p<0.05$，** 代表 $p<0.01$，*** 代表 $p<0.001$。

本研究构建了四个回归模型。模型 1 中包含性别、年龄、受教育程度、职称等四个控制变量。在此基础上,模型 2 加入了越轨创新行为变量,而模型 3 进一步加入了工作重塑变量。为防止共线性,模型 4 中将越轨创新行为和工作重塑标准化并构建了交互项。模型 2 的结果表明越轨创新行为对组织创新绩效有显著正向影响($β=0.194$，$p<0.01$),验证了假设 7。模型 4 显示越轨创新行为与工作重塑的交互作用对组织创新绩效同样有显著正向影响($β=0.116$，$p<0.05$),并与越轨创新行为作用方向一致($β=0.109$，$p<0.05$),证明工作重塑在越轨创新行为与组织创新绩效间起增强型调节作用,从而验证了假设 8。

7.6 假设检验结果概述

本文将研究情境聚焦于我国家族企业,并以"圈内人下属"和"圈外人下属"为对象探讨家族企业差序式领导、员工越轨创新行为和组织创新绩效之间的关系,本研究理论假设全部得到验证,具体可见表 7.72 和表 7.73。

表 7.72　差序式领导对员工越轨创新行为影响研究的假设检验

	序号	具体内容
"圈内人下属"视角	假设 1	差序式领导正向作用于"圈内人下属"越轨创新行为,即差序式领导对"圈内人下属"的偏私对待将积极影响其越轨创新行为。
	假设 2	心理特权感在差序式领导对"圈内人下属"越轨创新行为的影响过程中发挥增强型调节作用,即差序式领导对"圈内人下属"越轨创新行为的正向影响在高心理特权感条件下得到增强。
"圈外人下属"视角	假设 3	差序式领导正向作用于"圈外人下属"越轨创新行为,即差序式领导对"圈外人下属"的偏恶对待将积极影响其越轨创新行为。
	假设 4	相对剥夺感在差序式领导对"圈外人下属"越轨创新行为的影响过程中发挥增强型调节作用,即差序式领导对"圈外人下属"越轨创新行为的正向影响在高相对剥夺感条件下得到增强。

表 7.73　员工越轨创新行为对组织创新绩效影响研究的假设检验

	序号	具体内容
"圈内人下属"视角	假设 5	"圈内人下属"越轨创新行为正向作用于组织创新绩效。
	假设 6	工作资源在"圈内人下属"越轨创新行为对组织创新绩效的影响过程中发挥增强型调节作用,即"圈内人下属"越轨创新行为对组织创新绩效的正向影响在高工作资源条件下得到增强。

	序号	具体内容
"圈外人下属"视角	假设7	"圈外人下属"越轨创新行为正向作用于组织创新绩效。
	假设8	工作重塑在"圈外人下属"越轨创新行为对组织创新绩效的影响过程中发挥增强型调节作用,即"圈外人下属"越轨创新行为对组织创新绩效的正向影响在高工作重塑条件下得到增强。

本文的研究聚焦于中国家族企业内"圈内人下属"和"圈外人下属"的行为和影响,具体分析结果如下:

(1)差序式领导对"圈内人下属"越轨创新行为有正向影响,验证了假设1。

(2)心理特权感增强了差序式领导与"圈内人下属"越轨创新行为之间的关系,支持假设2。

(3)差序式领导也正向影响"圈外人下属"的越轨创新行为,符合假设3。

(4)相对剥夺感加强了差序式领导与"圈外人下属"越轨创新行为之间的联系,验证了假设4。

(5)"圈内人下属"的越轨创新行为正向影响组织创新绩效,符合假设5。

(6)工作资源增强了"圈内人下属"越轨创新行为对组织创新绩效的影响,支持假设6。

(7)"圈外人下属"的越轨创新行为同样正向影响组织创新绩效,验证了假设7。

(8)工作重塑加强了"圈外人下属"越轨创新行为与组织创新绩效之间的关系,符合假设8。

7.7　本章小结

本章分别从"圈内人下属"和"圈外人下属"视角提出差序式领导影

响员工越轨创新行为,进而影响组织创新绩效的作用机制与边界条件,形成了"圈内人下属"视角下差序式领导、心理特权感、员工越轨创新行为、工作资源、组织创新绩效之间关系的 4 个理论假设以及"圈外人下属"视角下差序式领导、相对剥夺感、员工越轨创新行为、工作重塑、组织创新绩效之间关系的 4 个理论假设。这些假设为本研究构建完整的理论模型提供了坚实的基石。随后,为了验证这些理论假设,本研究又通过正式调研过程回收 1058 份有效问卷,其中包括"圈内人下属"有效样本 507 份以及"圈外人下属"有效样本 551 份,样本规模确保了研究的可靠性。接着本研究后续使用统计分析软件 AMOS 与 SPSS 对收集到的数据进行信度分析、效度分析、共同方法偏差检验,检验结果证明收集的数据基础良好,可以深入进行假设验证。因此,本研究又借助统计分析软件 AMOS、SPSS,就"圈内人下属"以及"圈外人下属"视角下差序式领导影响员工越轨创新行为、员工越轨创新行为影响组织创新绩效的研究假设展开结构方程模型的拟合优度检验、描述统计与相关分析、主效应和调节效应验证。经过一系列复杂的计算和比较,最终得到的检验结果表明,差序式领导对"圈内人下属"和"圈外人下属"越轨创新行为影响研究、"圈内人下属"和"圈外人下属"越轨创新行为对组织创新绩效影响的理论模型成立,假设通过验证。这一结果不仅有助于我们深入理解组织中的领导行为与员工创新行为、组织创新绩效之间的关系,也为组织管理者提供了有益的启示和建议,以更好地激发员工的创新潜力并提升组织的创新绩效。

八　博弈研究

8.1　研究概述

在高度重视传统人治文化的家族企业中,差序式领导作为一种基于差序格局理论的多元化管理方式,旨在通过动态治理机制改变员工的角色认知提升管理效能,以实现对"圈外人下属"和"圈内人下属"的双重激励效果。已有学者通过实证研究证实了差序式领导对"圈内人下属"和"圈外人下属"的工作绩效具有积极作用(王磊,2013;林英晖等,2017),这启发了本研究在构建差序式领导理论研究框架时将"圈内人下属"和"圈外人下属"作为重要考量对象。

前章的实证研究中,已通过相关数据分析证明了差序式领导不仅可以推动"圈内人"下属还会推动"圈外人"下属的越轨创新行为进而提升组织创新绩效。同时,由于"圈内人"和"圈外人"群体的群际边界一定程度上具有可渗透性,因此,"圈内人"下属固然不想变成"圈外人"下属,但"圈外人"下属一定不会放弃变成领导者"自己人"的机会,会努力采取越轨创新尤其是创造性越轨创新的策略以实现其地位流动。亦即,其稳态是一个动态的、相对的过程。然而,单纯凭借数理统计方法进行研究,并不能深入了解员工行为背后的心理动机和制约因素,因此,本研究利用 MATLAB 统计分析软件构建动态演化博弈模型,模拟家族企业中员工自我调整的心理动态过程和行为选择,通过图表简单直观地展示个体行为的演化过程。我们还同时将员工的人格特质纳入博弈系统,即"圈内人下属"的冒险型特质以及"圈外人下属"的内控型人格,以明晰员工策略选择的影响因素与趋势。总的来说,这项研究通过定量和模拟相结合的方式,更全面地分析了家族企业中的领导影响员工创新行为的机制,这种多角度的分析有助于确保研究结果的可靠性和稳健性。

8.1.1 冒险型特质

研究表明社会群体中广泛存在冒险型特质,根据影响冒险行为的因素模型,个人在面对不确定事件时会有不同的态度和行为策略,包括承担风险或回避风险(Sitkin et al.,1995)。根据个人风险偏好程度不同,员工可以分为高冒险型特质个体与低冒险型特质个体(Forlani et al.,2000)。

员工越轨创新行为的本质是打破组织固有范式并在内部实施创新行为,此类行为背后,员工不仅要承受来自公众对其信念的质疑与压力,还需直面因创新可能带来的个人风险与损失。这些潜在的风险和挑战,构成了阻碍员工进一步进行越轨创新活动的潜在障碍。另一方面,风险倾向对个人在这些风险环境中的决策具有重要影响(Sitkin et al.,1995)。具体而言,高风险倾向的员工如果对组织环境提供的价值有信心,由于心理健康和伴随着心理特权感的权力感,他们更有可能忽视风险并持续从事破坏性的创新行为(Qu et al.,2015)。相反,风险偏好低的员工则更担心违反组织规范所带来的障碍和批评,甚至担心创新方案的失败会在组织中引起连锁反应,因此他们会削弱心理特权感所提供的信心,倾向于避免承担风险,最终决定不采取越轨创新行为(Howell et al.,1990)。

根据前文的阐述,差序式领导对于"圈内人下属"的偏私对待,在其越轨创新行为之间存在心理特权感的调节作用,因此我们可以得知,"圈内人下属"在决定是否施行越轨创新行为时会受到个人冒险型特质的影响:高冒险型特质的"圈内人下属"可能会因为利益的重要性而忽视风险,参与越轨创新;而低冒险型特质的"圈内人下属"处于风险回避而不参与越轨创新。

8.1.2 内控型人格

内控型人格常被应用于心理学以及管理学领域,人们的出发点和行为决策模式可由此解释。内控型人格使得人们将结果的取得归于自身,他们坚信通过自身努力不仅能够改变所处的工作环境,还可以消除外部环境中的不利因素(Allen et al.,2003)。Krenl(1992)指出,内控型人格倾向于将事情及其结果归功于自己,因此,根据个人归因程度,员工可以分为高内控型人格个体与低内控型人格个体。

越轨创新即组织创新增益的实现借助现存的组织规范,受改革动机驱动,内驱力对于实施越轨创新行为发挥着重要作用(Dahling et al.,2017)。具体地说,高内控型人格的员工确信他们能够通过主动角色外活动消除差序式领导偏恶对待所带来的相对剥夺感,然后员工会为了达到目的而心甘情愿地消除畏难情绪,主动地提高自己;相反,低内控型人格对于自身能力评价不高,不自信于改变现状、且有种束手无策的失落感,就不可能逆转差序式领导偏恶待之的既定状态和相对剥夺感所造成的苦闷心境(梁英士,2018)。

根据前文的阐述,差序式领导对"圈外人下属"的偏见和越轨创新行为之间,存在一种相对剥夺感的调节效应。因此,我们可以推断:"圈外人下属"是否参与越轨创新很大程度上受到其内控型人格程度高低的影响。具有高度内控型人格的"圈外人下属"会因为认可成功的可能性而积极进行越轨创新,而那些内控型人格较低的"圈外人下属"则可能因为否定成功的可能性,而不会进行越轨创新。

8.2 差序式领导对员工越轨创新行为影响的博弈研究

8.2.1 模型描述

在中国传统"圈"文化的背景下,差序式领导通常将组织内部的员工分为两类:第一类是"圈内人下属",他们享受特殊待遇;其二为"圈外人下属",施以偏恶对待。前文已详细论证,虽然圈内人和圈外人下属经历了不同的心理轨迹,但在家族企业中,差序式领导与员工的创新越轨行为之间存在着明显的联系,因此本研究构建了一个从领导者向外延伸的组织结构,而"圈内人下属"的冒险型特质和"圈外人下属"的内控型人格也是需要考虑的重要因素。因此,本研究构建以领导者为中心(标号为1)并向外延伸的组织架构,将员工划分为:表现出越轨创新行为的"圈内人下属"(标号为2)、没有表现出越轨创新行为的"圈内人下属"(标号为3)、表现出越轨创新行为的"圈外人下属"(标号为4)和没有表现出越轨创新行为的"圈外人下属"(标号为5)(如图 8.1),同时比较了"圈内人下属"的冒险型特质和"圈外人下属"的内控型人格。

图 8.1 差序式组织结构

8.2.1.1 第一阶段

差序式领导对员工越轨创新行为影响为本研究的核心议题,因此笔者将主要博弈主体定义为"圈内人下属"和"圈外人下属",博弈主体可以作出的策略选择为"实施越轨创新行为"和"不实施越轨创新行为"。具体而言,我们考虑了以下情形:如果双方在博弈中都选择"实施越轨创新行为",则会得到相同的实际收益 P。如果两方选择了不同的策略,选择"实施越轨创新行为"的一方将会得到实际利益 S,而选择

"不实施越轨创新行为"的另外一方将得到实际利益 T。若双方均选择"不实施越轨创新行为",实际收益为 R。以上情况形成了如表 8.1 所示的博弈矩阵。

表 8.1　实际收益博弈矩阵

	施行越轨创新行为	不施行越轨创新行为
施行越轨创新行为	(P, P)	(S, T)
不施行越轨创新行为	(T, S)	(R, R)

因此,本研究得出的结论是,员工 i 在网络中的相应节点与员工 j 进行了 m 次博弈,从而积累了总的实际赢利 $f_1^i(m)$,计算方法见公式 8.1:

$$f_1^i(m) = \sum_{j \in \partial_i} \left[\frac{1}{4}(1-s_i)(1-s_j)P + \frac{1}{4}(1-s_i)(1+s_j)S \right.$$
$$\left. + \frac{1}{4}(1+s_i)(1-s_j)T + \frac{1}{4}(1+s_i)(1+s_j)R \right]$$

（公式 8.1）

其中,$s_i = -1/1$ 表示员工 i 选择施行或不施行越轨创新行为,而 ∂_i 代表员工 i 的相关网络节点集合。

依据公式 8.1 推导出的复合实际回归函数和相应的匹配角度,我们可以计算出员工施行越轨创新行为累计获得的综合实际收益 $f_1^C(m)$ 以及员工不施行越轨创新行为累计获得的综合实际收益 $f_1^N(m)$,具体的参数方程如下:

$$f_1^C(m) = \sum_{j \in \partial_i} \left[\frac{1}{2}(1-s_j)P + \frac{1}{2}(1+s_j)S \right] \quad （公式 8.2）$$

$$f_1^N(m) = \sum_{j \in \partial_i} \left[\frac{1}{2}(1-s_j)T + \frac{1}{2}(1+s_j)R \right] \quad （公式 8.3）$$

显然,当我们使用 Deutsch 的囚徒困境模型来进行博弈论的推导时,应该是在家族企业差序式领导的背景下进行的。根据差序式领导分类原理,"圈内人下属"与"圈外人下属"所经历的态度差异会导致二者的收益分歧,不同的领导方式会导致"圈内人下属"和"圈外人下属"的实际整体利益不平等。具体来说,偏私对待会导致中等并向上增长的综合实际收益,偏恶对待会导致中等并逐渐下降的综合实际收益,两者的差距用 U 表示,α 则用于表示对待"圈内人下属"与"圈外人下属"的差异化程度,因而形成四种不同水平的综合实际收益,具体的参数设定如 $f_1^{IC}(m)$、$f_1^{IN}(m)$、$f_1^{OC}(m)$、$f_1^{ON}(m)$ 所示:

$$f_1^{IC}(m) = \sum_{j \in \partial_i} \left[\frac{1}{2}(1-s_j)P + \frac{1}{2}(1+s_j)S \right] + \alpha U$$

(公式 8.4)

$$f_1^{IN}(m) = \sum_{j \in \partial_i} \left[\frac{1}{2}(1-s_j)T + \frac{1}{2}(1+s_j)R \right] + \alpha U$$

(公式 8.5)

$$f_1^{OC}(m) = \sum_{j \in \partial_i} \left[\frac{1}{2}(1-s_j)P + \frac{1}{2}(1+s_j)S \right] - \alpha U$$

(公式 8.6)

$$f_1^{ON}(m) = \sum_{j \in \partial_i} \left[\frac{1}{2}(1-s_j)T + \frac{1}{2}(1+s_j)R \right] - \alpha U$$

(公式 8.7)

正如以上公式所述,本研究使用以上公式来描述不同情境下的综合实际收益:公式 8.4 和公式 8.5 描述了"圈内人下属"选择实施和不实施越轨创新行为时能够获得的综合实际收益,分别表示为 $f_1^{IC}(m)$、$f_1^{IN}(m)$,公式 8.6 和公式 8.7 则表示了"圈外人下属"选择实施和不实施越轨创新行为时能够获得的综合实际收益,分别为 $f_1^{OC}(m)$、$f_1^{ON}(m)$,且 $f_1^{IC}(m) > f_1^{OC}(m)$、$f_1^{IN}(m) > f_1^{ON}(m)$。

8.2.1.2　第二阶段

越轨创新行为由"越轨"与"创新"两组核心概念组成,无论是"圈内人下属"还是"圈外人下属",无论是他们有意通过越轨创新行为来提高自我创新效益和组织整体绩效,抑或是他们无心从事越轨创新行为仅坚守自己的本分,都难以准确预测自己是否实行越轨创新行为这项决定会对组织整体创新绩效带来怎样的影响。因此,假设"圈内人下属"和"圈外人下属"均是在有限理性前提下参与到是否实施越轨创新行为的决策中,而进行决策的前提是他们的感知收益。基于这些考虑,我们

列出以下参数方程:

$$f_2^i(m) = f_1^i(m) * \exp[-(-\ln W_{s_i})^\gamma] \qquad (公式\ 8.8)$$

通过运用感知效用函数(公式 8.8)以及相应的匹配角度,我们能够推导出施行越轨创新行为的员工的感知效用 $f_2^C(m)$ 与不施行越轨创新行为的员工的感知效用 $f_2^N(m)$ 的参数方程:

$$f_2^C(m) = f_1^C(m) * \exp[-(-\ln W_{s_C})^\gamma] \qquad (公式\ 8.9)$$

$$f_2^N(m) = f_1^N(m) * \exp[-(-\ln W_{s_N})^\gamma] \qquad (公式\ 8.10)$$

在上述公式中,$\exp[-(-\ln W_{s_i})^\gamma]$描述了员工对于实际收益与感知收益之间的权衡系数,其中 $W_{s_i} = \dfrac{f_1^i(m) * \delta(s_i, -1) + f_1^i(m) * \delta(s_i, 1)}{\sum_{j=1}^{\partial_i} f_1^i(m)}$,

$\delta(x, y) = \begin{cases} 1, & x=y \\ 0, & x \neq y \end{cases}$, $\gamma \in [0, 1]$ 则表示员工的理性感知系数。

另外,本研究涉及四种不同博弈策略下的感知收益,因此理应分别设定"圈内人下属"与"圈外人下属"施行或不施行越轨创新行为两种不同类型的感知收益函数,如下所示:

$$f_2^{IC}(m) = f_1^{IC}(m) * \exp[-(-\ln W_{s_{IC}})^\gamma] \qquad (公式\ 8.11)$$

$$f_2^{IN}(m) = f_1^{IN}(m) * \exp[-(-\ln W_{s_{IN}})^\gamma] \qquad (公式\ 8.12)$$

$$f_2^{OC}(m) = f_1^{OC}(m) * \exp[-(-\ln W_{s_{OC}})^\gamma] \qquad (公式\ 8.13)$$

$$f_2^{ON}(m) = f_1^{ON}(m) * \exp[-(-\ln W_{s_{ON}})^\gamma] \qquad (公式\ 8.14)$$

因此,本研究为后续进行博弈推理设定了相应的变量参数,以上四个公式代表的是不同员工不同情况下的感知收益。其中,$f_2^{IC}(m)$代表"圈内人下属"从事越轨创新行为的感知收益,$f_2^{IN}(m)$代表"圈内人下属"不从事越轨创新行为的感知收益,$f_2^{OC}(m)$代表"圈外人下属"从事越轨创新行为的感知收益,$f_2^{ON}(m)$代表"圈外人下属"不从事越轨创新行为的感知收益。

鉴于差序式领导对待"圈外人下属"和"圈内人下属"时存在不同的偏向,因此我们在预估收益时应该达成以下共识:在同样实施越轨创新行为的前提下,"圈内人下属"所获得的感知收益高于"圈外人下属",即 $f_2^{IC}(m)>f_2^{OC}(m)$;在同样不实施越轨创新行为的前提下,"圈内人下属"所获得的感知收益也高于"圈外人下属",即 $f_2^{IN}(m)>f_2^{ON}(m)$。

8.2.1.3 第三阶段

(1)"圈内人下属"冒险型特质

"圈内人下属"参与越轨创新的决定受风险承担特征的影响:高风险承担的"圈内人下属"更有可能参与越轨创新,因为他们看重利益;而低风险承担的"圈内人下属"更有可能选择不参与越轨创新,因为他们害怕损失。具体而言,"圈内人下属"不同程度的风险承担特征可能导致参与越轨创新与不参与越轨创新之间的感知收益不平等,即如果"圈内人下属"参与越轨创新的条件是高风险特质下属,会获得中等程度且不断增加的感知收益;如果"圈内人下属"参与越轨创新的条件是低风险主体,会获得中等程度但不断减少的感知收益。与之相反,如果"圈内人下属"不参与越轨创新行为,则高风险承担下属会感知到错失了增加收益的机会,低风险承担下属会庆幸没有造成既有利益的损失。因此,风险承担倾向特质诱导圈内人下属参与越轨创新行为与不参与越轨创新行为的感知收益之差为 D,风险承担倾向特质水平的变异系数为 φ。具体的参数设定如下:

$$f_3^{ICH}(m)=f_2^{IC}(m)+\varphi D \qquad \text{(公式 8.15)}$$

$$f_3^{ICL}(m)=f_2^{IC}(m)-\varphi D \qquad \text{(公式 8.16)}$$

$$f_3^{INH}(m)=f_2^{IN}(m)-\varphi D \qquad \text{(公式 8.17)}$$

$$f_3^{INL}(m)=f_2^{IN}(m)+\varphi D \qquad \text{(公式 8.18)}$$

公式8.15和公式8.17分别代表高冒险型特质"圈内人下属"施行和不施行越轨创新行为的感知收益 $f_3^{ICH}(m)$、$f_3^{INH}(m)$,公式8.16和公式8.18分别代表低冒险型特质"圈内人下属"施行和不施行越轨创新行为的感知收益 $f_3^{ICL}(m)$、$f_3^{INL}(m)$。对于高风险承担的"圈内人下属"来说,越轨创新行为的可感知收益往往高于他们不参与越轨创新行为时的收益即 $f_3^{ICH}(m)>f_3^{INH}(m)$;相反,低风险承担的"圈内人下属"倾向于认为不参与越轨创新行为比参与越轨创新行为更有利,即

$f_3^{INL}(m) > f_3^{ICL}(m)$。

（2）"圈外人下属"内控型人格

另一方面，"圈外人下属"在决策是否进行越轨创新时，其内控型人格会产生影响，不同内控型人格的"圈外人下属"可能会导致不平等的感知收益:具有高内控型人格的"圈外人下属"可能会因为越轨创新的成功率而选择越轨创新，而那些内控型人格较低的"圈外人下属"则会选择不同的博弈策略。如果"圈外人下属"有越轨创新行为，那么具有高内控型人格的下属将产生中等和不断增加的感知收益，而具有低内控型人格的下属将否认越轨创新行为的重要性，因此不会导致感知收益的增加或减少；如果"圈外人下属"没有越轨创新行为，那么具有高内控型人格的下属将产生中等但逐渐减少的感知收益，而低内控型人格下属原本就不认同越轨创新行为的重要性，则不会对其感知收益产生影响。因此，用 A 表示因控制型人格而参与越轨创新行为的内部下属与未参与越轨创新行为的内部下属的主观感知收益差异，用 δ 表示控制型人格水平的变异系数。详细参数设定如下所示:

$$f_3^{OCH}(m) = f_2^{OC}(m) + \delta A \qquad \text{（公式 8.19）}$$

$$f_3^{OCL}(m) = f_2^{OC}(m) \qquad \text{（公式 8.20）}$$

$$f_3^{ONH}(m) = f_2^{ON}(m) - \delta A \qquad \text{（公式 8.21）}$$

$$f_3^{ONL}(m) = f_2^{ON}(m) \qquad \text{（公式 8.22）}$$

公式 8.19 和公式 8.21 分别代表高内控型人格"圈外人下属"施行和不施行越轨创新行为的感知收益 $f_3^{OCH}(m)$、$f_3^{ONH}(m)$，公式 8.20 和公式 8.22 分别代表低内控型人格"圈外人下属"施行和不施行越轨创新的感知收益 $f_3^{OCL}(m)$、$f_3^{ONL}(m)$。对于高内控型人格的"圈外人下属"来说，他们对参与越轨创新行为的收益感知要高于那些没有参与越轨创新行为的下属，即 $f_3^{OCH}(m) > f_3^{ONH}(m)$；与此相对应的是，对于那些内控型人格相对较低的"圈外人下属"，不采取越轨创新行为的感知收益明显高于采取越轨创新行为的下属，这是因为内控型人格相对较低的"圈外人下属"并不认同采取越轨创新行为可以带来收益，反而还会给自己造成时间以及精力上的损失，即 $f_3^{ONL}(m) > f_3^{OCL}(m)$。

8.2.1.4　第四阶段

员工 i 大多会根据收集到的其他组织成员的信息,在博弈结束之后的某一时刻衡量所获得的感知收益,并随机选择组织中的其他员工 j 的感知收益进行对比,再根据两种感知收益的比较结果,决定是继续还是改变自己的行动策略。

$$p(s_i \leftarrow s_j) = \cfrac{1}{1 + \exp\left[-\cfrac{f_3^{i_j}(m) - f_3^{i}(m)}{\kappa}\right]} \qquad \text{(公式 8.23)}$$

其中, $f_3^{i_j}(m)$ 和 $f_3^{i}(m)$ 分别表示员工 i 根据自己的行为策略获得的预期报酬,以及员工 i 在与员工 j 采取相同行动的情况下可能获得的预期报酬。随后,员工 i 会衡量两种情况下预期报酬的差异:如果员工 i 按照自己的行为策略行事所能获得的预期报酬小于员工 i 根据员工 j 的立场所做的假设,那么在下一次博弈中,他将采用员工 j 的做法;反之,他将坚定自己的选择。此外,本研究还提及了物理学中用于表示温度倒数的数值 κ,这也可以用来描述环境因素如何影响员工的行为选择。当 $\kappa = \infty$ 则 $p(s_i \leftarrow s_j) = \dfrac{1}{2}$ 时,员工对于感知到的收益差异的反应相对较弱,这意味着高感知收益的策略优势可能会被遮蔽。因此,基于以往研究,本研究定义该值为 0.1,即员工 i 更倾向于模仿感知收益较高的员工 j 的态度和行为策略,但有时可能会因为疏忽或误判而导致相反的结果。

鉴于任何员工都可以根据自己是"圈内人下属"或"圈外人下属",决定是否参与越轨创新行为并评估所获得的利益,以与其他情况下的利益进行比较,为今后的行动提供战略指导。此番情形下,员工改变行为的可能性可分为四类:

(1)"圈内人下属"施行越轨创新行为

首先,将风险偏好特质高的"圈内人下属"将实施越轨创新行为的感知收益与假定其作为风险偏好特质高的"圈内人下属"不实施越轨创新行为、作为低冒险型特质"圈内人下属"施行或不施行越轨创新行为、作为高内控型人格"圈外人下属"实施或不实施越轨创新行为、作为低内控型人格"圈外人下属"施行或不施行越轨创新行为的感知收益进行比较,以确定是否需要调整成员资格或行为。公式 8.24—公式 8.30 为具体概率演算过程:

$$p(s_{ICH} \leftarrow s_{ICL}) = \cfrac{1}{1+\exp\left[-\cfrac{f_3^{ICL}(m)-f_3^{ICH}(m)}{\kappa}\right]}$$

(公式 8.24)

$$p(s_{ICH} \leftarrow s_{INH}) = \cfrac{1}{1+\exp\left[-\cfrac{f_3^{INH}(m)-f_3^{ICH}(m)}{\kappa}\right]}$$

(公式 8.25)

$$p(s_{ICH} \leftarrow s_{INL}) = \cfrac{1}{1+\exp\left[-\cfrac{f_3^{INL}(m)-f_3^{ICH}(m)}{\kappa}\right]}$$

(公式 8.26)

$$p(s_{ICH} \leftarrow s_{OCH}) = \cfrac{1}{1+\exp\left[-\cfrac{f_3^{OCH}(m)-f_3^{ICH}(m)}{\kappa}\right]}$$

(公式 8.27)

$$p(s_{ICH} \leftarrow s_{OCL}) = \cfrac{1}{1+\exp\left[-\cfrac{f_3^{OCL}(m)-f_3^{ICH}(m)}{\kappa}\right]}$$

(公式 8.28)

$$p(s_{ICH} \leftarrow s_{ONH}) = \cfrac{1}{1+\exp\left[-\cfrac{f_3^{ONH}(m)-f_3^{ICH}(m)}{\kappa}\right]}$$

(公式 8.29)

$$p(s_{ICH} \leftarrow s_{ONL}) = \cfrac{1}{1+\exp\left[-\cfrac{f_3^{ONL}(m)-f_3^{ICH}(m)}{\kappa}\right]}$$

(公式 8.30)

其次,对于低冒险型特质的"圈内人下属",考虑了实施越轨创新行为与预期收益的关系,也考虑了高冒险型特质的"圈内人下属"在越轨创新行为的选择。同时,对于那些具有高内控型人格的"圈外人下属"和那些低内控型人格的"圈外人下属",我们也探讨了他们在施行或不施行越轨创新行为时的感知收益,通过比较不同情境,我们可以更好地判断是否需要对组织的成员或行为进行调整。公式 8.31—公式 8.37 为具体概率演算过程:

$$p(s_{ICL} \leftarrow s_{ICH}) = \frac{1}{1 + \exp\left[-\dfrac{f_3^{ICH}(m) - f_3^{ICL}(m)}{\kappa}\right]}$$

（公式 8.31）

$$p(s_{ICL} \leftarrow s_{INH}) = \frac{1}{1 + \exp\left[-\dfrac{f_3^{INH}(m) - f_3^{ICL}(m)}{\kappa}\right]}$$

（公式 8.32）

$$p(s_{ICL} \leftarrow s_{INL}) = \frac{1}{1 + \exp\left[-\dfrac{f_3^{INL}(m) - f_3^{ICL}(m)}{\kappa}\right]}$$

（公式 8.33）

$$p(s_{ICL} \leftarrow s_{OCH}) = \frac{1}{1 + \exp\left[-\dfrac{f_3^{OCH}(m) - f_3^{ICL}(m)}{\kappa}\right]}$$

（公式 8.34）

$$p(s_{ICL} \leftarrow s_{OCL}) = \frac{1}{1 + \exp\left[-\dfrac{f_3^{OCL}(m) - f_3^{ICL}(m)}{\kappa}\right]}$$

（公式 8.35）

$$p(s_{ICL} \leftarrow s_{ONH}) = \frac{1}{1 + \exp\left[-\dfrac{f_3^{ONH}(m) - f_3^{ICL}(m)}{\kappa}\right]}$$

（公式 8.36）

$$p(s_{ICL} \leftarrow s_{ONL}) = \frac{1}{1 + \exp\left[-\dfrac{f_3^{ONL}(m) - f_3^{ICL}(m)}{\kappa}\right]}$$

（公式 8.37）

根据第三阶段推论所得"低冒险型特质'圈内人'不施行越轨创新行为产生的感知收益通常会高于其施行越轨创新行为",即 $f_3^{INL}(m) > f_3^{ICL}(m)$,可以得知仅公式 8.33 成立,说明"圈内人下属"在低冒险特质条件下不会施行越轨创新行为。

(2)"圈内人下属"不施行越轨创新行为

首先,将高冒险型特质的"圈内人下属"在不参与越轨创新行为时所感知的利益与假设其参与越轨创新行为的同类以及低冒险型特质的"圈内人下属"在施行和不施行越轨创新行为、高内控型人格的"圈外人下属"和低内控型人格的"圈外人下属"在施行和不施行越轨创新行为下所感知的收益进行对比。这样的对比有助于决定是否需要调整组织成员的身份或行为,甚至可能需要考虑是否需要改变他们的组织归属或行为。公式 8.38—公式 8.44 为具体概率演算过程:

$$p(s_{INH} \leftarrow s_{ICH}) = \cfrac{1}{1 + \exp\left[-\cfrac{f_3^{ICH}(m) - f_3^{INH}(m)}{\kappa}\right]}$$

(公式 8.38)

$$p(s_{INH} \leftarrow s_{ICL}) = \cfrac{1}{1 + \exp\left[-\cfrac{f_3^{ICL}(m) - f_3^{INH}(m)}{\kappa}\right]}$$

(公式 8.39)

$$p(s_{INH} \leftarrow s_{INL}) = \cfrac{1}{1 + \exp\left[-\cfrac{f_3^{INL}(m) - f_3^{INH}(m)}{\kappa}\right]}$$

(公式 8.40)

$$p(s_{INH} \leftarrow s_{OCH}) = \cfrac{1}{1 + \exp\left[-\cfrac{f_3^{OCH}(m) - f_3^{INH}(m)}{\kappa}\right]}$$

(公式 8.41)

$$p(s_{INH} \leftarrow s_{OCL}) = \cfrac{1}{1 + \exp\left[-\cfrac{f_3^{OCL}(m) - f_3^{INH}(m)}{\kappa}\right]}$$

(公式 8.42)

$$p(s_{INH} \leftarrow s_{ONH}) = \cfrac{1}{1+\exp\left[-\cfrac{f_3^{ONH}(m)-f_3^{INH}(m)}{\kappa}\right]}$$

（公式 8.43）

$$p(s_{INH} \leftarrow s_{ONL}) = \cfrac{1}{1+\exp\left[-\cfrac{f_3^{ONL}(m)-f_3^{INH}(m)}{\kappa}\right]}$$

（公式 8.44）

其次,将低冒险型特质"圈内人下属"不施行越轨创新行为所得的感知收益与假定自己作为低冒险型特质"圈内人下属"施行越轨创新行为、作为高冒险型特质"圈内人下属"施行与不施行越轨创新行为、作为高内控型人格"圈外人下属"施行与不施行越轨创新行为、作为低内控型人格"圈外人下属"施行与不施行越轨创新行为不同情境下的感知收益进行对比,以确定他们是否需要改变其组织归属或行为。公式8.45—公式8.51为具体概率演算过程:

$$p(s_{INL} \leftarrow s_{ICH}) = \cfrac{1}{1+\exp\left[-\cfrac{f_3^{ICH}(m)-f_3^{INL}(m)}{\kappa}\right]}$$

（公式 8.45）

$$p(s_{INL} \leftarrow s_{ICL}) = \cfrac{1}{1+\exp\left[-\cfrac{f_3^{ICL}(m)-f_3^{INL}(m)}{\kappa}\right]}$$

（公式 8.46）

$$p(s_{INL} \leftarrow s_{INH}) = \cfrac{1}{1+\exp\left[-\cfrac{f_3^{INH}(m)-f_3^{INL}(m)}{\kappa}\right]}$$

（公式 8.47）

$$p(s_{INL} \leftarrow s_{OCH}) = \cfrac{1}{1+\exp\left[-\cfrac{f_3^{OCH}(m)-f_3^{INL}(m)}{\kappa}\right]}$$

（公式 8.48）

$$p\left(s_{INL} \leftarrow s_{OCL}\right) = \cfrac{1}{1 + \exp\left[-\cfrac{f_3^{OCL}(m) - f_3^{INL}(m)}{\kappa}\right]}$$

（公式 8.49）

$$p\left(s_{INL} \leftarrow s_{ONH}\right) = \cfrac{1}{1 + \exp\left[-\cfrac{f_3^{ONH}(m) - f_3^{INL}(m)}{\kappa}\right]}$$

（公式 8.50）

$$p\left(s_{INL} \leftarrow s_{ONL}\right) = \cfrac{1}{1 + \exp\left[-\cfrac{f_3^{ONL}(m) - f_3^{INL}(m)}{\kappa}\right]}$$

（公式 8.51）

最后基于第三阶段的推导，我们可以得出"高冒险型特质'圈内人下属'通常能从越轨创新行为中获得比不参与越轨创新行为更大的感知收益"的结论，即 $f_3^{ICH}(m) > f_3^{INH}(m)$ 的观点，换言之高冒险型特质"圈内人下属"更倾向于施行越轨创新行为，由此可以判断上述公式中仅公式 8.38 成立。

（3）"圈外人下属"施行越轨创新行为

首先，将高内控型人格"圈外人下属"施行越轨创新行为所得的感知收益与假定自己作为高内控型人格"圈外人下属"不施行越轨创新行为、作为高冒险型特质"圈内人下属"施行或不施行越轨创新行为、作为低冒险型特质"圈内人下属"施行或不施行越轨创新行为、作为低内控型人格"圈外人下属"施行或不施行越轨创新行为不同情境下的感知收益进行对比，目的是确定他们是否需要调整其组织归属或行为模式。公式 8.52—公式 8.58 为具体概率演算过程：

$$p\left(s_{OCH} \leftarrow s_{ICH}\right) = \cfrac{1}{1 + \exp\left[-\cfrac{f_3^{ICH}(m) - f_3^{OCH}(m)}{\kappa}\right]}$$

（公式 8.52）

$$p\left(s_{OCH} \leftarrow s_{ICL}\right) = \cfrac{1}{1 + \exp\left[-\cfrac{f_3^{ICL}(m) - f_3^{OCH}(m)}{\kappa}\right]}$$

（公式 8.53）

$$p\left(s_{OCH} \leftarrow s_{INH}\right) = \cfrac{1}{1 + \exp\left[-\cfrac{f_3^{INH}(m) - f_3^{OCH}(m)}{\kappa}\right]}$$

（公式 8.54）

$$p\left(s_{OCH} \leftarrow s_{INL}\right) = \cfrac{1}{1 + \exp\left[-\cfrac{f_3^{INL}(m) - f_3^{OCH}(m)}{\kappa}\right]}$$

（公式 8.55）

$$p\left(s_{OCH} \leftarrow s_{OCL}\right) = \cfrac{1}{1 + \exp\left[-\cfrac{f_3^{OCL}(m) - f_3^{OCH}(m)}{\kappa}\right]}$$

（公式 8.56）

$$p\left(s_{OCH} \leftarrow s_{ONH}\right) = \cfrac{1}{1 + \exp\left[-\cfrac{f_3^{ONH}(m) - f_3^{OCH}(m)}{\kappa}\right]}$$

（公式 8.57）

$$p\left(s_{OCH} \leftarrow s_{ONL}\right) = \cfrac{1}{1 + \exp\left[-\cfrac{f_3^{ONL}(m) - f_3^{OCH}(m)}{\kappa}\right]}$$

（公式 8.58）

其次，将低内控型人格"圈外人下属"施行越轨创新行为所得的感知收益与假定自己作为低内控型人格"圈外人下属"不施行越轨创新行为、作为高冒险型特质"圈内人下属"施行或不施行越轨创新行为、作为低冒险型特质"圈内人下属"施行或不施行越轨创新行为、作为高内控型人格"圈外人下属"施行或不施行越轨创新行为不同情境下的感知收益进行对比，以确定他们是否需要改变其组织归属或行为（贺琦，2021）。公式 8.59—公式 8.65 为具体概率演算过程：

$$p\left(s_{OCL} \leftarrow s_{ICH}\right) = \cfrac{1}{1 + \exp\left[-\cfrac{f_3^{ICH}(m) - f_3^{OCL}(m)}{\kappa}\right]}$$

（公式 8.59）

$$p\left(s_{OCL} \leftarrow s_{ICL}\right) = \cfrac{1}{1 + \exp\left[-\cfrac{f_3^{ICL}(m) - f_3^{OCL}(m)}{\kappa}\right]}$$

(公式8.60)

$$p\left(s_{OCL} \leftarrow s_{INH}\right) = \cfrac{1}{1 + \exp\left[-\cfrac{f_3^{INH}(m) - f_3^{OCL}(m)}{\kappa}\right]}$$

(公式8.61)

$$p\left(s_{OCL} \leftarrow s_{INL}\right) = \cfrac{1}{1 + \exp\left[-\cfrac{f_3^{INL}(m) - f_3^{OCL}(m)}{\kappa}\right]}$$

(公式8.62)

$$p\left(s_{OCL} \leftarrow s_{OCH}\right) = \cfrac{1}{1 + \exp\left[-\cfrac{f_3^{OCH}(m) - f_3^{OCL}(m)}{\kappa}\right]}$$

(公式8.63)

$$p\left(s_{OCL} \leftarrow s_{ONH}\right) = \cfrac{1}{1 + \exp\left[-\cfrac{f_3^{ONH}(m) - f_3^{OCL}(m)}{\kappa}\right]}$$

(公式8.64)

$$p\left(s_{OCL} \leftarrow s_{ONL}\right) = \cfrac{1}{1 + \exp\left[-\cfrac{f_3^{ONL}(m) - f_3^{OCL}(m)}{\kappa}\right]}$$

(公式8.65)

最后根据第三阶段推论,得到"对于低内控型人格'圈外人下属'来说,不参与越轨创新行为的预期收益往往大于参与越轨创新行为的人",即$f_3^{ONL}(m) > f_3^{OCL}(m)$的观点,换言之低内控型人格"圈外人下属"通常情况下不会施行越轨创新行为,由此可以判断上述公式中仅公式8.65成立。

(4)"圈外人下属"不施行越轨创新行为

首先,将高内控型人格"圈外人下属"不施行越轨创新行为所得的感知收益与假定自己作为高内控型人格"圈外人下属"施行越轨创新行为、作为高冒险型特质"圈内人下属"施行或不施行越轨创新行为、作为低冒险型特质"圈内人下属"施行或不施行越轨创新行为、作为低内控型人格"圈外人下属"施行或不施行越轨创新行为不同情境下的感知收益进行对比,以确定他们是否需要改变其组织归属或行为(贺琦,2021)。公式8.66—公式8.72为具体概率演算过程:

$$p\left(s_{ONH} \leftarrow s_{ICH}\right) = \frac{1}{1+\exp\left[-\dfrac{f_3^{ICH}(m) - f_3^{ONH}(m)}{\kappa}\right]}$$

(公式8.66)

$$p\left(s_{ONH} \leftarrow s_{ICL}\right) = \frac{1}{1+\exp\left[-\dfrac{f_3^{ICL}(m) - f_3^{ONH}(m)}{\kappa}\right]}$$

(公式8.67)

$$p\left(s_{ONH} \leftarrow s_{INH}\right) = \frac{1}{1+\exp\left[-\dfrac{f_3^{INH}(m) - f_3^{ONH}(m)}{\kappa}\right]}$$

(公式8.68)

$$p\left(s_{ONH} \leftarrow s_{INL}\right) = \frac{1}{1+\exp\left[-\dfrac{f_3^{INL}(m) - f_3^{ONH}(m)}{\kappa}\right]}$$

(公式8.69)

$$p\left(s_{ONH} \leftarrow s_{OCH}\right) = \frac{1}{1+\exp\left[-\dfrac{f_3^{OCH}(m) - f_3^{ONH}(m)}{\kappa}\right]}$$

(公式8.70)

$$p\left(s_{ONH} \leftarrow s_{OCL}\right) = \frac{1}{1+\exp\left[-\dfrac{f_3^{OCL}(m) - f_3^{ONH}(m)}{\kappa}\right]}$$

(公式8.71)

$$p\left(s_{ONH} \leftarrow s_{ONL}\right) = \frac{1}{1+\exp\left[-\dfrac{f_3^{ONL}(m) - f_3^{ONH}(m)}{\kappa}\right]}$$

(公式8.72)

其次,将低内控型人格"圈外人下属"不施行越轨创新行为所得的感知收益与假定自己作为低内控型人格"圈外人下属"施行越轨创新行为、作为高冒险型特质"圈内人下属"施行或不施行越轨创新行为、作为低冒险型特质"圈内人下属"施行或不施行越轨创新行为、作为高内控型人格"圈外人下属"施行或不施行越轨创新行为不同情境下的感知收益进行对比,以确定他们是否需要改变其组织归属或行为(贺琦,2021)。公式8.73—公式8.79为具体概率演算过程:

$$p(s_{ONL} \leftarrow s_{ICH}) = \cfrac{1}{1+\exp\left[-\cfrac{f_3^{ICH}(m)-f_3^{ONL}(m)}{\kappa}\right]}$$

(公式8.73)

$$p(s_{ONL} \leftarrow s_{ICL}) = \cfrac{1}{1+\exp\left[-\cfrac{f_3^{ICL}(m)-f_3^{ONL}(m)}{\kappa}\right]}$$

(公式8.74)

$$p(s_{ONL} \leftarrow s_{INH}) = \cfrac{1}{1+\exp\left[-\cfrac{f_3^{INH}(m)-f_3^{ONL}(m)}{\kappa}\right]}$$

(公式8.75)

$$p(s_{ONL} \leftarrow s_{INL}) = \cfrac{1}{1+\exp\left[-\cfrac{f_3^{INL}(m)-f_3^{ONL}(m)}{\kappa}\right]}$$

(公式8.76)

$$p(s_{ONL} \leftarrow s_{OCH}) = \cfrac{1}{1+\exp\left[-\cfrac{f_3^{OCH}(m)-f_3^{ONL}(m)}{\kappa}\right]}$$

(公式8.77)

$$p(s_{ONL} \leftarrow s_{OCL}) = \cfrac{1}{1+\exp\left[-\cfrac{f_3^{OCL}(m)-f_3^{ONL}(m)}{\kappa}\right]}$$

(公式8.78)

$$p(s_{ONL} \leftarrow s_{ONH}) = \cfrac{1}{1+\exp\left[-\cfrac{f_3^{ONH}(m)-f_3^{ONL}(m)}{\kappa}\right]}$$

(公式8.79)

根据第三阶段推论,得:"高内控型人格'圈外人下属'的越轨创新行为收益往往高于那些没有越轨创新行为的人",即 $f_3^{OCH}(m) > f_3^{ONH}(m)$ 的观点,可以得知仅公式 8.70 成立,说明高内控型"圈外人下属"会施行越轨创新行为。

8.2.2 仿真分析

以整体方法来识别和理解领导力现象是当代领导力理论突出的重点:领导力现象不是客观存在,而是员工对领导主观感知的自然延伸(郑伯埙,1995),因此把员工角色纳入领导理论范畴来研究员工的感知收益显得尤为重要。差序式领导对待员工的不同方式造成了组织关系中"圈内人下属"和"圈外人下属"的不同分布,也对研究员工是如何从自身角色分配和身份差异的角度来感知差序式领导提供了思路。因此,在本研究的模拟仿真阶段,我们从"圈内人下属"和"圈外人下属"的视角来探讨差序式领导与员工越轨创新行为之间的联系。

研究将 N 定义为初始组织网络结构中的员工人数、ρ_I 为"圈内人下属"比例、ρ_O 为"圈外人下属"比例,且满足 $\rho_I + \rho_O = 1$,$P(q) = 2g^2 q^{-\alpha}$ 为组织网络结构的度数分布,其中平均度数 $q = 6$,最小度数 $g = 3$,幂指数 $\alpha = 2.1$。为建立领导影响员工越轨创新行为的博弈过程模型,研究采用了蒙特卡洛方法,考虑了存在随机效应,并对结果进行了200 次独立试验,最后取得了平均值。

8.2.2.1 差序式领导对"圈内人下属"越轨创新行为影响的博弈研究

如上文所述,本研究已详细论述了在相同行为前提下,在感知收益层面"圈内人下属"必定高于"圈外人下属",即公式 $f_2^{IC}(m) > f_2^{OC}(m)$ 和 $f_2^{IN}(m) > f_2^{ON}(m)$。因此,"圈内人下属"主动向"圈外人下属"转变的可能性微乎其微,"圈内人下属"的冒险型特质水平对行为感知收益的影响决定了"圈外人下属"是否实施越轨创新行为。研究从"圈内人下属"视角出发,考察管理者偏袒程度的不同如何影响心理资本,以及冒险型特质如何影响越轨创新行为的可感知收益。具体来说,我们研究了"圈内人下属"从事越轨创新行为的可能性如何随感知利益和对其心理资本的额外期望而变化,并以图表的形式解释了这些结果。

第一,当"圈外人下属"在沟通与合作、晋升与奖励、对个人利益的宽容与信任等方面体验到差序式领导时,往往会在组织中形成独特的认知和情感内涵以及心理资本增长效应(姜定宇等,2010)。图 8.2 是"圈内人下属"心理资本 C 随差序式领导水平 L 变化的模拟图。可以看出,"圈内人下属"的心理资本 C 与差序式领导水平 L 呈正相关,差序式领导水平 L 越高,"圈内人下属"的心理资本 C 越高。"圈内人下属"获得的心理资本随着差序式领导水平的提高而增加,定义心理特权为心理资本变量的概念表述,如图 8.2 所示。

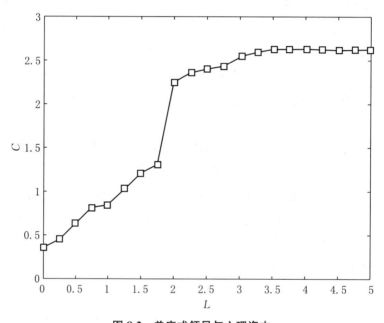

图 8.2   差序式领导与心理资本

第二,"圈内人下属"现有的利弊平衡和整体行为取向受制于冒险型特质而破坏"圈内人下属"现有的利弊平衡和整体行为取向。例如,高冒险型特质的"圈内人下属"倾向于关注自身利益的价值,因此他们可能会忽视潜在的风险,加深对越轨创新的"创新"本质的认识,认为采用越轨创新可以带来预期的利益。另一方面,低冒险型特质的"圈内人下属"是风险规避者,他们更喜欢稳定,因此他们会保护自己免受风险,并加深对越轨创新的"创新"性质的认知,这可能会导致他们对越轨创新的预期收益持怀疑态度。

由此,图 8.3 与图 8.4 绘制了高冒险型特质"圈内人下属"与低冒险型特质"圈内人下属"对越轨创新行为的收益认知图。结果发现,两者的趋势完全相反。这表明,高冒险特质"圈内人下属"施行越轨创新行为与其能够获得的感知收益成正比;低冒险型特质"圈内人下属"施行越轨创新行为与其能够获得的感知收益成反比。因此,高冒险型特质"圈内人下属"施行越轨创新作为能够获得的感知收益显著高于低冒险型特质"圈内人下属"施行越轨创新行为能够获得的感知收益。

第三,"圈内人下属"是否能在实行越轨创新行为的情境中获得相应感知利益,以及感知利益是否能够有效补充由偏袒性待遇产生的心理资本,是"圈内人下属"实施越轨创新行为的重要诱因。因此,本研究考察了在差序式领导下,"圈内人下属"所受待遇对其心理资本 C 的影响,并研究这种心理资本与实施越轨创新行为的感知利益 $f_3^{ICH}(m)$ 或 $f_3^{ICL}(m)$ 的双重作用下,"圈内人下属"实施越轨创新行为的可能性,并通过图 8.5 与图 8.6 对偶展示,着重呈现了两者的交互关系。

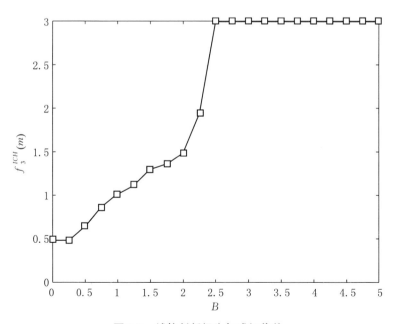

图 8.3 越轨创新行为与感知收益

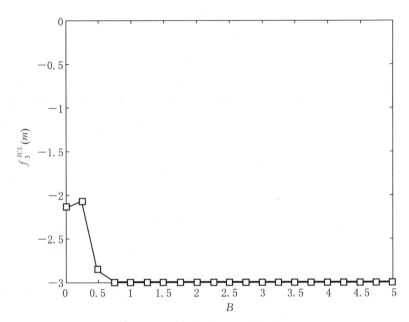

图 8.4　越轨创新行为与感知收益

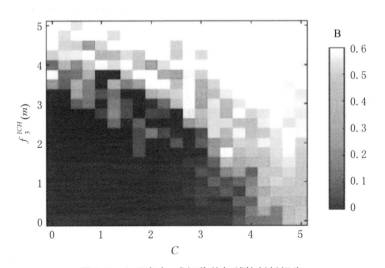

图 8.5　心理资本、感知收益与越轨创新行为

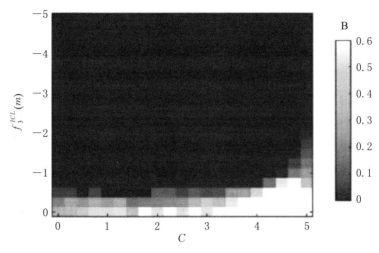

图 8.6　心理资本、感知收益与越轨创新行为

　　"圈内人下属"是否能从越轨创新行为中获得感知收益,并且这些收益是否能够弥补偏袒性待遇所形成的心理资本,成为他们选择是否实施越轨创新行为的驱动因素。由此,研究探讨在差序式领导偏私对待下"圈内人下属"产生的心理资本 C 及感知收益 $f_3^{ICH}(m)$ 或 $f_3^{ICL}(m)$ 的双重作用下执行越轨创新行为的可能性 B,并对偶展示于图 8.5 和图 8.6。图 8.5 表明,高风险承担水平下,随着心理资本的增加,"圈内人下属"做出越轨创新行为的概率更高,同时也随着感知效用的增加而增加,即"圈内人下属"表现出越轨创新行为的概率受到心理资本和感知效用相互作用的影响。图 8.6 显示,在低风险承担条件下,"圈内人下属"表现出偏差创新行为的概率会随着心理资本的增加而增加,但感知效用会降低。也就是说,低风险承担条件下,"圈内人下属"对偏差创新行为的感知效用会削弱其心理资本,从而阻碍"圈内人下属"做出越轨创新行为。

　　8.2.2.2　差序式领导对"圈外人下属"越轨创新行为影响的博弈研究

　　如前文所述,我们已经从"圈外人下属"的角度,结合理论推导和实证研究,深入分析了差序式领导与员工越轨创新行为之间的互动机制和边界条件,并针对相同行为前提下,在感知收益层面"圈外人下属"感知收益必定低于"圈内人下属"感知收益这一观点达成共识,因此"圈外人下属"往往会表现出主动跻身"圈内人下属"的行为意向,是否采取越轨的创新行为取决于内控型人格水平对该行为的预期收益的影响。

接下来,将基于"圈外人下属"角度,探究差序式领导偏恶的不同如何影响心理资本,以及内控型人格的不同如何影响实施越轨创新行为的感知收益。换句话说,我们的研究聚焦于"圈外人下属"的心理资本的感知收益和互补期望如何影响实施越轨创新行为的可能性,并对此进行了图解。

首先,当"圈外人下属"意识到差序式领导所受到的偏私待遇时,他们往往会对组织产生负面的认知和情感联想,从而不可避免地会遭受心理损失并产生心理资本的消融效应(姜定宇等,2010)。图 8.7 为"圈外人下属"心理资本 C 随差序式领导水平 L 变化的仿真示意图。可以看出,"圈外人下属"心理资本 C 负相关于差序式领导水平 L,当处于高差序式领导水平时,"圈外人下属"的心理资本相对较小,而相对剥夺感则为心理资本在此研究中的具体表现,如图 8.7 所示。

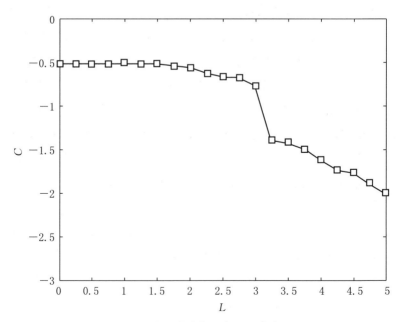

图 8.7　差序式领导与心理资本

其次,"圈外人下属"群体在工作场域中的一般行为取向都会受到内控型人格影响。举例来说,高内控型人格的"圈外人下属"坚信自己的行动能力,他们可能会通过施行越轨创新行为的方式来实现感知收益的传递;相对而言,低内控型人格"圈外人下属"则认为既定现实无法发生改变,因此不太可能通过越轨创新行为获取感知收益。

由此,图8.8和图8.9展示了高和低内控型人格的"圈外人下属"做出越轨创新行为获取的感知收益。从所提供的图示中,我们可以观察到,当员工的内控人格水平发生变化时,他们对越轨创新行为的感知收益也会有很大的差异。就图8.8而言,当具有高内控型人格的"圈外人下属"展现出更强烈的越轨创新行为时,他们所能获得的感知利益也会相应增加;就图8.9而言,那些属于低内控型人格"圈外人下属"的群体在施行越轨创新行为时,其感知收益会随着创新行为的越轨程度而逐渐减少,直至无限趋近于零。由此表明,高内控型人格"圈外人下属"施行越轨创新行为能够获得的感知收益显著高于低内控型人格"圈外人下属"。

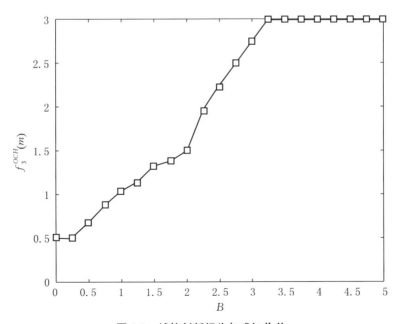

图 8.8　越轨创新行为与感知收益

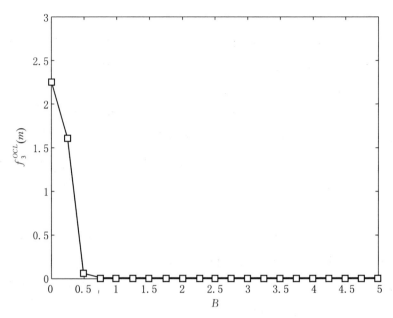

图 8.9　越轨创新行为与感知收益

　　第三,"圈外人下属"能否为越轨创新行为产生感知利益,以及感知利益能否有效补充偏差待遇所产生的心理资本,是"圈外人下属"实施越轨创新行为的诱因。因此,本研究在感知利益 $f_3^{OCH}(m)$ 或 $f_3^{OCL}(m)$ 对偏差创新行为的双重效应下,探讨在差序式领导偏恶情形下"圈外人下属"产生的心理资本 C 和实施越轨创新行为的概率 B,如图 8.10 和图 8.11 所示。图 8.10 表明,随着心理资本的减少和感知效用的增加,高内控型人格"圈外人下属"实施越轨创新行为的可能会增加,即心理资本和感知效用决定了"圈外人下属"越轨创新行为的实施概率。图 8.11 显示,在低内控型人格条件下,"圈外人下属"从事越轨创新行为的概率随着"圈外人下属"心理资本的减少而增加,而感知效用则持平,即在低内控型人格条件下,"圈外人下属"从事越轨创新行为的感知效用无法促进其心理资本的积累,降低了"圈外人下属"从事越轨创新行为的可能性。

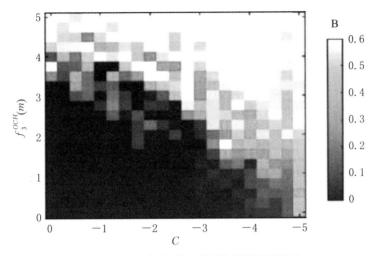

图 8.10 心理资本、感知收益与越轨创新行为

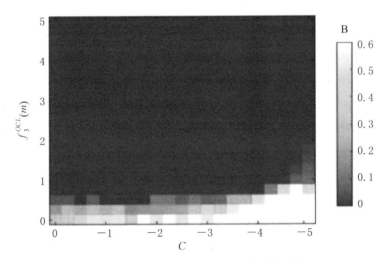

图 8.11 心理资本、感知收益与越轨创新行为

8.2.3 博弈结论

本研究以差序式领导为背景构建演化博弈模型,对"圈内人下属"与"圈外人下属"施行越轨创新行为的心理过程与行为历程进行模拟,同时将冒险型特质水平与内控型人格水平作为边界机制。一方面,在出现越轨创新行为的情况下,对高低冒险型特质的"圈内人下属"能否获得利益认知作为主要考虑因素,探讨"圈内人下属"是如何通过越轨

创新来回报由差序式领导的偏私带来的心理资本的增值。另一方面,用高低内控型人格的"圈外人下属"在从事越轨创新行为时能否获得感知收益为衡量尺度,探讨"圈外人下属"如何从事越轨创新行为,以扭转因领导偏差而导致的心理资本下降。该模拟不仅是对前几章内容的补充,而且还能让我们深入了解下属的心理资本,前述模拟不仅为前几章的数据验证结果提供了图表支持,还扩大了对实证研究结论的表层机制的还原。

首先,本研究依据现有的差序式领导的相关文献,确定差序式领导对于"圈内人下属"的偏私对待和"圈外人下属"的偏恶对待必然会导致两者产生截然不同的内在心理状态。因此,尽管"圈内人下属"和"圈外人下属"都能通过差序式领导来激励他们的越轨创新行为,但是他们所经历的心理过程存在很大区别。

其次,员工的人格特质会在不同情境下影响其实施越轨创新行为所能得到的感知收益。高冒险型特质"圈内人下属"更加关注实施越轨创新行为的潜在收益,低冒险型特质"圈内人下属"却更为担心施行越轨创新行为的风险。高内控型人格"圈外人下属"更有可能将实施越轨创新行为视为角色转变的机会,而低内控型人格"圈外人下属"则可能并不这么认为。

最后,"圈内人下属"与"圈外人下属"基于差序式领导的不同对待方式会形成不同的心理资本,他们自身的性格特征也会影响其在越轨创新过程中所形成的感知收益。这既提示了企业员工偏离越轨创新行为的触发机制可能存在差异,也揭示了企业员工施行越轨创新行为的深层考虑——感知收益能否对心理资本形成有效补充。也就是说,一旦形成心理特权感,只有高冒险型特质才能激活"圈内人下属"的越轨创新行为;一旦形成相对剥夺感,只有高度激活内控型人格才能提升"圈外人下属"的越轨创新行为。

从上述博弈中,我们可以推断出,在家族企业中,一方面,如果领导者始终采取差异化战略,"圈内人下属"就会相对更积极做出越轨创新行为,以回报差序式领导的偏颇对待;另一方面,如果领导者采取动态分类风格,"圈内人下属"同样也更易做出越轨创新行为,以回报差异化领导的偏颇对待,而特别值得一提的是,如果管理者采用动态分类风格,"圈外人下属"同样会出于在家族企业中希冀实现有效地位流动的愿望而做出越轨创新行为,以扭转多元化管理者的偏颇待遇。

8.3　员工越轨创新行为对组织创新绩效影响的博弈研究

在现代企业中,组织创新绩效被认为是维持竞争力和实现可持续发展的关键。然而,创新不再仅仅是高级管理层的职责,越来越多地依赖于组织内部各个层级的员工。员工的越轨创新行为指的是,当他们的创新思路受到抑制或被管理层拒绝后,他们仍然坚守自己的创意,并转入地下实施进一步创新的行为。我们发现,员工个体的越轨创新行为不仅可以带来单一创新成果,还可以激发企业创新能力的提升。员工的积极越轨创新行为可以促使企业更好地整合和利用内外部资源,推动创新文化的落地,加速创新项目的推进,从而增强企业的创新竞争力,进一步优化组织的创新绩效。而组织创新绩效作为企业各种创新成果的综合反映,表现为企业从创新想法的产生,并采取创新性措施将其应用到实际的生产经营活动中,从而给企业带来的整体作用和影响结果,其本身即为一个多层次概念(Drucker,1993;Jassen,2001;Torre 等,2020)。本研究认为,员工的越轨创新行为可以激发组织内其他成员的积极性,在组织内部产生涟漪效应,推动更广泛的创新,从而极大地促进组织创新绩效的提升。当企业积极提升组织创新绩效,提供足够的资源和支持,同时员工也施行积极越轨创新行为,这就是理想状态,员工和企业一起实现最佳互动效果,创造双赢局面。

8.3.1　模型描述

有限理性条件下的创新过程中,企业是否积极提升组织创新绩效和员工的越轨创新行为是一个不断调整的动态过程。在一个理想的环境中,企业出于长远利益考虑,会在一定程度积极提升组织创新绩效,但其受到员工越轨创新的影响,会存在两种表现形式:(1)积极提升组织创新绩效(A1),概率为 p;(2)消极提升组织创新绩效(A2),概率为 $1-p$。从同样的逻辑出发,员工在从启动越轨创新到实施越轨创新的过程中,他们会根据外界环境的变化持续调整自己的行为方式,因此后续过程中员工可能会面临两个选择:(1)施行越轨创新行为(B1),概率为 q;(2)不施行越轨创新行为(B2),概率为 $1-q$,博弈双方的收益矩阵如表 8.2 所示。

表 8.2　员工越轨创新和组织创新绩效的博弈矩阵

	B1(q)	B2($1-q$)
A1(p)	(π_1-K+B, $\pi_2+X(K)+C$)	(π_1-K, $\pi_2+X(K)$)
A2($1-p$)	(π_1, π_2-D)	(π_1, π_2)

关于矩阵的详细阐述如下:(1)当企业积极提升组织创新绩效、员工施行越轨创新行为时,企业的收益为 π_1-K+B,员工的收益为 $\pi_2+X(K)+C$。π_1 和 π_2 分别是企业和员工本身的基本收益。K 是企业积极提升组织创新绩效的投入,$X(K)$ 则是企业在努力提高组织创新绩效的同时,员工实行越轨创新所能带来的额外收益。$0<X(K)<1$ 时,企业对组织的创新绩效表现出的积极性越高,员工从中获得的利益也就越大。B 代表企业从员工的越轨创新行为中获取的"超额利润",C 代表员工因施行越轨创新行为提高企业组织创新绩效而获得的绩效工资。考虑到组织创新绩效对企业总体收益的长期影响,B 的值大于 K。因此,企业通过员工的越轨创新行为所获得的收益应超过为积极提高组织创新绩效所投入的成本。(2)当企业对提升组织创新绩效采取积极态度而员工不施行越轨创新行为时,企业的收益为 π_1-K,员工的收益为 $\pi_2+X(K)$。(3)当企业对提升组织创新绩效采取消极态度而员工施行越轨创新行为时,企业的收益为 π_1,员工的收益为 π_2-D。D 代表企业对提升组织创新绩效采取消极态度时,员工坚持越轨创新所面临的损失。在组织创新持消极态度的情境下,团队成员可能表现出对工作冲突的不理解、对领导决策的不认可、对组织目标的不认同、对工作同伴的不信任等症状。最初任务上的冲突可能逐渐演变为人际关

系上的矛盾,因为理智和情感在工作冲突中常常紧密相连。这种关系冲突所引发的怀疑、戒备、紧张和敌意等情绪,可能会削弱团队的凝聚力和向心力,并造成组织成员心理上的损害。(4)在企业对提升组织创新绩效持消极态度、员工也不施行越轨创新行为时,企业的收益为 π_1,员工的收益为 π_2,这会导致企业的竞争力与创新力逐渐下降,进而造成企业资源无法挽回地持续流失。因此在一段时间内,双方都将只能保持现有的收益。

根据 Malthusian 动态方程,如果选择某种特定策略的个体适应度超过群体的平均适应度,那么这种策略也会随着时间的流逝而相应地增长。因此随时间推移组织创新绩效和员工越轨创新的策略之间的动力学方程为:

$$\begin{cases} \dfrac{d_p}{d_t}=p(1-p)(qB-K) \\ \dfrac{d_q}{d_t}=q(1-q)\big[(C+D)p-D\big] \end{cases} \qquad (公式\ 8.80)$$

我们可以依据这组方程进一步深入探讨组织创新绩效和员工越轨创新的策略交互行为如何发展。假设方程组(8.80)的雅可比矩阵为 J,则

$$J=\begin{matrix} (1-2p) & (qB-K)Bp(1-p) \\ (C+D)q(1-q) & (1-2q)\big[(C+D)p-D\big] \end{matrix}$$

$$(公式\ 8.81)$$

将 J 的行列式记为 Det(J),记为 Tr,讨论方程组(1)的稳定性。

令 $\dfrac{d_p}{d_t}=0,\dfrac{d_q}{d_t}=0$ 在平面 $M=\{(p,q)\,|\,0\leqslant p,q\leqslant 1\}$ 上可得演化博弈的 5 个均衡点:$(0,0)$,$(0,1)$,$(1,0)$,$(1,1)$和$\left(\dfrac{D}{C+D},\dfrac{K}{B}\right)$,各均衡点的稳定性如表 8.3 所示。

根据表 8.3 中的分析结果可知,5 个均衡点中有 2 个是稳定点,这两个稳定点分别对应两种博弈模式:(1)(A1,B1)模式是员工施行越轨创新行为的同时,企业积极提升组织创新绩效;(2)(A2,B2)模式是员

表 8.3　均衡点稳定性的分析结果

均衡点	Det(J)	Tr	结果
$p=0, q=0$	KD^+	$-(K+D)^-$	ESS
$p=0, q=1$	$(B-K)D^+$	$(B-K)+D^+$	不稳定
$p=1, q=0$	KC^+	$K+C^+$	不稳定
$p=1, q=1$	$(B-K)C^+$	$K-(B+C)^-$	ESS
$p=\dfrac{D}{C+D}, q=\dfrac{K}{B}$	$-\dfrac{DCK(B-K)}{B(C+D)}$	0	鞍点

工不施行越轨创新行为的同时,企业消极提升组织创新绩效。图 8.12 体现了组织创新绩效和员工越轨创新行为的动态演变过程。

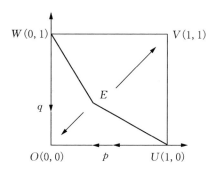

图 8.12　企业和员工交往的动态过程

在图 8.12 中,通过两个不平衡点(0,1)、(1,0)以及鞍点 $E\left(\dfrac{D}{C+D}, \dfrac{K}{B}\right)$ 构成的折线描述了系统收敛至不同模式的界限。若系统起始于 UEWV 区域,则将趋向模式(A2,B2),意味着企业消极提升组织创新绩效且员工不施行越轨创新行为,这是一种不良锁定状态;而若系统起始于 UEWO 区域,则将趋向模式(A1,B1),即企业积极提升组织创新绩效并且员工施行越轨创新行为,这是理想状态。因此,适当地调整参数可以增加系统达到理想均衡状态(A1,B1)的可能。

当与员工的越轨创新和组织的创新绩效相关的参数发生变动时,该模型的收敛速率也会受到相应的影响。在鞍点位置,$\dfrac{\delta_q}{\delta_b}<0$,在其他

参数保持不变时,鞍点 $E\left(\dfrac{D}{C+D}, \dfrac{K}{B}\right)$ 向下平移会增加收敛于模式(A1,B1)的概率,减少收敛于模式(A2,B2)的概率;反之亦然(如图 8.13 所示)。鞍点 $E\left(\dfrac{D}{C+D}, \dfrac{K}{B}\right)$ 向左平移会增加收敛于模式(A1,B1)的概率,减少收敛于模式(A2,B2)的概率;反之亦然(如图 8.14 所示)。

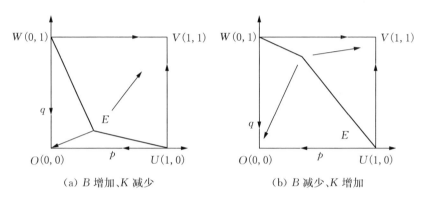

(a) B 增加、K 减少　　　　　　(b) B 减少、K 增加

图 8.13　参数 B、K 变化对收敛速度的影响

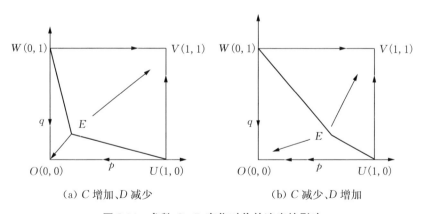

(a) C 增加、D 减少　　　　　　(b) C 减少、D 增加

图 8.14　参数 C、D 变化对收敛速度的影响

同样地,为了提高组织的创新绩效,企业的投入 K 以及员工从这些投入中所获取的收益 X 对收敛速度也必然会产生影响,如图 8.13 所示。因为 $X'(K)>0$,定义域内单调函数呈现出反函数特性,$K'(X)>0$ 意味着员工在企业积极提升组织创新绩效的环境中通过施行越轨创

新行为能够获取更大的利益,这对企业的持续生存和成长更为有利,因此,企业在这方面的投资也相应增加。X 对收敛速度的影响并不是直接的,而是通过参数 K 来实现的。在企业消极促进组织创新的背景下,员工坚持进行越轨创新的损失 D 对其收敛速度的影响如图 8.14 展示。

8.3.2　仿真分析

接下来,我们将通过数值实验的方式,深入探讨选择特定策略的初始参与者比例、企业为积极提升组织创新绩效的投入、企业及其员工从创新行为中获取到的额外收益以及企业在消极提升组织创新绩效可能导致员工越轨创新的损失等参数变化对演化结果的影响。

(1) 首先,在探讨这个议题时,我们重点研究了初始参与者比例选择的相关策略如何影响演化的最终结果。图 8.15 展示的是数值实验的成果,其中 p 和 q 分别代表了企业积极提升组织创新绩效的初始比例和员工施行越轨创新行为的比例。横轴代表时间,而纵轴表示施行越轨创新行为的员工比例。其他相关参数则设定为 $K=1$,$B=2$,$C=$ 0.5,$D=1$。从所提供的图表中,我们可以明显看到,员工的越轨创新行为和企业组织的创新行为在很大程度上受到初始概率选择的影响。这四条轨道基于不同的起始概率设计,它们在达到均衡状态前不会发

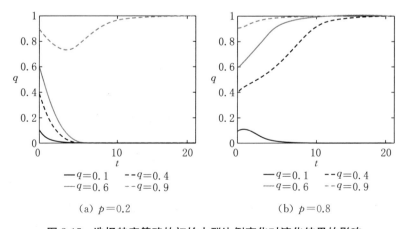

图 8.15　选择特定策略的初始人群比例变化对演化结果的影响

生交叉或叠加。此外,与开始实施越轨创新行为的员工的初始比例有关,达到平衡状态所需的时间也存在差异。当初始比例趋近于均衡态时,其收敛的速率会加快。通过比较图 2 中的两个子图,我们可以观察到,员工行为的演变和收敛时间不仅受到选择越轨创新行为的员工初始比例的影响,还受到积极提升组织创新绩效的企业人群初始比例的影响。当初始比例趋近于一个理想的状态时,员工的行为进化到这一理想状态的几率也随之增大。

(2)为了探究企业投资如何影响组织创新绩效的演变,我们进行了一系列数值实验,实验结果如下图 8.16 所示。图示中,横轴代表时间,纵轴表示企业中积极提升组织创新绩效策略的比例。员工选择施行越轨创新行为的比例为 0.8(即 $q=0.8$),其他的相关参数设定为 $B=2$,$C=0.5$,$D=1$。

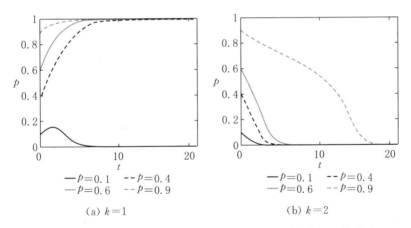

图 8.16　企业积极提升组织创新绩效的投入变化对演化结果的影响

比较图 8.16(a)与图 8.16(b)的结果,我们可以观察到,随着企业在提升组织创新绩效的方面的投入逐渐增加,企业与其员工之间的交互模式已经演化到了完全不同的状态,即(A2, B2)模式。在这种模式下,企业采取了消极的策略来提升组织创新绩效,而员工则不再施行越轨创新行为,这是一种不良锁定状态。然而,在理想情况下企业应当积极提升组织创新绩效,因此需要注意的是,并非投入越多就越好,因为一旦超过一定的限度,可能会陷入不良锁定的状态。

(3) 如图 8.17 所示,企业收益的波动对博弈演化结果产生了显著的影响。在图中,横轴表示时间,纵轴表示企业选择积极提升组织创新绩效的比例。员工选择越轨创新的比例设定为 0.8,而其他相关参数则设定为 $K=1$,$C=0.5$,$D=1$。通过对比图 8.17(a)与图 8.17(b)的结果,我们可以看到,企业从员工越轨创新行为中获得的收益对于企业与员工间的交互行为向更理想的状态转变起到了关键作用。当员工选择越轨创新的比例较高时,企业的收益也相应增加,这激励了企业更积极地提升组织创新绩效,从而创造了双赢的局面。

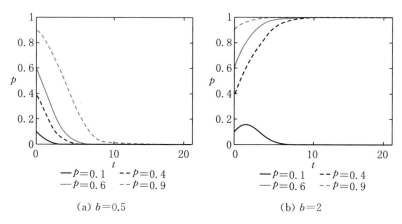

图 8.17 企业收益变化对演化结果的影响

(4) 在企业采取消极措施以提升组织创新绩效的情况下,员工因越轨创新行为所遭受的损失最终会对企业创新结果产生不良影响,具体的数值实验结果如图 8.18 展示。图示中,横轴表示时间,纵轴表示员工中选择越轨创新行为的比例。企业选择积极提升组织创新绩效的比例为 0.8,而其他相关参数则设定为 $K=1$,$B=2$,$C=0.5$。通过对比图 8.18(a)与图 8.18(b)的结果,我们可以看到,当员工因越轨创新行为而遭受的损失增加时,企业与员工之间的交互模式更有可能演化为(A2,B2)。这种情况的出现是因为,员工的越轨创新行为可能会增加企业内部任务冲突升级为情绪冲突的风险或程度。这种情况可能会促使员工选择更为保守的策略,即不再从事越轨创新行为。

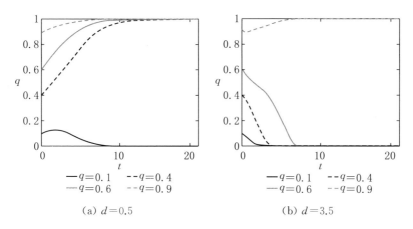

（a）$d=0.5$　　　　　　　　　　（b）$d=3.5$

图 **8.18**　员工损失对演化结果的影响

8.3.3　博弈结论

员工越轨创新和企业提升组织创新绩效之间的互动博弈分析为我们提供了深刻的洞察,揭示了员工越轨创新行为和企业组织创新绩效之间的复杂关系。研究发现企业积极提升组织创新绩效、员工施行越轨创新行为时,博弈双方均为正向的情况下使得企业利益最大化;在企业积极提升组织创新绩效但员工未进行越轨创新行为的情况下,企业的收益可能会有所减少,而员工的收益则可能因为缺乏创新而停滞甚至有所下降。这是因为员工选择保守策略,避免越轨创新,可能会导致其在激励或晋升方面的机会减少,从而影响其收益。当企业在提升组织创新绩效的过程中表现出消极态度,但员工却展现出越轨创新行为,这可能会增加任务冲突升级为情绪冲突的风险或程度。因此,员工在心理层面上所承受的损失也会随之增加。这种情况可能会促使员工选择更为保守的策略,导致企业消极提升组织创新绩效、员工也不施行越轨创新行为的不良锁定状态的出现。

首先,从企业层面,企业需要智慧地管理这种互动,这种互动博弈是组织成功的关键因素之一:①明确组织绩效目标,需要深思熟虑和有效的战略规划,以确保资源分配合理。如果企业一开始不能为组织创新绩效提供足够资源,员工可能会感到缺乏支持,从而导致创新活动的失败。相反,如果企业一开始就提供足够的资源和支持,员工将更有动力参与到越轨创新。这意味着企业必须在资源分配上找到平衡,以实现最佳的互动效果。②营造开放、包容、创新的文化氛围,建立高效的创新团队,激励员工的越轨创新行为。③智慧管理。当员工积极参与越轨创新时,企业能够借助员工的力量调整自己的策略以更好地响应市场需求。这包括改进产品、服务或流程,以满足不断变化的客户期望。企业可以更快地适应市场动态,由此提高组织创新绩效。

其次,从员工层面,员工的越轨创新行为可以激发组织内其他成员的积极性,这意味着当一个员工展示出他(她)的创新的勇气和能力时,其他成员可能会受到鼓舞,积极响应创新活动。这种内部激励可以极大地促进组织创新绩效的提升。员工越轨创新行为不仅是个体的努力,还可以在组织内部产生涟漪效应,推动更广泛的创新。但理应将越轨创新控制在合理范围内,只有适度而积极的越轨创新才合适于企业长远发展。

综上,员工越轨创新行为和企业提升组织创新绩效之间的互动博弈是一个复杂而重要的主题。员工的积极越轨创新行为可以激发组织内部的积极性,同时也可以帮助企业更好地应对市场挑战。企业需要智慧地管理这种互动,以确保资源分配合理,以实现最佳的创新绩效。这种互动博弈是组织成功的关键因素之一,需要深思熟虑和有效的战略规划。只有做到了同向奔赴,员工和企业才能共同走向创新高峰。

8.4 本章小结

为深化和拓展前文的研究成果,本章节利用 MATLAB 统计分析软件构建动态演化博弈模型,力图模拟和呈现组织网络中员工在差序式领导下进行越轨创新并对组织绩效产生影响的作用过程。

在博弈推理的过程中,本研究首先依据前文的理论假设,构建以差序式领导为背景,以"圈内人下属"和"圈外人下属"为主体的博弈模型,对员工施行越轨创新行为的心理动机进行模拟,研究发现,"圈内人下属"的越轨创新行为往往出于报恩回馈的目的,"圈外人下属"的越轨创新行为往往出于角色转换的目的。同时,文章还将员工的人格特质,即冒险型特质和内控型人格纳入博弈系统,对员工施行越轨创新行为的心理动态与行为历程进行模拟,从而发现不同的人格特质导致差序式领导对"圈内人下属"和"圈外人下属"产生的影响不尽相同。其次,我们进行进一步的博弈研究,构建员工越轨创新和组织创新绩效之间的博弈模型,通过对演化结果的分析,进而确立了员工越轨创新行为和组织提升创新绩效之间的互动博弈是一个复杂而重要的主题。初步研究发现,当企业积极提供资源提升组织创新绩效、员工施行越轨创新行为时,即博弈双方均为正向的情况下,企业利益可以达到最大化。

基于以上的研究与分析,本章节需要强调的是,通过博弈仿真方法对现有的理论框架进行解读,能够创新性地为原有的假设模型提供新的检验思路,一方面运用博弈仿真方法进行研究,能更深入地理解组织创新绩效受差序式领导的不同影响结果,对假设模型的相关验证提供了帮助;另一方面,博弈仿真方法不仅为前文所构建的理论基础和假设模型提供了额外的验证途径,也为实证研究结果的信度和效度提供了有效的保障。

九　研究结论与未来展望

9.1　研究结论

越轨创新行为看似违背常规,但若进行有效管理,能够帮助企业有效破除创新瓶颈,摆脱"创新者的窘境"。例如搜狗浏览器的问世、3M透明胶带的诞生、惠普新型监控器的研发等等,皆源于员工越轨创新,进而对企业产生颠覆性影响。由于越轨创新行为同时具有了"忠诚"和"叛逆"的色彩,使其成为一个非常值得研究的课题,具有重大的理论意义和应用价值。与此同时,现有对越轨创新的关注主要集中在后续影响,而前因分析相对较为匮乏。同时基于"差序格局"背景,占据我国GDP半壁江山的家族企业领导者行为更易受到"自己人"、"外人"心理影响,对不同员工采取不同对待方式,学界将这一领导风格称为差序式领导。此类具有强烈偏私色彩的领导风格,直觉上会影响员工的公平知觉及创新行为,又何以能长期存续于中国家族企业?这样的领导风格又会对员工越轨创新产生何种影响?其有效作用效果边界能否帮助组织获得革命性技术升级的同时而又不削减组织管理效率?这一议题引发学界强烈关注。而创新驱动发展战略背景下了解"中国人自己的领导观"并探讨其如何影响员工越轨创新并进而影响组织创新绩效,亦成为管理本土化情境下的迫切需要。基于前述研究,本研究的主要研究结论如下:

第一,差序式领导对"圈内人下属"的越轨创新行为有正面影响,心理特权感在此过程中起调节作用。本研究立足于中国组织情境,构建员工越轨创新行为的多层次动态形成机制。虽然已有研究从个体、领导和组织层面零星地提出了越轨创新行为的影响因素,但对越轨创新行为的形成机制、即"如何"影响的研究较为匮乏,且还有很多问题有待探索。从个体层面来看,以往文献大都从情境因素和认知因素两方面阐述越轨创新行为的前因变量,相对忽视个人特质对行为的影响结果。本研究认为,越轨创新作为一种自发性角色外行为,它的展现主要是靠个体的建设性变革责任特质来驱动。同时,上下级关系可以强化建设性变革责任感的表达意愿,成为员工实施越轨创新行为的情境激活因素,而这一激发过程主要通过缓解个体的不确定性感知和风险感知,从而形成心理安全感作为影响机理。基于此,本研究构建了上下级关系对越轨创新行为的激活机制模型。从领导层面来看,目前关于领导行为对越轨创新行为的影响都是以西方领导理论为主,对本土化领导方式是否以及如何影响员工越轨创新行为的产生缺乏深入的探索。本研究认为,中国式文化情境下,差序式领导是解码员工越轨创新行为的关键。差序式领导作为一种深受文化影响的管理方式,不仅通过提供额外的资源和支持来促进"圈内人下属"的创新,而且通过建立一种积极鼓励创新的工作环境,进一步激发员工的创新潜能。组织中的"圈内人下属"以其可以获得领导的偏私对待,普遍拥有较高的心理特权感,从而容易开展越轨创新行为,亦即,心理特权感在差序式领导和"圈内人下属"的越轨创新行为之间扮演了一个调节角色。当"圈内人下属"感受到较高的心理特权感时,即感觉自己在组织中被特别重视和关怀时,他们更倾向于采取创新行动。因为这种特权感提升了他们的自我效能感,使他们更加信任自己的能力,愿意承担创新过程中的风险。相反,在低心理特权感条件下,即当员工感觉自己没有获得足够的重视和资源时,差序式领导对其创新行为的积极影响就会减弱。这些发现为组织领导者提供了重要的指导:在实施差序式领导时,他们需要识别并增强"圈内人下属"的心理特权感,以充分利用这种领导风格对员工创新行为的积极影响。同时,这也强调了在管理过程中平衡员工感受和提升创新文化的重要性。通过这种方式,组织不仅能够激发员工的创新潜能,而且还能够在竞争日益激烈的商业环境中保持其领先地位。

第二，差序式领导对"圈外人下属"的越轨创新行为同样产生积极影响，相对剥夺感起到了调节作用。差序式领导不仅对"圈内人下属"产生影响，同样也显著影响着"圈外人下属"的行为模式。在这种领导模式下，"圈外人下属"可能感受到一定程度的排斥或忽视，从而产生相对剥夺感。这种感觉源于他们对待遇的不公平感知，尤其是当他们将自己与受到更多关注的"圈内人下属"相比较时。然而，这种相对剥夺感并不总是产生消极后果。相反，在高相对剥夺感的条件下，"圈外人下属"更有可能采取越轨创新行为来改善自己的处境。这一现象可以通过成就动机理论来解释，即在感受到不公平对待时，个体可能会被激励去寻求改变现状的途径，以此实现个人目标和提升自身地位。在这种情境下，越轨创新行为成为"圈外人下属"改变现状、突破限制的一种手段。此外，社会比较理论也可以解释这一现象，当"圈外人下属"觉得自己与其他受到优待的同事相比处于不利地位时，他们可能会通过创新和改进工作方式来证明自己的价值，以期获得更多的认可和资源。这种比较导致的竞争意识会成为推动"圈外人下属"创新行为的强大动力。这些发现对于理解和管理组织中的差序式领导至关重要。它们表明，即使是在看似不利的条件下，"圈外人下属"也能够通过自身的努力和创新来改善自己的工作环境和职业发展。对于领导者而言，意味着在实施差序式领导时需要考虑到对"圈外人下属"的影响，并采取措施来激发他们的创新潜力。这不仅有助于提升"圈外人下属"的工作满意度和参与感，还能为组织带来更多的创新思想和解决方案。因此，组织领导者应当认识到差序式领导的"双刃剑"效应，并努力创造一个平衡和包容的工作环境，其中每位员工都有机会展示其创新能力。通过这种方式，组织不仅能够激发员工的潜力，还能够提高整体的创新绩效和竞争力。

第三，"圈内人下属"的越轨创新行为对组织创新绩效有显著正面影响，在这一过程中，工作资源的丰富程度发挥了增强型调节作用。越轨创新行为显著促进了知识的分享和团队内的协作。首先，由于"圈内人下属"通常与领导层关系密切，他们能够获得更多的信息和资源，这使得他们在推动创新项目时处于有利位置。圈内人下属的越轨创新行为有助于促进组织内的知识分享和协作,从而为组织带来新的创新思路和解决方案。其次,"圈内人下属"的越轨创新行为提高了组织决策的质量,这些员工因其与管理层的亲密接触,能够更直接地向决策者提供反馈和创新想法。他们对组织的深入理解使得他们能够对决策过程提供有价值的见解,这些见解常常涵盖了新的市场趋势、潜在的风险和创新的机会,从而增强了组织对外部环境变化的响应能力。此外,工作资源在"圈内人下属"推动组织创新绩效的过程中起到了关键的增强型调节作用。工作资源包括但不限于时间、资金、物质资源以及人际网络等,当"圈内人下属"能够访问到更多的工作资源时,他们的越轨创新行为更有可能得到实施,并产生更大影响。丰富的资源为他们提供了必要的工具和支持,以探索新想法、实验新方法并将这些创新有效地转化为实际成果。

最后,"圈外人下属"的越轨创新行为同样对组织创新绩效产生正面影响,而工作重塑在这个过程中起到增强型调节作用。首先,"圈外人下属"的越轨创新行为有助于引入新的思维方式和观点。由于他们的视角不同,这些员工能够提出组织高层可能未曾考虑过的创新想法和策略,这种多元化的思维方式有助于组织在竞争激烈的环境中保持创新性和适应性。其次,"圈外人下属"的越轨创新行为促进了组织创新资源的扩展。他们通过与组织外部的互动,如客户交流、供应商协作或行业会议参与,能够为组织带来新的信息和资源,这些新资源可能包括先进技术、市场趋势的洞察、新的业务模式或者合作伙伴等。新引入的资源对组织创新活动至关重要,为创新项目提供了更广阔的平台和支持,在这一过程中,工作重塑发挥了重要的增强型调节作用。工作重塑涉及重新定义工作职责、流程和目标,以更好地适应组织的需求和市场的变化。在高度重塑的工作环境中,"圈外人下属"更有机会和自由去尝试新的工作方法、探索未知领域和实施创新想法,这不仅提升了他们个人的工作满意度和职业发展,而且对整个组织的创新能力和绩效产生了积极影响。

9.2 理论贡献

本项研究深入探讨了差序式领导如何影响组织的创新绩效,包括员工越轨创新行为这一中介变量以及在这个过程中心理特权感、相对剥夺感、工作资源和工作重塑的调节作用。研究采取了两阶段的分析方法:首先探讨差序式领导如何影响员工的创新行为,然后分析这些行为如何进一步影响组织创新绩效。在第一阶段,研究聚焦于差序式领导与"圈内人下属"的关系。研究引入社会交换理论,分析了心理特权感对"圈内人下属"越轨创新行为的影响,发现心理特权感能够有效调节差序式领导与创新行为之间的关系,为理解差序式领导如何激励"圈内人下属"进行创新提供了新的视角。接着,研究转向分析差序式领导与"圈外人下属"的关系。在这一部分,研究应用社会比较理论,强调相对剥夺感在调节差序式领导与"圈外人下属"越轨创新行为间的作用机制。结果表明,相对剥夺感可以激励"圈外人下属"采取越轨创新行为。在第二阶段,研究着眼于员工越轨创新行为如何影响组织创新绩效。我们先从资源保存理论的角度分析"圈内人下属"越轨创新行为与组织创新绩效间的关系,揭示工作资源在其中的调节作用。其次,从工作重塑的角度出发,运用期望效用理论和成就动机理论,探究"圈外人下属"越轨创新行为对组织创新绩效的影响。综上所述,本研究不仅拓展了差序式领导理论的应用范畴,还深化了对员工越轨创新行为及对组织创新绩效影响的认识。这些发现为在家族企业这样的特定文化背景下的管理实践提供了宝贵见解。研究强调了领导者在激励员工创新方面的重要作用,同时也指出了个人与组织资源的有效利用对提高组织创新绩效的重要性。本文聚焦于以上研究发现并与既往文献成果进行相关分析比较,以期为持续推进研究深度提供理论指导,具体的理论意义主要体现在以下三方面:

9.2.1　拓展了对于员工越轨创新行为前因变量的探索

本项研究致力于探究差序式领导在中国家族企业中的作用,特别是对员工越轨创新行为的影响。我们旨在构建一个更全面的理论框架,以解释在中国特有的家族企业环境中,差序式领导如何促进或限制员工的越轨创新行为。目前,关于员工创新行为的研究主要集中在其结果及其对企业经济效益的贡献上,而深入分析影响这些行为的领导因素则相对较少(何铨等,2006;王弘钰等,2018)。考虑到中西文化的差异,本研究认为,中国家族企业中的领导风格与西方存在明显不同(Hofstede,1980),这种差异源于长期形成的文化特性和"圈子"文化的影响,导致领导方式呈现出以领导者为中心并向外扩展的特点(高良谋等,2013),而差序式领导作为这种文化背景下的产物,其对员工创新行为的影响机制尚未得到充分研究。本研究以独特的中国文化视角为基础,深入分析差序式领导与员工越轨创新行为之间的关系,研究方法包括实证调查和演化博弈分析,以期揭示差序式领导对员工创新行为的具体影响路径。本研究不仅有助于理解中国家族企业中领导风格的特殊性,而且对于全面认识员工越轨创新行为的影响因素及其形成机制具有重要意义。通过本研究,我们期望为中国家族企业如何有效利用差序式领导来激励员工创新的管理实践提供实证支持。同时,我们还希冀为理解员工越轨创新行为在不同文化背景下的特点和动力机制提供新的理论视角。总而言之,本研究旨在通过深入探讨差序式领导与员工越轨创新行为的关系,为差序式领导理论和创新管理实践提供新的理论和实证见解。

9.2.2　深化了对于差序式领导结果变量的探索

本研究专注于分析家族主义影响下的中国组织结构变革及其对管理实践的影响。传统的家族主义与现代化制度产生了差序式领导这一复杂现象,我们发现在这种领导体系中,组织成员的不同对待原则已经被普遍接受,同时拥有一定程度的合法性和权威性。这种差异性对待方式可能促进领导与员工间更高质量的交流,提升员工的公平感和团队合作能力,但同时也存在潜在的群体间矛盾和排挤风险。尽管大多数研究将差序式领导视为一种统一的领导风格,但很少有研究从"圈外人下属"的视角探讨其潜在的积极作用。亦即,现有研究大都关注差序式领导对"圈外人下属"的消极影响,而忽略了其可能的积极方面。鉴于这一研究空白,本研究旨在通过积极职场行为的视角,全面分析差序式领导如何影响员工的越轨创新行为。在这项研究中,基于社会交换理论和期望效用理论,探究了心理特权感如何在差序式领导与"圈内人下属"的越轨创新行为之间起到调节作用。同时,基于社会比较理论和成就动机理论,我们也考察了相对剥夺感在差序式领导对"圈外人下属"越轨创新行为中的调节作用。这种双向视角的分析显示,无论是对"圈内人"还是"圈外人",差序式领导均有着类似的影响趋势。因此,本研究不仅拓宽了对中国文化背景下差序式领导效应的理解,而且为认识"圈外人下属"在工作中的积极表现提供了新的视角。这些发现为中国家族企业的管理实践和领导风格提供了重要的理论补充,同时丰富了对家族主义影响下组织成员行为的全面理解。

9.2.3　丰富了对心理特权感与相对剥夺感的探索

本项研究致力于分析差序式领导在中国家族企业环境下对创新绩效的具体作用,特别是如何通过调整员工的越轨创新行为来实现。在家族企业的特定背景中,差序式领导显现出独特的影响力(吴梦云等,2023)。通过细致的分析和仿真模拟,本研究为差序式领导的理论和应用提供了新的视角。研究首先探讨了差序式领导如何影响"圈内人下属"的创新行为,重点分析了心理特权感的调节作用。研究发现,与以往研究中心理特权感的负面影响不同,它在某些情境下实际上能够促进员工的越轨创新行为。紧接着,研究转向了差序式领导对"圈外人下属"的影响,探究了相对剥夺感在其中的作用。我们同样发现,相对剥夺感在特定条件下可激发积极的行为模式,这为理解差序式领导的复杂性提供了新视角。综上所述,本研究的结果展示了差序式领导如何在家族企业中影响两种不同类型员工的创新行为。这些发现不仅扩展了对差序式领导理论的理解,也为如何在家族企业中有效运用差序式领导提供了实践指导。本研究通过将社会交换、期望效用、社会比较和成就动机等理论应用于差序式领导分析过程,为本土领导风格的研究提供了新的理论基础,同时也丰富了我们对员工越轨创新行为的认识。

9.2.4　延伸了对越轨创新"双刃剑"效应的探索

数字经济时代,远程办公和即时通讯等技术重新定义了员工的工作方式。在传统的办公环境下,员工的越轨创新可能经常遭到领导和同事的干预,而远程办公的工作方式在很大程度上改变了与领导和同事一起共事的工作环境,使员工在工作上拥有更大的自主性,从而能在一定程度上提升越轨创新过程中的"隐蔽性",并降低与领导的"对抗性"。与此同时,万事万物都有其两面性,越轨创新作为兼具"目的合法"和"手段非法"的双重属性行为,本身就预示了其作用后果的两面性。但现有研究更多关注越轨创新的积极效果,而忽略了其可能出现的阴暗面。本研究更多聚焦于采取有效的作用机制充分发挥越轨创新的积极作用,探索强化积极效应、弱化消极后果的边界条件和管理机制,从而为组织管理实践中扬长避短、用好管好越轨创新提供更加有效的理论指导。

9.3　实践启示

一方面,本研究以社会交换理论和期望效用理论为理论基础,从"圈内人下属"的角度深入研究了差序式领导对员工越轨创新行为的影响,运用博弈研究方法进行了分析。另一方面,本研究以社会比较理论和成就动机理论为基础,聚焦于"圈外人下属"的视角,深入探讨了差序式领导对员工越轨创新行为的影响,同样运用博弈研究方法进行了详细分析。上述研究结果为家族企业管理实践提供了以下治理建议和可行措施:

9.3.1 发挥差序式领导的积极作用

考虑到现实中的华人社会普遍受到"差序格局"的影响,本研究对差序式领导及其有效性进行了深入研究,这对于优化家族企业的管理实践具有重要的现实意义。通过深入分析,本研究揭示了差序式领导的核心原则及其对组织的积极影响,为企业管理提供了实用的策略。此外,研究结果还促进了对如何在维持组织规则和程序一致性的同时,根据员工的个性和特点进行差异化管理的深入理解。以上种种,有助于引导领导者在面临管理上的矛盾时做出更明智的决策,例如在保持对所有员工一致对待的原则下,如何在特殊情况下采取灵活的应对措施。研究强调,领导者需要有效地平衡对"圈内人下属"和"圈外人下属"的管理,确保他们的行为符合组织的长远发展目标。进一步地,领导者应运用差序式领导的特点,既激发"圈内人下属"的工作潜力,又注意避免过度区分不同员工群体,以维护公平和正义,这种平衡方法不仅可以提高组织绩效,更可以促进员工之间的流动和身份转换,符合华人文化中的心理预期。总体而言,本研究为家族企业提供了如何利用差序式领导来促进组织效率和竞争力的实用建议,通过适当运用偏好程度和激励措施,以及确保组织结构的合理调整,领导者可以更有效地管理不同的员工群体,从而在保持文化传统的同时推动组织的现代化和可持续发展。

9.3.2 探索越轨创新的中国本土化实践

越轨创新缘起于西方,以西方文化为背景的越轨创新研究已有一定发展与实践应用积累。考虑到中西文化的差异,更有必要关注和探索中国文化背景下的越轨创新实践。一方面,越轨创新是以组织利益为导向的行为,员工可能为了给自己和领导"争面子"而从事越轨创新。另一方面,越轨创新也具有较高的风险性和非法性,可能导致员工自身以及领导"丢面子"。考虑到"丢面子"的负面影响,员工往往会抱着"多一事不如少一事"的原则,可能不会轻易进行越轨创新。因此,只有当"争面子"的收益大于"丢面子"的损耗时,员工才会产生越轨创新。另外,"圈内人下属"以及"圈外人下属"不同特性也可能是影响员工越轨创新的重要因素。具有高心理授权感的"圈内人"员工会更关心集体利益,这与越轨创新的组织利益为导向的属性相契合,从而有可能激发员工的越轨创新行为。而具有高相对剥夺感的"圈外人"员工同样契合越轨创新所具有的破坏规则、高风险性等特征。本研究正是有鉴于上述分析,进一步探讨了影响中国员工越轨创新行为的文化根源,以个体和情境互动视角挖掘本土化因素如何影响员工的越轨创新行为,有效拓延了越轨创新的中国本土化实践。

9.3.3　引导心理特权感与相对剥夺感的正面效应

在本项研究中,我们着眼于差序式领导下员工的两种不同心态——"圈内人下属"与"圈外人下属"的心理反应,分析这两种心态如何调节员工在越轨创新行为上的表现。我们的发现为领导层提供了对员工在差序式领导下心理动态的深刻洞察,特别是在激发创新潜能方面。对于"圈内人下属"的心理特权感与传统的认为心理特权感可能导致不良行为的观点不同,本研究认为这种心理状态亦可能会促进积极的组织变革。这警示领导者应在追求长期发展的同时,引导"圈内人下属"正确地理解和利用他们的优越地位,以此激发他们的创新潜力。而对于"圈外人下属"的相对剥夺感,本研究认为其可能激励员工努力改变现状。因此,领导者应当关注"圈外人下属"的心理需求,提供适当的支持和激励,帮助他们重建自信,并充分利用这种心态作为推动积极变革的催化剂。通过这样的双重视角分析,我们的研究不仅提出了差序式领导下员工心理状态的新见解,还为如何在多样化的员工群体中培养和激发创新潜能提供了实用指导。上述种种,有助于构建一个既追求进步又和谐共存的工作环境,促进组织整体的发展与创新绩效的提升。

9.3.4　进一步优化组织创新绩效

在本研究中,我们基于员工个体的创新能力和企业创新能力两个层面来对组织创新绩效进行评估,并开展了相关的演化博弈研究。这一研究旨在深入了解员工越轨创新行为对组织创新绩效的影响,进一步优化组织的创新绩效。我们发现,员工个体的越轨创新行为不仅可以带来单一创新成果,还可以激发企业创新能力的提升。具体而言,员工的积极越轨创新行为可以促使企业更好地整合和利用内外部资源,推动创新文化的落地,加速创新项目的推进,从而增强企业的创新竞争力。而企业创新能力的提升反过来又促进了员工的创新行为,形成了良性循环。此外,我们的实证研究还发现工作资源、工作重塑在员工越轨创新行为和企业创新能力之间发挥着重要的调节作用。因此,为进一步优化组织的创新绩效,领导者需要在领导方式上注重激发员工的创新潜能,组织需要塑造支持创新的文化氛围,同时还需要设计切实可行的激励机制,以便员工更积极地参与到越轨创新活动中。

总之,通过深入研究员工个体的越轨创新行为和企业创新能力之间的关系,我们为进一步优化组织的创新绩效提供了有力的理论支持和实践建议。然而,要实现组织创新绩效的进一步提升,需要考虑以下几个关键方面:首先,领导者在塑造组织创新文化方面扮演着至关重要的角色。他们应该成为创新的倡导者,鼓励员工提出新想法,创造出新解决方案,并提供资源和支持来推动创新项目的实施。领导者还应该展现出对失败的宽容,因为创新过程中难免会出现挫折。通过积极引导和示范,领导者可以树立创新的榜样,激发员工的创造力。其次,组织文化的建设是影响创新绩效的关键因素之一。一个鼓励开放沟通、尊重多样性、鼓励尝试和学习的文化有助于创新的蓬勃发展。组织应该营造一种氛围,让员工感到他们的意见和建议受到重视,并且有机会分享他们的创新思维。同时,组织应该提供培训和发展机会,以增强员工的创新能力和知识。此外,激励机制的设计也极为重要,员工需要明确的激励和奖励,以鼓励他们积极参与到越轨创新活动中,这些激励可以包括薪酬奖励、晋升机会、项目奖励等,根据员工的贡献和创新成果进行合理分配。激励机制应该与组织的创新目标和价值观相一致,以确保员工的行为与组织的长期利益相符。最后,要进一步优化组织的创新绩效,组织应该建立反馈和评估机制,定期审查创新项目的进展和成果,发现问题并及时调整策略。

同时,组织应该积极借鉴其他成功创新组织的经验,保持对新技术和趋势的敏感性,以保持竞争力并推动组织高质量发展。

9.4　研究局限以及未来展望

本研究设计了一个双重视角的中介模型,考察了差序式领导在家族企业环境下如何影响员工的越轨创新行为。通过将心理特权感和相对剥夺感作为关键的调节变量,我们探究这两种不同员工("圈内人下属"和"圈外人下属")如何在差序式领导下产生不同心态反应,并进而影响组织创新绩效。尽管研究取得了有意义的成果,但家族企业发展进程中员工心理过程和行为表现出的复杂性,以及主观和客观条件的相对受限性,使得这一领域的研究可能会引发学者的不同看法,特别是在跨文化环境下,差序式领导的适用性和普适性尚待进一步探究。因此,后续研究可以着重于扩展差序式领导理论在不同文化背景下的应用范围。在研究设计方面,我们选择了心理特权感和相对剥夺感作为关键变量,并考虑了人口统计学因素等控制变量,虽然这些变量的调节作用得到了验证,但仍可能存在其他未被发现的中介或调节效应。因此,未来研究应探讨更多潜在的中介和调节变量,以更全面地理解差序式领导与员工行为之间的关系。

此外,本研究的数据收集更多依赖于员工的自我报告,这可能会引起一定的偏差,特别是在涉及敏感和特殊变量时。尽管越轨创新行为往往是员工根据个人目标采取的隐蔽性行动,但这种行为可能与传统价值观相悖,因此在社会接受度方面可能存在争议。未来研究应采用更多元化的数据收集方法,如访谈或实验观察,以提高研究结果的准确性和稳健性。

主要参考文献

[1] Adams JS. Inequity in Social Exchange[J]. Advances in Experimental Social Psychology, 1965, 02(04):267—299.

[2] Akman G, Yilmaz C. Innovative Capability, Innovation Strategy and Market Orientation: An Empirical Analysis in Turkish Software Industry[J]. International Journal of Innovation Management, 2008, 12(01):69—111.

[3] Allen DG, Shore LM, Griffeth RW. The Role of Perceived Organizational Support and Supportive Human Resource Practices in the Turnover Process[J]. Journal of Management, 2003, 29(01):99—118.

[4] Alvesson M, Lee Ashcraft K, Thomas R. Identity Matters: Reflections on the Construction of Identity Scholarship in Organization Studies[J]. Organization, 2008, 15(01):5—28.

[5] Amabile TM, Conti R, Coon H, et al. Assessing the Work Environment for Creativity[J]. Academy of Management Journal, 1996, 39(05):1154—1184.

[6] Arregle JL, Batjargal B, Hitt MA, Webb JW, Tsui AS. Family Ties in Entrepreneurs' Social Networks and New Venture Growth[J]. Entrepreneurship Theory and Practice, 2013, 39(02):313—344.

[7] Ashforth BE, Harrison SH, Corley KG. Identification in Organizations: An Examination of Four Fundamental Questions[J].

Journal of Management，2008，34(03)：325—374.

［8］Augsdorfer P. A Diagnostic Personality Test to Identify Likely Corporate Bootleg Researchers［J］. International Journal of Innovation Management，2012，16(1)：1250001—1250003.

［9］Augsdörfer P. Bootlegging and Path Dependency［J］. Research Policy，2005，34(1)：1—11.

［10］Bachleitner R，Zins AH. Cultural Tourism in Rural Communities：The Residents' Perspective［J］. Journal of Business Research，1999，44(03)：199—209.

［11］Baer MD，Dhensa-Kahlon RK，Colquitt JA，et al. Uneasy Lies the Head that Bears the Trust：The Effects of Feeling Trusted on Emotional Exhaustion［J］. Academy of Management Journal，2015，58(06)：1637—1657.

［12］Bakker A B，Demerouti E，Verbeke W. Using the Job Demands-resources Model to Predict Burnout and Performance［J］. Human Resource Management，2004，43(01)：83—104.

［13］Baron RM，Kenny DA. The Moderator-Mediator Variable Distinction in Social Psychological Research：Conceptual，Strategic，and Statistical Considerations［J］. Chapman and Hall，1986，51(06)：1173—1182.

［14］Berg JM. Balancing on the Creative High-wire：Forecasting the Success of Novel Ideas in Organizations［J］. Administrative Science Quarterly，2016，61(03)：433—468.

［15］Blau，P. M. Exchange and Power in Social Life［M］. New York：Wiley Press，1964.

［16］Bolino MC，Turnley WH. Relative deprivation among employees in lower-quality leader-member exchange relationships［J］. The Leadership Quarterly，2009，20(3)：276—286.

［17］Brewer MB，Chen YR. Where(who) are Collectives in Collectivism? Toward Conceptual Clarification of Individualism and Collectivism[J]. Psychological Review, 2007, 114(01):133—151.

[18] Browne MW, Cudeck R. Alternative Ways of Assessing Model Fit[J]. Sociological Methods and Research, 1993, 154(02): 132—162.

[19] Bruning PF, Campion MA. A Role-resource Approach-avoidance Model of Job Crafting: A Multimethod Integration and Extension of Job Crafting theory[J], 2018, 61(02):499—522.

[20] Burgelman R. A Process Model of Internal Corporate Venturing in the Diversified Major Firm[J]. Administrative Science Quarterly, 1983, 28(02):223—244.

[21] Cantril H. Evaluating the Probable Reactions to the Landing in North Africa in 1942: A Case Study[J]. Public Opinion Quarterly, 1965, 29(03):400—410.

[22] Cheng BS, Jiang DY, Riley JH. Organizational Commitment, Supervisory Commitment, and Employee Outcomes in the Chinese Context: Proximal Hypothesis or Global Hypothesis? [J]. Journal of Organizational Behavior, 2003, 24(03):313—334.

[23] Cheng GHL, Chan DKS. Who Suffers More from Job Insecurity? A Meta-Analytic Review[J]. Applied Psychology, 2008, 57(02):272—303.

[24] Chughtai AA, Buckley F. Work Engagement: Antecedents, the Mediating Role of Learning Goal Orientation and Job Performance [J]. Career Development International, 2011, 16(07):684—705.

[25] Chung YW, Moon HK. The Moderating Effects of Collectivistic Orientation on Psychological Ownership and Constructive Deviant Behavior[J]. International Journal of Business and Management, 2011, 06(12):65—77.

[26] Crick NR, Dodge KA. A Review and Reformulation of Social Information-Processing Mechanisms in Children's Social Adjustment[J]. Psychological Bulletin, 1994, 115(01):74—101.

［27］Criscuolo P，Salter A，Terwal A L J. Going underground: bootlegging and individual innovative performance［J］. Organization Science，2014，25(05):1287—1305.

［28］Cropanzano R，Mitchell MS. Social exchange theory: an interdisciplinary review［J］. Journal of Management，2005，31(06): 874—900.

［29］Dahling JJ，Gutworth MB. Loyal Rebels a Test of the Normative Conflict Model of Constructive Deviance［J］. Journal of Organizational Behavior，2017，38(08):1167—1182.

［30］Demerouti E，Bakker AB，Gevers JMP. Job Crafting and Extra-role Behavior: The Role of Work Engagement and Flourishing ［J］. Journal of Vocational Behavior，2015，91:87—96.

［31］Dutton WJE. Crafting a Job: Revisioning Employees as Active Crafters of Their Work［J］. Academy of Management Review，2001，26(02):179—201.

［32］Ergeneli，Aydogmus C. The Role of Psychological Empowerment on The Relationship Between Personality and Job Satisfaction ［J］. Pressacademia，2015，02(03):251.

［33］Farh JL，Zhong CB，Organ DW. Organizational Citizenship Behavior in the People's Republic of China［J］. Organization Science，2004，15(02):241—253.

［34］Festinger LA. A Theory of Social Comparison Processes［J］. Human Relations，1954，07(02):117—140.

［35］Fischer T，Dietz J，Antonakis J. Leadership process models: A review and synthesis［J］. Journal of Management，2017，43(06):1726—1753.

［36］Fornell C，Larcker DF. Structural Equation Models with Unobservable Variables and Measurement Error: Algebra and Statistics［J］. Journal of Marketing Research，1981，18(01):39—50.

［37］Freeman C. Networks of Innovators: A Synthesis of Re-

search Issues[J]. Social Science Electronic Publishing, 1991, 20(05):
499—514.

[38] Frieder RE, Gang W, Oh IS. Linking Job-Relevant Personality Traits, Transformational Leadership, and Job Performance via Perceived Meaningfulness at Work: A Moderated Mediation Model [J]. Journal of Applied Psychology, 2017, 103(03):324—333.

[39] Furby L. Possession in Human: An Exploratory Study of Its Meaning and Motivation[J]. Personnel Psychology, 2003(56):847—871.

[40] Globocnik D, Salomo S. Do Formal Management Practices Impact the Emergence of Bootlegging Behavior? [J]. Journal of Product Innovation Management, 2015, 32(04):505—521.

[41] Gurr TR. Why Men Rebel[M]. Princeton: Princeton University Press, 1970.

[42] Gursoy D, Kendall KW. Hosting Mega Events: Modeling Locals' Support[J]. Annals of Tourism Research, 2006, 33(03):603—623.

[43] Hagedoorn J, Cloodt M. Measuring Innovative Performance: Is there an Advantage in Using Multiple Indicators? [J]. Research Policy, 2003, 32(08):1365—1379.

[44] Halbesleben JRB, Neveu JP, Paustian-Underdahl SC, et al. Getting to the"COR": Understanding the Role of Resources in Conservation of Resources Theory[J]. Journal of Management, 2014, 40 (05):1334—1364.

[45] Harari, M. B., Reaves, A. C., & Viswesvaran, C. Creative and Innovative Performance: A Meta-analysis of Relationships with Task, Citizenship, and Counter-productive Job Performance Dimensions[J]. European Journal of Work and Organizational Psychology, 2016, 25(04):495—511.

[46] Hobfoll SE, Halbesleben J, Neveu JP, et al. Conservation

of Resources in the Organizational Context: The Reality of Resources and Their Consequences[J]. Annual Review of Organizational Psychology and Organizational Behavior, 2018, 5(01):103—128.

[47] Hofstede G. Culture's Consequences: International Differences and Work-Related Values[M]. Beverly Hill, CA: Sage, 1980.

[48] Holmes RM, Bromiley P, Devers CE, et al. Management Theory Applications of Prospect Theory: Accomplishments, Challenges, and Opportunities[J]. Journal of Management, 2011, 37(04): 1069—1107.

[49] Homans, George C. Social behavior as exchange[J]. American Journal of Sociology, 1958, 63(06):597—606.

[50] Howell JM, Higgins CA. Leadership Behaviors, Influence Tactics, and Career Experiences of Champions of Technological Innovation[J]. Leadership Quarterly, 1990, 01(04):249—264.

[51] Jaiswal A, Singh AP. Does Team Empowerment Predict Organizational Effectiveness? [J]. Asian Journal of Research in Social Sciences and Humanities, 2014, 04(10):26—34.

[52] Jiang DY, Cheng MY, Wang L, Baranik L. Differential Leadership: Reconceptualization and Measurement Development[J]. Leadership Quarterly, 2014, 20(08):586—603.

[53] Jr R, Hitt MA, Perrewe PL, Palmer JC, Molina-Sieiro G. Building Cross-Disciplinary Bridges in Leadership: Integrating Top Executive Personality and Leadership Theory and Research[J]. Leadership Quarterly, 2021, 32(01):1—24.

[54] Kaiser HF. An Index of Factorial Simplicity[J]. Psychometrika, 1974, 39(01):31—36.

[55] Kawakami K, Dion K. The Impact of Salient Self-identities on Relative Deprivation and Action Intentions[J]. European Journal of Social Psychology, 2010, 23(05):525—540.

[56] Kim H, Callan MJ, Gheorghiu AI, Matthews WJ. Social

Comparison, Personal Relative Deprivation, and Materialism [J]. British Journal of Social Psychology, 2017, 56(02):373—392.

[57] Klimchak M, Carsten M, Morrell D, et al. Employee Entitlement and Proactive Work Behaviors: The Moderating Effects of Narcissism and Organizational Identification[J]. Journal of Leadership & Organizational Studies, 2016, 23(04):387—396.

[58] Knight K E. A Pescriptive Model of the Intra-firm Innovation Process[J]. The Journal of Business, 1967, 40(4):478—496.

[59] Knippenberg DV. Embodying Who We Are: Leader Group Prototypicality and Leadership Effectiveness[J]. Leadership Quarterly, 2011, 22(06):1078—1091.

[60] Koomen W, Frnkel EG. Effects of Experienced Discrimination and Different Forms of Relative Deprivation among Surinamese, a Dutch Ethnic Minority Group[J]. Journal of Community & Applied Social Psychology, 2010, 2(01):63—71.

[61] Kraiczy ND, Hack A, Kellermanns FW. What Makes a Family Firm Innovative? CEO Risk-Taking Propensity and the Organizational Context of Family Firms[J]. Journal of Product Innovation Management, 2015, 32(03):334—348.

[62] Kraus MW, Piff PK, Mendoza-Denton R. Social Class, Solipsism and Contextualism: How the Rich are Different from the Poor [J]. Psychological Review, 2012, 119(03):546—572.

[63] Krenl L. The Moderating Effects of Locus of Control on Performance Incentives and Participation[J]. Human Relations, 1992, 45(09):991—1012.

[64] Laird M D, Harvey P, Lancaster J. Accountability, Entitlement, Tenure, and Satisfaction in Generation Y[J]. Journal of Managerial Psychology, 2015, 30(01):87—100.

[65] Lanivich SE. The RICH Entrepreneur: Using Conservation of Resources Theory in Contexts of Uncertainty[J]. Entrepreneurship

Theory & Practice, 2015, 39(04):863—894.

[66] Leigh A, Melwani S. Black Employees Matter: Mega-Threats, Identity Fusion, and Enacting Positive Deviance in Organizations[J]. The Academy of Management Review, 2019, 44(03):564—591.

[67] Lessard J, Greenberger E, Chen C, Farruggia S. Are Youths' Feelings of Entitlement always "Bad"? Evidence for a Distinction between Exploitive and Non-Exploitive Dimensions of Entitlement[J]. Journal of Adolescence, 2011, 34(03):521—529.

[68] Liang H, Saraf N, Xue HY. Assimilation of Enterprise Systems: The Effect of Institutional Pressures and the Mediating Role of Top Management[J]. Mis Quarterly, 2007, 31(01):59—87.

[69] Liao H, Liu D, Loi R. Looking at Both Sides of the Social Exchange Coin: A Social Cognitive Perspective on the Joint Effects of Relationship Quality and Differentiation on Creativity[J]. Academy of Management Journal, 2010, 53(05):1090—1109.

[70] Lichtenthaler PW, Fischbach A. The Conceptualization and Measurement of Job Crafting. Validation of A German Version of The Job Crafting Scale.[J]. Zeitschrift für Arbeits-und Organisations Psychologie, 2016, 60(04):173—186.

[71] Lin B, Mainemelis C, Kark R. Leaders' Responses to Creative Deviance: Differential Effects on Subsequent Creative Deviance and Creative Performance[J]. Leadership Quarterly, 2016, 27(04):537—556.

[72] Liu D, Gong YP, Zhou J, et al. Human Resource Systems, Employee Creativity, and Firm Innovation: The Moderating Role of Firm Ownership[J]. Academy of Management Journal, 2017, 60(03):1164—1188.

[73] Locke EA. Social Foundations of Thought and Action: A Social Cognitive Theory[J]. Academy of Management Review,

1987，12(01):169—171.

[74] Mac Crimmon KR，Wehrung DA. A Portfolio of Risk Measures[J]. Theory and Decision，1985，19(01):1—29.

[75] Mainemelis C. Stealing Fire：Creative Deviance in the Evolution of New Ideas[J]. Academy of Management Review，2010，35(04):558—578.

[76] MASOUDNIA Y，SZWEJCZEWSKI M. Bootlegging in the R&D Departments of High-technology Firms[J]. Research-technology Management，2012，55(5):35—42.

[77] McDonald RP，Ho MR. Principles and Practice in Reporting Structural Equation Analysis[J]. Psychological Methods，2002(07):64—82.

[78] Mclaughlin KA，Costello EJ，Leblanc W，Sampson NA，Kessler RC. Socioeconomic Status and Adolescent Mental Disorders[J]. American Journal of Public Health，2012，102(09):1742—1750.

[79] Merton RK. Social Theory and Social Structure[M]. New-York：Free Press，1957.

[80] Mo，S.，Ling，C. D.，& Xie，X. Y. The Curvilinear Relationship between Ethical Leadership and Team Creativity：The Moderating Role of Team Faultlines[J]. Journal of Business Ethics，2019，154(01):229—242.

[81] Naumann SE，Minsky BD，Sturman MC. The Use of the Concept "Entitlement" in Management Literature：A Historical Review，Synthesis，and Discussion of Compensation Policy Implications[J]. Human Resource Management Review，2003，12(01):145—166.

[82] Ng G，Chung T，Angeline. Does work engagement mediate the relationship between job resources and job performance of employees? [J]. African Journal of Business Management，2010，4(9):1837—1843.

[83] Ng T，Yam K. When and Why does Employee Creativity

Fuel Deviance? Key Psychological Mechanisms[J]. Journal of Applied Psychology, 2019, 104(09):1144—1163.

[84] Olkkonen ME, Lipponen J. Relationships between Organizational Justice, Identification with Organization and Work Unit, and Group-Related Outcomes[J]. Organizational Behavior and Human Decision Processes, 2006, 100(02):202—215.

[85] Pettigrew TF, Christ O, Wanger U, Meertens RW, VanDick R, Zick A. Relative Deprivation and Intergroup Prejudice[J]. Journal of Social Issues, 2008(02):385—401.

[86] Piff PK. Wealth and the Inflated Self: Class, Entitlement, and Narcissism[J]. Personality and Social Psychology Bulletin, 2013, 40(01):34—43.

[87] Podsakoff PM. Self-Reports in Organizational Research: Problems and Prospects[J]. Journal of Management, 2016, 12(04): 531—544.

[88] Priesemuth M, Taylor RM. The More I Want, The Less I Have Left to Give: The Moderating Role of Psychological Entitlement on the Relationship between Psychological Contract Violation, Depressive Mood States, and Citizenship Behavior[J]. Journal of Organizational Behavior, 2016, 37(07):967—982.

[89] Pryor LR, Miller JD, Gaughan ET. A Comparison of the Psychological Entitlement Scale and the Narcissistic Personality Inventory's Entitlement Scale: Relations with General Personality Traits and Personality Disorders[J]. Journal of Personality Assessment, 2008, 90(05):517—520.

[90] Qu R, Janssen O, Shi K. Transformational Leadership and Follower Creativity: The Mediating Role of Follower Relational Identification and the Moderating Role of Leader Creativity Expectations [J]. Leadership Quarterly, 2015, 26(02):286—299.

[91] R. A. Baron, R. J. Franklin, K. M. Hmieleski. Why Entre-

preneurs Often Experience Low, Not High, Levels of Stress: The Joint Effects of Selection and Psychological Capital[J]. Journal of Management, 2016, 42(03):742—768.

[92] Raskin R, Terry H. A Principal-Components Analysis of the Narcissistic Personality Inventory and Further Evidence of its Construct Validity[J]. Journal of Personality and Social Psychology, 1988, 54(05):890—902.

[93] Robinson S L, Bennett R J. A Typology of Deviant Workplace Behaviors: A Multidimensional Scaling Study[J]. Academy of Management Journal, 1995, 38(02):555—572.

[94] Rothman AM, Steil JM. Adolescent Attachment and Entitlement in a World of Wealth[J]. Journal of Infant, Child, and Adolescent Psychotherapy, 2012, 11(01):53—65.

[95] Salancik G R, Pfeffer J. Uncertainty, Secrecy, and the Choice of Similar Others[J]. Social Psychology, 1978, 41(03):246—255.

[96] Santor DA, Yazbek AA. Soliciting Unfavourable Social Comparison: Effects of Self-Criticism[J]. Personality and Individual Differences, 2006, 40(03):545—556.

[97] Sen J, Prakas-Pal D. Changes in Relative Deprivation and Social Well-Being [J]. International Journal of Social Economics, 2013, 40(06):528—536.

[98] Shuye L, Bartol KM, Vijaya V, et al. Pitching Novel Ideas to the Boss: The Interactive Effects of Employees' Idea Enactment and Influence Tactics on Creativity Assessment and Implementation [J]. Academy of Management Journal, 2019, 62(02):579—606.

[99] Sitkin SB, Weingart LR. Determinants of Risky Decision-Making Behavior: A Test of the Mediating Role of Risk Perceptions and Propensity[J]. Academy of Management Journal, 1995, 38(06):1573—1592.

［100］Skogstad A，Einarsen S，Torsheim T，Aasland MS，Hetland H. The Destructiveness of Laissez-Faire Leadership Behavior［J］. Journal of Occupational Health Psychology，2007，12(01)：80—92.

［101］Slemp G，Vella-Brodrick D. The Job Crafting Questionnaire：A New Scale to Measure the Extent to Which Employees Engage in Job Crafting［J］. 2013，3(02)：126—146.

［102］Sluss DM，Ashforth BE. Relational identity and identification：Defining ourselves through work relationships［J］. Academy of Management Review，2007，32(01)：9—32.

［103］Smith HJ，Pettigrew TF，Pippin GM，Bialosiewicz S. Relative Deprivation：A Theoretical and Meta-Analytic Review［J］. Personality and Social Psychology Review，2012，16(03)：203—232.

［104］Song YH，Skarlicki DP，Shao R，Park J. Reducing Customer-Directed Deviant Behavior：The Roles of Psychological Detachment and Supervisory Unfairness［J］. Journal of Management，2020，47(08)：1—29.

［105］Srinivasan R，Swink M. Leveraging Supply Chain Integration through Planning Comprehensiveness：An Organizational Information Processing Theory Perspective［J］. Decision Sciences，2015，46(05)：1—39.

［106］Staw BM，Boettger RD. Task Revision：A Neglected Form of Work Performance［J］. Academy of Management Journal，1990，33(03)：534—559.

［107］Steiger JH. Understanding the Limitations of Global Fit Assessment in Structural Equation Modeling［J］. Personality and Individual Differences，2007，42(05)：893—898.

［108］Tekleab AG，Takeuchi R，Taylor MS. Extending the Chain of Relationships among Organizational Justice，Social Exchange，and Employee Reactions：The Role of Contract Violations［J］. Academy of Management Journal，2005，48(01)：146—157.

[109] Thau S, Derfler-Rozin R, Pitesa M, Mitchell MS, Pillutla MM. Unethical for the Sake of the Group: Risk of Social Exclusion and Progroupunethical Behavior[J]. Journal of Applied Psychology, 2015, 100(01):98—113.

[110] Tolmacz R, Mikulincer M. The Sense of Entitlement in Romantic Relationships-Scale Construction, Factor Structure, Construct Validity, and Its Associations with Attachment Orientations [J]. Psychoanalytic Psychology, 2011, 28(01):75—94.

[111] Turley RNL. Is Relative Deprivation Beneficial? The Effects of Richer and Poorer Neighbors on Children's Outcomes[J]. Journal of Community Psychology, 2002, 30(06):671—686.

[112] Umphress EE, Bingham JB, Mitchell MS. Unethical Behavior in the Name of the Company: The Moderating Effect of Organizational Identification and Positive Reciprocity Beliefs on Unethical Pro-Organizational Behavior [J]. Journal of Applied Psychology, 2010, 95(04):769—780.

[113] Vadera AK, Pratt MG, Mishra P. Constructive Deviance in Organizations: Integrating and Moving forward[J]. Journal of Management, 2013, 39(05):1221—1276.

[114] Weng LC. Improving Employee Job Performance through Ethical Leadership and "Guanxi": The Moderation Effects of Supervisor-Subordinate Guanxi Differentiation[J]. Asia Pacific Management Review, 2014, 19(03):321—342.

[115] Wigfield A, Eccles J S. Expectancy—Value Theory of Achievement Motivation[J]. Contemporary Educational Psychology, 2000, 25(01):68—81.

[116] Wright SC, Tropp LR. Relative Deprivation: Collective Action in Response to Disadvantage: Intergroup Perceptions, Social Identification, and Social Change[M]. 2001.

[117] Yam KC, Klotz AC, He W, Reynolds SJ. From Good Sol-

diers to Psychologically Entitled: Examining When and Why Citizenship Behavior Leads to Deviance[J]. Academy of Management Journal, 2017, 60(01):373—396.

[118] Young DL, Goodie AS, Hall DB, et al. Decision Making under Time Pressure, Modeled in a Prospect Theory Framework[J]. Organizational Behavior & Human Decision Processes, 2012, 118 (02):179—188.

[119] Yperen N W V, Hagedoorn M. Do high job demands increase intrinsic motivation or fatigue or both? The role of job control and job social support[J]. Academy of Management Journal, 2003, 46 (3):339—348.

[120] Zacher H, Pearce LK, Rooney D, Mckenna B. Leaders' Personal Wisdom and Leader-Member Exchange Quality: The Role of Individualized Consideration[J]. Journal of Business Ethics, 2013, 121 (02):171—187.

[121] Zagefka H, Binder J, Brown R, Hancock L. Who is to Blame? The Relationship between Ingroup Identification and Relative Deprivation is Moderated by Ingroup Attributions[J]. Social Psychology, 2013, 44(06):398—407.

[122] Zeidner M, Ben-Zur H, Reshef-Weil S. Vicarious life threat: An experimental test of Conservation of Resources(COR) theory[J]. Personality & Individual Differences, 2011, 50(05):641—645.

[123] Zemojtel-Piotrowska M, Piotrowski J, Cieciuch J. Measurement of Psychological Entitlement in 28 Countries[J]. European Journal of Psychological Assessment, 2016(03):207—217.

[124] Zhang Y, Xie YH. Authoritarian Leadership and Extra-Role Behaviors: A Role-Perception Perspective[J]. Management and Organization Review, 2017, 13(01):147—166.

[125] Zhang, X., Wu, M. & Lu, J. Differential leadership and

innovation performance of new generation employees: the moderating effect of self-efficacy[J]. Current Psychology，2024(03):1—15.

[126] Zhou J，Liu S，Zhang X，et al. Differential leadership, team conflict and new product development performance: An empirical study from R&D team in China[J]. Chinese Management Studies，2016，10(03):544—558.

[127] Zitek EM，Jordan AH，Monin B，et al. Victim Entitlement to Behave Selfishly[J]. Journal of Personality & Social Psychology，2010，98(02):245—255.

[128] Zoogah DB. Why Should I Be Left Behind? Employees' Perceived Relative Deprivation and Participation in Development Activities[J]. Journal of Applied Psychology，2010，95(01):159—173.

[129] 白宝玉,孙闰松,胡巧. 心理特权:概念、测量及相关研究[J]. 心理科学进展,2017，25(06):1025—1035.

[130] 曹元坤,罗元大. 领导创意拒绝对员工越轨创新的影响:基于情绪 ABC 理论的双路径模型[J]. 商业经济与管理,2023，(06):78—88.

[131] 陈凌,王昊. 家族涉入、政治联系与制度环境——以中国民营企业为例[J]. 管理世界,2013，(10):130—141.

[132] 陈璐,高昂,杨百寅,井润田. 家长式领导对高层管理团队成员创造力的作用机制研究[J]. 管理学报,2013，(06):831—838.

[133] 陈威豪. 创造与创新氛围主要测量工具述评[J]. 中国软科学,2006(07):86—95.

[134] 陈伍洋,叶茂林,陈宇帅,彭坚. 下属越轨创新对主管阻抑的影响——地位威胁感和权威主义取向的作用[J]. 心理科学,2017，40(03):670—677.

[135] 陈晓红,王思颖,杨立. 变革型领导行为对企业绩效的影响机制研究——基于我国中小企业领导人的问卷调查[J]. 科学学与科学技术管理,2012，33(11):160—171.

[136] 陈禹汐. 家族企业差序式领导对员工创新行为的影响研究[D]. 吉林大学,2020.

[137] 崔智淞. 员工建设性越轨行为的形成与作用机制研究[D].吉林大学,2021.

[138] 代吉林,李新春. 家族逻辑、企业逻辑与家族企业成长——S公司案例研究[J]. 管理学报,2012,9(06):809—817.

[139] 代同亮,雷星晖,苏涛永. 谦卑领导行为对团队绩效作用机制研究——中国传统价值观嵌入[J]. 科学学与科学技术管理,2019,40(02):165—176.

[140] 翟学伟. 中国人的关系原理:时空秩序,生活欲念及其流变[M]. 北京大学出版社,2011.

[141] 董雅楠,江静,谷慧敏,等. 领导待我有异,我待顾客有别:差异化授权领导与员工主动服务绩效关系探析[J]. 管理评论,2022,34(07):211—223.

[142] 杜鹏程,范明君,刘升阳. 信息加工理论视角下工作重塑对员工适应性绩效的影响[J]. 首都经济贸易大学学报,2022,24(02):101—112.

[143] 樊景立. 我对《差序格局与华人组织行为》的一些看法[J].本土心理学研究,1995(03):229—237.

[144] 费孝通. 乡土中国[M]. 上海人民出版社,1948.

[145] 费孝通. 百年费孝通和他眼中百年中国社会[J]. 社会观察,2010(11):32—33.

[146] 冯明,胡宇飞. 工作压力源对员工突破性和渐进性创造力的跨层次研究[J]. 管理学报,2021,18(07):1012—1021.

[147] 高峰,白学军. 越努力越幸福——中国背景下成就动机与主观幸福感的元分析[J]. 心理与行为研究,2021,19(04):466—472.

[148] 高丽,王世军,潘煜. 培训迁移:影响因素及其与组织承诺的关系研究[J]. 管理评论,2014(02):128—138.

[149] 高良谋,王磊. 偏私的领导风格是否有效? 基于差序式领导的文化适应性分析与理论延展[J]. 经济管理,2013,35(04):183—194.

[150] 高亚飞,李大赛. VUCA 环境下仁慈领导对员工主动变革行为的影响研究[J]. 领导科学,2022,(09):68—71.

[151] 古睿. 资源观视角下员工越轨创新成功的情境化研究[D]. 天津理工大学,2021.

[152] 顾江洪,江新会,丁世青等. 职业使命感驱动的工作投入:对工作与个人资源效应的超越和强化[J]. 南开管理评论,2018,21(02):107—120.

[153] 顾远东,彭纪生. 创新自我效能感对员工创新行为的影响机制研究[J]. 科研管理,2011,32(09):63—73.

[154] 郭晓薇. 中国情境中的上下级关系构念研究述评——兼论领导—成员交换理论的本土贴切性[J]. 南开管理评论,2011,14(02):61—68.

[155] 郭营营. 差错管理氛围对新生代员工越轨创新行为的影响机制研究[D]. 新疆财经大学,2022.

[156] 韩雪亮,王霄. 自下而上推动企业组织创新的过程机制探析[J]. 外国经济与管理,2015,37(09):3—16.

[157] 贺琦. 家族企业差序式领导对员工越轨创新行为的影响研究[D]. 江苏大学,2021.

[158] 洪银兴. 科技创新中的企业家及其创新行为——兼论企业为主体的技术创新体系[J]. 中国工业经济,2012,(06):83—93.

[159] 侯玉波. 社会心理学[M]. 北京:北京大学出版社,2002.

[160] 黄光国. 人情与面子[J]. 经济社会体制比较,1985,(03):55—62.

[161] 黄玮,项国鹏,杜运周等. 越轨创新与个体创新绩效的关系研究——地位和创造力的联合调节作用[J]. 南开管理评论,2017,20(01):143—154.

[162] 贾丹,方阳春. 包容型人才开发模式对组织创新绩效的影响研究[J]. 科研管理,2017,38(S1):14—19.

[163] 贾良定,郑雅琴,尤树洋等. 如何在组织和管理研究中探讨调节作用? 模式和证据[J]. 管理学季刊,2017,02(02):15—40.

[164] 江依. 员工越轨创新行为研究综述及其展望[J]. 科技管理研究,2018,38(10):131—139.

［165］姜定宇,郑伯埙. 华人差序式领导的本质与影响历程［J］. 本土心理学研究,2014(42):285—357.

［166］姜定宇,张苑真. 华人差序式领导与部属效能［J］. 本土心理学研究,2010(33):109—177.

［167］姜定宇. 华人企业主管知觉部属效忠［J］. 中华心理学刊,2009,51(01):27—45.

［168］姜鹤,叶华蓉,张力伟,等. 差序式领导对员工绩效的影响:有调节的中介模型［J］. 心理与行为研究,2023,21(05):705—711.

［169］蒋瑞,林新奇. 威权领导对员工非伦理行为的影响:社会交换和社会学习视角［J］. 科研管理,2020,41(10):248—257.

［170］金辉,许虎. 领导长期导向对员工创新行为的双刃效应——基于一个被调节的双中介模型［J］. 管理学刊,2023,36(02):99—113.

［171］景保峰. 包容型领导对员工创造力的影响——基于内在动机和心理可得性的双重中介效应［J］. 技术经济,2015,34(03):27—32.

［172］克林·盖尔西克. 家族企业的繁衍:家庭企业的生命周期［M］. 经济日报出版社,1998.

［173］来宪伟,许晓丽,程延园. 领导差别对待:中西方研究的比较式回顾与未来展望［J］. 外国经济与管理,2018,40(03):92—106.

［174］雷开春. 社会心理学新编［M］. 复旦大学出版社,2016.

［175］李爱梅,谭清方,杨慧琳. "领导与下属双向信任"的形成及其作用机制研究［J］. 暨南学报(哲学社会科学版),2012,34(02):73—79+162.

［176］李成彦,黄崇蓉,孙柳琦. 领导的真诚能促进员工的合作吗? 基于行为剧本理论视角［J］. 商业经济与管理,2024,(02):17—29.

［177］李方君,魏珍珍,郑粉芳. 建言类型对管理者建言采纳的影响:上下级关系的间接调节作用［J］. 心理科学,2021,44(04):896—903.

［178］李根强,于博祥,孟勇. 发展型人力资源管理实践与员工主动创新行为:基于信息加工理论视角［J］. 科技管理研究,2022,42(07):163—170.

［179］李晓玉,赵申苒,高昂,等. 差序式领导对员工建言行为的影

响:组织承诺与内部人身份认知的多重中介效应[J]. 心理与行为研究,2019,17(03):408—414+432.

[180] 李新春,刘莉. 嵌入性—市场性关系网络与家族企业创业成长[J]. 中山大学学报(社会科学版),2009,49(03):190—202.

[181] 李永占. 变革型领导对员工创新行为的影响:心理授权与情感承诺的作用[J]. 科研管理,2018,39(07):123—130.

[182] 梁昊. 领导更替时上下级关系对员工越轨行为的影响机制研究[J]. 企业经济,2023,42(12):78—87.

[183] 梁英士. 内外控人格特质与心理距离对基线比例忽略的影响[J]. 中国管理信息化,2018(01):92—94.

[184] 林海芬,苏敬勤. 中国企业管理创新理论研究视角与方法综述[J]. 研究与发展管理,2014,26(02):110—119.

[185] 林英晖,程垦. 差序式领导与员工亲组织非伦理行为:圈内人和圈外人视角[J]. 管理科学,2017,30(03):35—50.

[186] 凌文辁,李锐,聂婧等. 中国组织情境下上司—下属社会交换的互惠机制研究——基于对价理论的视角[J]. 管理世界,2019,35(05):17.

[187] 刘博,赵金金. 挑战性压力与工作重塑的曲线关系——促进聚焦和人—工作匹配的作用[J]. 软科学,2019,33(06):121—125.

[188] 刘超,刘新梅,李沐涵. 组织创造力与组织创新绩效:战略导向的调节效应[J]. 科研管理,2013,34(11):95—102.

[189] 刘军,宋继文,吴隆增. 政治与关系视角的员工职业发展影响因素探讨[J]. 心理学报,2008(02):201—209.

[190] 刘柳,王长峰. 弹性工作制对员工越轨创新行为的影响——一个被调节的中介模型[J]. 财经论丛,2022,(10):81—91.

[191] 刘善仕,刘小浪,陈放. 差序式人力资源管理实践:基于广州Z公司的扎根研究[J]. 管理学报,2015(01):11—19.

[192] 刘淑桢,叶龙,郭名. 工作不安全感如何成为创新行为的助推力——基于压力认知评价理论的研究[J]. 经济管理,2019,41(11):126—140.

[193] 刘伟鹏,贾建锋,杨付. 越轨创新:研究评述与展望[J]. 外国经济与管理,2024,46(04):102—118.

[194] 刘小元,林嵩,李汉军. 创业导向、家族涉入与新创家族企业成长[J]. 管理评论,2017,29(10):42—57.

[195] 刘扬,李强. 差序式领导风格对团队创新能力的影响模型构建——基于地位冲突的中介作用[J]. 现代管理科学,2021(04):45—55.

[196] 刘贞妤. 差序气氛对部属工作态度与行为之影响[D]. 台湾东华大学,2003.

[197] 刘重阳. 部属感知到的差序式领导对其创造力的作用机制研究[D]. 东北财经大学,2016.

[198] 马皑. 相对剥夺感与社会适应方式:中介效应和调节效应[J]. 心理学报,2012,44(03):377—387.

[199] 马跃如,程伟波,周娟美. 心理所有权和犬儒主义在包容性领导对员工离职倾向影响中的中介作用[J]. 中南大学学报(社会科学版),2014(03):6—12.

[200] 倪旭东,朱星魁,潘成凯. 领导风格与工作重塑的关系:来自元分析的证据[J]. 中国人力资源开发,2022,39(04):45—67.

[201] 琪琪. 越轨创新行为的形成与作用机制研究[D]. 吉林大学,2023.

[202] 史青,郭营营,王慧,等. 差序格局视角下新生代员工越轨创新行为路径研究[J]. 管理现代化,2022,42(01):94—102.

[203] 苏涛,邓思璐,关铭琪,等. 差序式领导双面效应的元分析研究[J]. 管理学报,2022,19(12):1801—1810.

[204] 孙建群,田晓明,李锐. 组织中的建设性偏差:概念界定、形成机制及影响[J]. 心理科学,2016(05):1242—1247.

[205] 陶厚永,章娟,李玲. 差序式领导对员工社会行为的影响[J]. 中国工业经济,2016(03):114—129.

[206] 田在兰,黄培伦. 差序式领导理论的发展脉络及与其他领导行为的对比研究[J]. 科学学与科学技术管理,2013,34(04):150—157.

[207] 万鹏宇. 越轨创新行为的结构及对员工创新绩效的影响研

究[D].吉林大学,2021.

[208] 汪林,储小平,黄嘉欣,等. 与高层领导的关系对经理人"谏言"的影响机制——来自本土家族企业的经验证据[J]. 管理世界,2010,(05):108—117.

[209] 王弘钰,崔智淞,邹纯龙,等.忠诚还是叛逆? 中国组织情境下的员工越轨创新行为[J]. 心理科学进展,2019,27(06):975—989.

[210] 王弘钰,于佳利. 组织创新氛围对越轨创新行为的影响机制研究[J]. 软科学,2019,33(02):126—129.

[211] 王弘钰,邹纯龙. 上下级关系对员工越轨创新的影响机制研究[J]. 华东经济管理,2019,33(04):37—43.

[212] 王珺. 企业簇群的创新过程研究[J]. 管理世界,2002,(10):102—110.

[213] 王磊,宋惠宇,徐洁. 基于响应面分析的双元威权领导对员工创新行为的影响研究[J]. 管理学报,2023,20(04):530—542.

[214] 王磊,郑孟育. 差序格局理论的重新诠释与框架建构[J]. 辽宁师范大学学报(社会科学版),2013,36(03):318—325.

[215] 王磊. 差序式领导有效性的理论与实证研究[D]. 东北财经大学,2013.

[216] 王磊. 中国家族企业成长中差序式领导对员工及团队创造力的影响:一个跨层次跟踪研究[J]. 心理科学进展,2015,23(10):1688—1700.

[217] 王涛,占小军,徐小凤. 韧性领导力对员工行为的双刃剑效应研究[J]. 管理学报,2024,21(03):371—380.

[218] 王野. 精神专科护理人员工作满意度对工作绩效的影响研究[D]. 华东理工大学,2014.

[219] 王永伟,刘雨展,王嘉豪,等. 领导——员工创造力评价匹配对越轨创新的影响机制研究[J]. 管理学报,2023,20(08):1169—1179.

[220] 尉建文,陆凝峰,韩杨. 差序格局、圈子现象与社群社会资本[J]. 社会学研究,2021,36(04):182—200+229—230.

[221] 吴春波,曹仰锋,周长辉. 企业发展过程中的领导风格演变:

案例研究[J]. 管理世界,2009(02):123—137.

[222] 吴继红,陈维政. 领导—成员关系对组织与员工间社会交换的调节作用研究[J]. 管理学报,2010(03):10.

[223] 吴梦云,葛雯君,张林荣. 家族企业代际传承进程中二代权威建构的实证研究:基于组合创业的视角[J]. 南大商学评论,2018,(04):123—138.

[224] 吴梦云,朱俞青,朱佳立,等. 二代涉入影响家族企业 ESG 表现吗[J]. 会计研究,2023(10):115—128.

[225] 吴梦云. 团队社会资本视角下家族企业高管团队冲突管理机制研究[J]. 科技管理研究,2012,32(24):136—139.

[226] 吴明隆. 结构方程模型:AMOS 的操作与应用[M]. 重庆大学出版社,2010.

[227] 吴颖宣,程学生,杨睿,等. 抗令创新与团队创新绩效关系研究——建言行为和工作自主性的调节作用[J]. 科学学与科学技术管理,2018,39(12):142—155.

[228] 吴玉明,潘诚,周银珍. 谦卑型领导与越轨创新行为——上下级关系与心理特权的链式中介模型[J]. 软科学,2020,34(04):140—144.

[229] 席西民,韩巍. 中国管理学界的困境和出路:本土化领导研究思考的启示[J]. 西安交通大学学报(社会科学版),2010,30(02):21—25.

[230] 萧健邦. 家长式领导对新生代员工组织公民行为的影响研究:组织认同的中介作用和差序氛围的调节作用[D]. 江西财经大学,2018.

[231] 谢佩儒. 双构面差序式领导与部属效能:上下关系认定之调节效果[D]. 台湾大学,2015.

[232] 谢晓非,胡天翙,林靖,路西. 期望差异:危机中的风险沟通障碍[J]. 心理科学进展,2013,21(05):761—774.

[233] 谢永平,王晶. 技术不确定环境下联盟关系对创新绩效的影响研究[J]. 科学学与科学技术管理,2017,38(05):60—71.

[234] 邢淑芬,俞国良. 社会比较研究的现状与发展趋势[J]. 心理科学进展,2005,013(01):78—84.

[235] 徐本华,邓传军,武恒岳. 领导成员交换与员工主动创新行为:一个被中介的调节模型[J]. 管理科学,2021,34(02):44—55.

[236] 徐玮伶,郑伯壎. 组织认定与企业伦理效益[J]. 应用心理研究,2003(20):115—138.

[237] 徐玮伶,郑伯壎,黄敏萍. 华人企业领导人的员工归类与管理行为[J]. 本土心理学研究,2002,18(01):51—94.

[238] 徐洋洋,林新奇. 社会比较交换关系对职场孤独感的诱发机制研究[J]. 外国经济与管理,2021,43(08):105—120.

[239] 燕良轼,周路平,曾练平. 差序公正与差序关怀:论中国人道德取向中的集体偏见[J]. 心理科学,2013(05):1168—1175.

[240] 杨国枢. 中国人的社会取向:社会互动的观点[J]. 中国社会心理学评论,2005(01):21—54.

[241] 杨剑钊,李晓娣. 前摄型人格对越轨创新绩效作用路径研究——创新催化的中介作用及变革型领导行为的调节作用[J]. 预测,2019,38(04):17—23.

[242] 杨世宏,董晓宏. 创新过程视阈下员工越轨创新行为向企业创新绩效转化机理检验[J]. 当代经济管理,2023,45(11):66—75.

[243] 杨皖苏,赵天滋,杨善林. 差序式领导、自我效能感与员工沉默行为关系的实证研究——雇佣关系氛围与组织结构有机性的调节作用[J]. 企业经济,2018,37(10):110—119.

[244] 杨晓,师萍,谭乐. 领导—成员交换社会比较、内部人身份认知与工作绩效:领导—成员交换关系差异的作用[J]. 南开管理评论,2015,18(04):26—35.

[245] 杨晓,温少海,王辉. 上下级工作与私人关系对员工越轨创新行为的差异性研究[J]. 管理学报,2024,21(02):202—211.

[246] 姚海祥,李仲飞. 基于非参数估计框架的期望效用最大化最优投资组合[J]. 中国管理科学,2014,22(01):1—9.

[247] 姚艳虹,韩树强. 组织公平与人格特质对员工创新行为的交

互影响研究[J]. 管理学报,2013,10(05):700—707.

[248] 叶存军,刘阿丽. 领导底线心智与员工越轨创新——一个有调节的中介模型[J]. 科技管理研究,2023,43(12):176—182.

[249] 尹俊,王辉,黄鸣鹏. 授权赋能领导行为对员工内部人身份感知的影响:基于组织的自尊的调节作用[J]. 心理学报,2012,44(10):1371—1382.

[250] 尹奎,张凯丽,李秀凤. 工作重塑对工作意义的影响:团队任务绩效、领导—成员交换关系差异化的作用[J]. 管理评论,2019,31(03):143—153.

[251] 于桂兰,张诗琳. 亲社会行为对员工创新绩效的双刃剑效应——基于情绪的中介作用及领导与成员交换关系的调节作用[J]. 科技管理研究,2022,42(20):210—218.

[252] 余安邦. 文化心理学的历史发展与研究进路:兼论其与心态史学的关系[J]. 中国社会心理学评论,2010(01):44—84.

[253] 袁凌,李静,李健. 差序式领导对员工创新行为的影响——领导创新期望的调节作用[J]. 科技进步与对策,2016,33(10):110—115.

[254] 张林荣. 家族企业差序式领导对员工绩效的影响及其作用机制研究[D]. 江苏大学,2019.

[255] 张书维,王二平,周洁. 跨情境下集群行为的动因机制[J]. 心理学报,2012,44(04):524—545.

[256] 赵乐,乐嘉昂,王雷. 领导调节聚焦行为对越轨创新的影响——创新资源结构性紧张和创造力的联合调节作用[J]. 预测,2019,38(01):1—7.

[257] 赵乐. 领导调节聚焦下员工越轨创新影响因素及产生机制的研究[D]. 东华大学,2021.

[258] 郑伯埙,黄敏萍,郑弘岳,郭建志. 组织行为研究的方向与理路:疑问与解答[J]. 应用心理研究,2004(21):24—33.

[259] 郑伯埙. 差序格局与华人组织行为[J]. 本土心理学研究,1995(03):142—219.

[260] 郑伯埙. 华人领导:理论与实际[M]. 桂冠图书公司,2005.

[261] 郑杭生,李强,李路路. 社会指标理论研究[M]. 中国人民大学出版社,1989.

[262] 周浩,龙立荣. 变革型领导对下属进谏行为的影响:组织心理所有权与传统性的作用[J]. 心理学报,2012,44(03):388—399.

[263] 朱桂龙,温敏瑢,王萧萧. 从创意产生到创意采纳:员工创意过程分析框架构建[J]. 外国经济与管理,2021,43(04):123—135.

[264] 朱晓红,陈寒松,张腾. 知识经济背景下平台型企业构建过程中的迭代创新模式——基于动态能力视角的双案例研究[J]. 管理世界,2019,35(03):142—156+207—208.

[265] 朱瑜,王凌娟,李倩倩. 领导者心理资本、领导—成员交换与员工创新行为:理论模型与实证研究[J]. 外国经济与管理,2015,37(05):36—51.

[266] 邹纯龙. 员工越轨创新行为的结构测量、形成机制及作用效果[D]. 吉林大学,2020.

附　录

附录1　第一阶段调查问卷

尊敬的先生/女士：

您好！

非常感谢您能够在百忙之中协助我们完成本项研究。本次调研共分为三个阶段，累计跨时六个月。该问卷旨在了解您于工作过程当中的相关感受和行为，对于所有问题的回答皆无对错或好坏之分。您填写的资料将仅被用于学术研究，无需顾虑隐私对外泄露的问题，请依据您的实际经历进行真实作答。填写完毕后，请将问卷置于信封内部并在信封外部标注手机号码后四位，以便在后续的第二阶段和第三阶段进行追踪调查。

上海立信会计金融学院

第一部分：人口统计学信息

请根据事实在以下选项中选择答案并在对应位置标记"√"，或直接在空白处填写答案。

序号	人口统计学信息	选　项	
1	性别	男性	女性
2	年龄		

续表

序号	人口统计学信息	选　　项				
3	受教育程度	初中学历	高中学历	本科学历	硕士学历	博士学历
4	职称	初级职称	中级职称	副高级职称	正高级职称	

第二部分:差序式领导

根据概念界定,差序式领导是指:在人治主义的组织氛围下,华人领导者会根据员工所属类别的不同并受"圈内人下属"与"圈外人下属"评判的影响而采用不一致的领导方式,并不会以一视同仁的原则对待员工,而员工据此判定自己属于领导者的"圈内人下属"抑或是"圈外人下属"并相应形成异质考量。

以下是关于差序式领导的具体内容描述,请根据您与直属领导者之间的互动经验和关系化感受,对以下选项做出最符合实际情况的判断,并在所选答案的空白处标记"√"。

变量	维度	序号	题　项	选　　项				
				非常不符合(1)	比较不符合(2)	一般(3)	比较符合(4)	非常符合(5)
差序式领导	照顾沟通	1	我的直属领导者会与"圈内人下属"产生较为频繁的接触和交互					
		2	我的直属领导者经常委派"圈内人下属"传达组织的讯息与指令					
		3	我的直属领导者会花费较多时间对"圈内人下属"进行个别指导					
		4	当"圈内人下属"面临紧急状况与困难阻碍时,我的直属领导者会对其伸出援手					
		5	我的直属领导者对"圈内人下属"嘘寒问暖的现象屡见不鲜					

变量	维度	序号	题　项	选　项				
				非常 不符合 (1)	比较 不符合 (2)	一般 (3)	比较 符合 (4)	非常 符合 (5)
差序式领导	提拔奖励	6	我的直属领导者会指派"圈内人下属"承担较为重要且容易取得绩效产出的工作					
		7	我的直属领导者会为"圈内人下属"设置较多可以获得奖励的机会					
		8	我的直属领导者会给予"圈内人下属"数额较大的奖赏					
		9	我的直属领导者会主动为"圈内人下属"提供并保留可能取得职业晋升的机会					
		10	我的直属领导者会给予"圈内人下属"较快的升迁速度					
	宽容信任	11	我的直属领导者会选择忽视"圈内人下属"所犯错误					
		12	我的直属领导者较少会追究"圈内人下属"所犯错误					
		13	"圈内人下属"很少会因为工作上的失误而受到其直属领导者的责备					
		14	我的直属领导者仅会给予"圈内人下属"不当行为以轻微处罚					

　　因此,您认为自己属于领导者的"圈内人下属"还是"圈外人下属"?请在下表的选项空白处标记"√"以做出类别选择。

类　别	选　项
领导者的"圈内人下属"	
领导者的"圈外人下属"	

　　本项研究第一阶段的问卷调查到此结束,感谢您的配合与帮助,祝诸事顺利。

附录2 第二阶段调查问卷("圈内人下属")

尊敬的先生/女士:

您好!

非常感谢您能够在百忙之中协助我们完成本项研究。本次调研共分为三个阶段,累计跨时六个月。该问卷旨在了解您于工作过程当中的相关感受和行为,对于所有问题的回答皆无对错或好坏之分。您填写的资料将仅被用于学术研究,无需顾虑隐私对外泄露的问题,请依据您的实际经历进行真实作答。在对您第一阶段的问卷作答情况进行分析后,特在本阶段向您发放心理特权感调查问卷,请您认真回答相关问题。

上海立信会计金融学院

根据概念界定,心理特权感是指:个体基于雇佣关系期望得到额外的补偿,而非出于实际的工作表现产生薪酬期待,主观认为自己应该获得比实际更多工作回报的非理性认知倾向,强调个体渴望的报酬估计和特殊待遇更多是基于社会契约而非实际绩效。

以下是关于心理特权感的具体内容描述,请根据实际情况选择您认为最为契合的选项,并在所选答案的空白处标记"√"。

变量	序号	题项	非常不符合(1)	比较不符合(2)	一般(3)	比较符合(4)	非常符合(5)
心理特权感	1	我觉得自己值得在组织内部拥有最好的条件					
	2	我有资格要求组织给予更多实惠					
	3	我应该享受更多组织给予的特殊待遇					
	4	事情必须按照我希望的方式发展下去					

本项研究第二阶段的问卷调查到此结束,感谢您的配合与帮助,祝诸事顺利。

附录3　第二阶段调查问卷("圈外人下属")

尊敬的先生/女士：

您好！

非常感谢您能够在百忙之中协助我们完成本项研究。本次调研共分为三个阶段,累计跨时六个月。该问卷旨在了解您于工作过程当中的相关感受和行为,对于所有问题的回答皆无对错或好坏之分。您填写的资料将仅被用于学术研究,无需顾虑隐私对外泄露的问题,请依据您的实际经历进行真实作答。在对您第一阶段的问卷作答情况进行分析后,特在本阶段向您发放相对剥夺感调查问卷,请您认真回答相关问题。

上海立信会计金融学院

根据概念界定,相对剥夺感是指:个体在与相应参照对象进行横向或纵向的比较过程中,从期望得到和实际得到的差距中产生情况不利的主观认知和情绪体验。

以下是关于相对剥夺感的具体内容描述,请根据实际情况选择您认为最为契合的选项,并在所选答案的空白处标记"√"。

变量	序号	题　项	选　项				
			非常 不符合 (1)	比较 不符合 (2)	一般 (3)	比较 符合 (4)	非常 符合 (5)
相对剥夺感	1	当我与其他员工进行对比,处于劣势的压力会让我感到紧张不安					
	2	组织当中的其他成员占据了原本应该属于我的东西,相悖于公平度量的混乱态势消解了我的安稳意识并让我感到挫败					
	3	与在工作当中付出的努力相比,我的生活状况明显落后很多,这种落差让我十分沮丧					
	4	其他员工纯粹通过偏离道德的手段获得领导者给予的酬赏财富,这种丢弃常理环节的组织伦理氛围让我感觉悲伤					

本项研究第二阶段的问卷调查到此结束,感谢您的配合与帮助,祝诸事顺利。

附录4　第三阶段调查问卷

尊敬的先生/女士:

您好!

非常感谢您能够在百忙之中协助我们完成本项研究。本次调研共分为三个阶段,累计跨时六个月。该问卷旨在了解您于工作过程当中的相关感受和行为,对于所有问题的回答皆无对错或好坏之分。您填写的资料将仅被用于学术研究,无需顾虑隐私对外泄露的问题,请依据您的实际经历进行真实作答。在对您第一阶段和第二阶段的问卷作答情况进行分析后,特在本阶段向您发放越轨创新行为与冒险型特质调查问卷,请您认真回答相关问题。

上海立信会计金融学院

第一部分:越轨创新行为

根据概念界定,越轨创新行为是指:当组织管理流程与领导者权威成为创新障碍,若个体坚信其创新设想会给组织带来收益,则无论领导者同意与否都会选择通过非常规手段进行创新实践,表现出与组织规范、领导者期望不相符的创新实践方法。

以下是关于越轨创新行为的具体内容描述,请根据实际情况选择您认为最为契合的选项,并在所选答案的空白处标记"√"。

变量	序号	题　项	选　项				
			非常不符合 (1)	比较不符合 (2)	一般 (3)	比较符合 (4)	非常符合 (5)
越轨创新行为	1	除却从事组织分配的核心任务之外,我也会占用私人资源与时间挖掘全新领域					
	2	我能灵活安排部分工作时间用于改良并完善组织计划之外的创意想法					
	3	至今我仍未放弃逃避组织监控以思考和改进一些创意项目					
	4	我会主动投入大量精力尝试钻研一些未经领导者同意的非官方创新方案					
	5	尽管可能无法得到领导者支持,我依然会搜集证据并反复试验以求为创新灵感奠定坚实根基					
	6	即使公开揭发新颖观点预示着被拒绝或否定的可能性,我也不会轻易舍弃自己的应用推广念头					

第二部分:组织创新绩效

根据概念界定,组织创新绩效是指:组织创新行为改善与创新能力提高。采用个体创新能力与企业创新能力等衡量企业创新绩效水平,有利于实现个人、组织、网络等多方面因素的结合。

以下是关于组织创新绩效的具体内容描述,请根据实际情况选择您认为最为契合的选项,并在所选答案的空白处标记"√"。

变量	序号	题 项	选 项				
			非常不符合(1)	比较不符合(2)	一般(3)	比较符合(4)	非常符合(5)
个体创新能力	1	在日常工作中,我具有创新思想					
	2	通过学习,我能提出独创性的解决问题方案					
	3	我能经常采用新的方法来解决工作中出现的问题					
	4	我具备将创意转化为具体成果的能力					
	5	我能使他人更关注创新性思维					
企业创新能力	1	公司具备支持和鼓励创新的组织文化和管理理解能力					
	2	公司能够将来自不同渠道的知识高效、快速地用于产品开发活动					
	3	公司能够根据客户需求和竞争对手的变化快速开发产品或优化管理过程					
	4	公司能够持续评价来自客户、供应商的新想法并将这些想法融入产品开发的各个环节					
	5	公司能够通过改进产品、创新过程在较短的时间内响应、适应环境的变化					

第三部分:工作资源

根据概念界定,工作资源是指:在职业生涯中,员工在工作环境中能够利用和支配的,且有助于员工更好地应对工作任务、提高绩效、增强工作动力,并促进个体职业发展的各种资源,这些资源涵盖了但不限于物质、心理、社会和组织等方面。

以下是关于工作资源的具体内容描述,请根据实际情况选择您认为最为契合的选项,并在所选答案的空白处标记"√"。

变量	维度	序号	题 项	选 项				
				非常 不符合 (1)	比较 不符合 (2)	一般 (3)	比较 符合 (4)	非常 符合 (5)
工作资源	工作中的社会支持	1	当工作遇到困难时,我可以依靠直接上级的帮助					
		2	我的直接上级很关心我的身心健康					
		3	我的直接上级能成功地协调我和同事的关系					
		4	当我需要帮助时,可以得到我的同事们的帮忙					
		5	我的同事都对我很友好					
	职业发展机会	6	我的工作提供给我学习新事物的机会					
		7	我的工作给我充分发展和提升自己的可能					
		8	在目前的职位上,我感觉没有前途可言					
		9	我看不到我的工作有任何升职可能					

第四部分:工作重塑

根据概念界定,工作重塑是指:将关注点转向自下而上式的、员工主导式的工作设计上,强调员工的主动性行为,具有自我导向性(旨在使员工自身受益,不考虑组织受益与否)、意志性(对工作有意识的改变行为)、显著性(重塑后工作与原工作具有显著的偏差)、永久性(对工作进行永久或半永久的改变,而不是一次性或临时的改变)等特点,是对经典的自上而下工作设计的有力补充。

以下是关于工作重塑的具体内容描述,请根据实际情况选择您认为最为契合的选项,并在所选答案的空白处标记"√"。

变量	序号	题　项	选　项				
			非常 不符合 (1)	比较 不符合 (2)	一般 (3)	比较 符合 (4)	非常 符合 (5)
工 作 重 塑	1	我会努力提高各项能力					
	2	我会努力提高专业技术					
	3	我会努力了解工作中的新事物					
	4	我保证会尽力发挥自己的能力					
	5	我会询问同事们的意见					
	6	我会主动参与和往常不同的有趣的工作					
	7	我愿意第一个了解并尝试新生产方法					
	8	空闲时,我会尝试新的方法					
	9	观察工作各方面之间的潜在联系,使我 的工作更有挑战性					

本项研究的问卷调查到此结束,感谢您的配合与帮助,祝诸事顺利。

后　记

本书从落下第一个字到现在，断断续续中不知不觉已近三年。

犹记得 2024 年春节，我在书房里对着窗外的飘雪开始写自序。

等到在美女编辑再三催促下准备付梓而动笔写这个后记的时候，已经到了暮春时节，空气中充满了略带慵懒的咖啡香气。

我们这个小小的团队，因为硕博学生居多，从来都活力四射热情满满，爱看新闻爱追热点，从当年的均瑶，到后来的搜狗，再到这几年我们关注的美的，很多观点很多想法更有很多思路，都是在会议室里抱着一杯咖啡吃着零食一路抽丝剥茧讨论出来的。包括"越轨创新"的 IDEA，包括案例和实证的写作思路，都凝聚着大家共同的心血。我们赶过半夜十二点的车，赶过凌晨三点的材料，路过城市广场迎接过早上五点的朝阳……

时光永远向前的同行路上，有风雨、有争执、更有此起彼伏的欢笑。

我是一个静则思动的人。

读研尾声，读博前夕，时间空隙，闲来无事写了几本小说并顺利出版，然后读博、工作、生娃、出国，出版社以是否愿意全职签约相询，我几乎不加考虑便拒绝。

当年熟识的那批写手，不乏全职签约转做编剧后又拍成影视剧在圈内做得风生水起，至今仍活跃于各大媒体头条的大牛们，我回想当年，羡慕钦佩之余，绝不嫉妒恨。

除却出众的天分而外，凡尘看不见的背后，是他们无限的辛勤和努力。

兴趣和工作从来都不是一回事。

我热爱三尺讲坛的工作。即便普普通通,即便微不足道,但那是我兴趣所在。

一晃倏忽二十年,我也从江苏来到了上海。

从高校到高校,从熟知一群老朋友到认识了一群新朋友,时间流淌向前,唯独不变的,是我一看到书,一看到书店,就迈不动腿的老毛病。

问题在于,书读的也许多了一点,但未必能有效内化为体系化的知识和逻辑。

故此,本书的辛勤和功劳来自团队内的所有人,所有的缺憾和不足,当由我个人承担,并恳请各位专家同好多批评多指正,以便我们今后认真学习、努力改进。

感谢所有人。

作　者
2024 年谷雨于上海

图书在版编目(CIP)数据

忠诚还是叛逆 ：越轨创新视角下的家族企业差序式
领导与组织创新绩效 / 吴梦云等著. -- 上海 ：上海三
联书店，2024. 7. -- ISBN 978-7-5426-8565-0

Ⅰ. F276. 5

中国国家版本馆 CIP 数据核字第 2024YL4386 号

忠诚还是叛逆:越轨创新视角下的家族企业差序式领导与组织创新绩效

著　　者 / 吴梦云　陆　杰　贺　琦　朱俞青

责任编辑 / 殷亚平
装帧设计 / 徐　徐
监　　制 / 姚　军
责任校对 / 王凌霄

出版发行 / 上海三联书店
　　　　　(200041)中国上海市静安区威海路 755 号 30 楼
邮　　箱 / sdxsanlian@sina.com
联系电话 / 编辑部 : 021 - 22895517
　　　　　发行部 : 021 - 22895559
印　　刷 / 上海雅昌艺术印刷有限公司

版　　次 / 2024 年 7 月第 1 版
印　　次 / 2024 年 7 月第 1 次印刷
开　　本 / 655 mm×960 mm　1/16
字　　数 / 270 千字
印　　张 / 18.75
书　　号 / ISBN 978 - 7 - 5426 - 8565 - 0/F・921
定　　价 / 88.00 元

敬启读者,如发现本书有印装质量问题,请与印刷厂联系 021 - 68798999